Machine Learning

Implementar en Python con Scikit-learn

Virginie Mathivet

ISBN: 978-2-409-04728-2
Edición original: 978-2-409-04482-3

Ediciones ENI

P° Ferrocarriles Catalanes, 97-117, 2a pl. of. 18
08940 - Cornellà de Llobregat (Barcelona)

Tel: 934 246 401
Fax: 934 231 576

e-mail: info@ediciones-eni.com
http://www.ediciones-eni.com

Autor: Virginie MATHIVET
Edición española: Emiliano LLANO DÍAZ
Colección **Expert IT** dirigida por Émilie VILLETORTE

Contenido — 1

Podrá descargar algunos elementos de este libro en la página web
de Ediciones ENI: **http://www.ediciones-eni.com**.
Escriba la referencia ENI del libro **EIT2MLPYTSL**
en la zona de búsqueda
y valide. Haga clic en el título y después en el botón de descarga.

Capítulo 1
Introducción

Capítulo 2
Machine Learning: visión general

Capítulo 3
La pila tecnológica en Python

Capítulo 5
Preparar datos

Capítulo 6
Modelizar y evaluar

Capítulo 7
Algoritmos de clasificación

Capítulo 8
Algoritmos de regresión

Capítulo 9
Algoritmos de aprendizaje no supervisado

Capítulo 10
Evaluación y despliegue

Conclusión

Capítulo 1
Introducción

1. ¿Por qué un libro sobre aprendizaje automático?

La Inteligencia Artificial (IA) y el Machine Learning (ML) están de moda. Todas las conferencias GAFAM (Google, Amazon, Facebook, Apple y Microsoft) y BATX (sus equivalentes chinos, es decir, Baidu, Alibaba, Tencent y Xiaomi) tienen al menos un tema dedicado a la Inteligencia Artificial, si no es toda la conferencia.

El tema también aparece regularmente en los titulares, desde artículos apocalípticos en los que la IA anuncia el fin de la humanidad hasta textos completamente eufóricos que explican cómo la IA va a salvar el mundo.

La realidad, sin embargo, es bien distinta. Aunque la disciplina se remonta a la década de 1950, no despegó realmente en el mundo profesional hasta 2012 y la CNN (*Convolutional Neural Network*), las famosas redes de «Deep Learning» (Aprendizaje Profundo) capaces de reconocer objetos en imágenes, con rendimientos muy superiores a todas las técnicas anteriores de visión por ordenador.

Sin embargo, no fue hasta la segunda mitad de 2022, con la llegada masiva de la IA generativa (modelos capaces de generar imágenes, como Dall.e y Midjourney, o textos, como ChatGPT), cuando el gran público tomó conciencia de las posibilidades de la disciplina.

Muy a menudo, cuando se menciona la Inteligencia Artificial en un texto, hay muchas posibilidades de que se trate en realidad de Machine Learning, una rama específica que apareció a principios de la década de 2000 pero que viene de la *Data Mining* (Minería de Datos), que es mucho más antigua.

Hay muchos recursos que permiten lanzarse en el Machine Learning, pero es difícil saber por dónde empezar. Es más, las fuentes se dividen entre enfoques fuertemente matemáticos y otros más orientados al desarrollo informático, sin establecer necesariamente el vínculo entre ambos.

El objetivo de este libro es, introducir el Machine Learning conciliando varios enfoques con las buenas prácticas existentes:

- Un enfoque **metodológico** para gestionar un proyecto de ML de principio a fin, basado en las mejores prácticas establecidas.
- Un enfoque **teórico** para comprender los conceptos subyacentes a los distintos algoritmos sin descender al nivel de las ecuaciones matemáticas (que ya están codificadas en las bibliotecas).
- Un enfoque de **programación** en Python que le permite aplicar los algoritmos, con ejemplos de código (que también están disponibles para descargar) para que pueda empezar de inmediato.

2. Python y Scikit-learn: razones para elegirlos

El Machine Learning no depende de ningún lenguaje en particular. Los algoritmos pueden codificarse en C/C++, Java o C#.

Sin embargo, los *Datos Scientists* (Científicos de Datos) actuales utilizan principalmente dos lenguajes de programación (además de herramientas gráficas): R y Python.

En casos concretos se utilizan otros lenguajes:

- C/C++: lenguaje de bajo nivel, rápido y optimizado. Esto lo convierte en el lenguaje ideal para desplegar modelos en dispositivos limitados (como la Raspberry Pi).

- Scala (derivado de Java): un lenguaje reciente (2004) que permite manipular grandes cantidades de datos gracias a su biblioteca Spark. Muchos desarrolladores procedentes de Java elegirán por tanto Spark para Big Data, aunque Spark también puede utilizarse en Python.

Estos dos lenguajes no tienen que ver con la creación de modelos, sino más bien con los conductos de datos ascendentes o su despliegue, por lo que no se desarrollarán más en este libro.

El lenguaje R data de 1993. Muy popular entre la comunidad científica, cuenta con numerosos paquetes, entre ellos varios para ML. Hasta 2017, R seguía siendo el principal lenguaje utilizado por los Data Scientists.

Python es un lenguaje de programación que se remonta a 1991. Su sintaxis clara y su potencia lo convirtieron rápidamente en un lenguaje ideal para aprender a programar. Sin embargo, le costó abrirse camino fuera de las universidades.

La comunidad de Machine Learning, y los *Data Engineers* (Ingenieros de Datos) en particular, no tardaron en ver el potencial de este lenguaje. En cuanto comenzó el boom del ML (2011), aparecieron librerías específicas o adaptadas al *Deep Learning* (DL): Scikit-learn, TensorFlow, PyTorch, etc.

Desde 2017, Python se convirtió así en el lenguaje mayoritario en ML y por eso se ha elegido para este libro. Del mismo modo, fuera del Deep Learning, la librería Scikit-learn es la más utilizada y, por tanto, será la que se presente.

3. ¿A quién va dirigido este libro?

En primer lugar, este libro no está dirigido a Data Scientists o Analistas profesionales. De hecho, no contiene documentación exhaustiva sobre Scikit-Learn ni cubre todos los algoritmos existentes.

Por tanto, se dirige en particular a:

- estudiantes de asignaturas científicas relacionadas con la *Data Science* (matemáticas, sobre todo estadística, física, etc.) que quieran saber más sobre este campo,
- desarrolladores existentes y Data Engineers en activo o en ejercicio que quieran aprender más sobre la disciplina de la Data Science y, en particular, sobre la creación de modelos,
- personas en busca de un cambio profesional que quieran dar un primer paso hacia la Data Science, con el fin de validar o iniciar una trayectoria de cambio profesional,
- directivos de empresas que utilizan o necesitarán utilizar soluciones de Machine Learning y que desean comprender un poco mejor lo que ocurre en su interior ,
- y, por último, a todos aquellos que simplemente sientan curiosidad y quieran descubrir un nuevo campo de exploración.

Este libro no tiene requisitos previos particulares. De hecho, en la gran mayoría de los casos, el nivel de matemáticas requerido no supera el bachillerato, ya que el libro da más importancia a los conceptos que a las ecuaciones.

Tampoco hay ningún prerrequisito de conocimiento de Python. Entender al menos un lenguaje de programación es una ventaja, pero los códigos suelen explicarse por sí mismos. Además, se pueden descargar y, por tanto, están listos para ejecutarse.

4. Organización del libro y elementos que se pueden descargar

Junto con la introducción y la conclusión, el libro contiene once capítulos:

- Los dos capítulos que siguen a esta Introducción presentan información general tanto sobre el Machine Learning (capítulo Machine Learning: una visión general) como sobre la pila tecnológica utilizada (capítulo La pila tecnológica en Python). Las personas que ya estén familiarizadas con estos temas pueden saltarse estos capítulos.
- Los tres capítulos siguientes tratan de las primeras fases técnicas del método CRISP-DM (*Cross Industry Standard Process for Data Mining*; proceso industrial estándar para la extracción de datos): Comprimir datos (capítulo sobre Cargar y analizar datos), Preparar datos (capítulo del mismo nombre) y Modelización (capítulo Modelizar y evaluar). Estos capítulos pueden leerse de forma secuencial.
- Le siguen tres capítulos centrados en los principales algoritmos para las tres áreas principales del Machine Learning: clasificación (capítulo Algoritmos de clasificación), regresión (capítulo Algoritmos de regresión) y aprendizaje no supervisado, que abarca la agrupación (capítulo Algoritmos de aprendizaje no supervisados). De este modo, los lectores interesados en una tarea determinada podrán concentrarse en el capítulo correspondiente y volver a los demás más adelante si así lo desean.
- El penúltimo capítulo, Evaluar y desplegar, retoma la evaluación empresarial de los resultados y, a continuación, examina la fase de despliegue, con especial atención en las MLOps (Machine Learning Operations u operaciones de Machine Learning), un tema cada vez más presente en los proyectos actuales.

Los seis capítulos centrales (fases técnicas y algoritmos principales) contienen código Python. Este código puede descargarse del sitio web de la editorial, en forma de cuaderno Jupyter para cada capítulo, que puede ejecutarse independientemente de los demás. Los datos están disponibles en la descarga.

También se ofrece para su descarga una plantilla comentada que sigue la metodología CRISP y un ejemplo completo para ofrecer una visión general del método en su totalidad.

5. Datasets utilizados en este libro

Este libro utiliza numerosos ejemplos para ilustrar los distintos códigos en Python. Tradicionalmente, los Data Scientists utilizan *datasets* (conjuntos de datos), es decir, juegos de datos conocidos y bien controlados, para comparar resultados.

Se utilizan tres dasets: Iris de Fisher (conocido simplemente como «Iris»), Titanic y Boston.

Observación

De vez en cuando se utilizan otros juegos de datos, en cuyo caso se indican y se emplean solo para ilustrar un punto concreto de un capítulo. También se facilitan para su descarga (si son reales) o el código para recrearlos está disponible (si se trata de simulaciones).

5.1 Iris de Fisher, 1936

El juego de datos Iris se utiliza con frecuencia para tareas de clasificación. El objetivo es clasificar las flores de iris en la especie correcta midiendo las flores: anchura y longitud de los sépalos, anchura y longitud de los pétalos.

Están representadas tres especies: Iris Versicolor, Iris Virginica e Iris Setosa.

Este datasets es muy antiguo (1936 para los datos iniciales) y es muy sencillo de utilizar: cada especie está representada por 50 flores, cada una con las cuatro medidas proporcionadas, agrupadas por tipo de flor. No faltan datos.

De las tres especies, una es muy diferente de las demás y, por tanto, muy fácil de detectar (Iris Setosa). Las otras dos están en general más emparentadas (Iris Versicolor e Iris Virginica), lo que ayuda a ilustrar algunos puntos concretos de los conceptos subyacentes de los algoritmos.

La versión utilizada es la que está disponible gratuitamente en el sitio web del Repositorio de Aprendizaje Automático de la UCI:
https://archive.ics.uci.edu/ml/datasets/iris

5.2 Titanic, 1994

El transatlántico Titanic se hundió en el mar en 1912, muriendo unas 1.500 de las 2.200 personas que iban a bordo.

El dataset original data de 1994 y proporciona abundante información sobre los pasajeros. La tarea consiste en clasificar a los pasajeros según su probabilidad de supervivencia.

Este dataset es más complejo para un algoritmo de Machine Learning porque la supervivencia de los pasajeros depende de un factor de casualidad que no puede incluirse en los datos y que, por tanto, se considerará ruido.

Sin embargo, determinados grupos de población tenían muchas más posibilidades de sobrevivir que otros, sobre todo las mujeres y los niños, y más aún si viajaban en 1ª clase.

La versión utilizada en este libro es la proporcionada por el sitio web de Kaggle: https://www.kaggle.com/c/titanic/overview

El conjunto de entrenamiento contiene 891 pasajeros, cada uno con 12 campos de distintos tipos: texto, número, booleano, etc. También tiene datos perdidos.

Este dataset es, por tanto, un excelente caso de estudio, además de ser objeto de numerosos tutoriales en la Red.

5.3 Boston, 1978

El último juego de dataset utilizado corresponde a una tarea de regresión. Se trata de predecir el precio de los pisos en función de sus características.

Observación

En realidad, no se trata del precio de un piso determinado, sino del precio medio de los pisos de una zona establecida.

Los datos originales datan de 1978 y fueron recopilados por el Servicio de Censos de Estados Unidos. Obviamente están obsoletos, pero el dataset se sigue utilizando ampliamente por su valor educativo.

Contiene 506 precios, cada uno con 13 características. Aunque en apariencia todos los campos son numéricos, no todos coinciden, con un campo booleano, por ejemplo.

La versión utilizada es la de la Universidad de Toronto:
https://www.cs.toronto.edu/~delve/data/boston/bostonDetail.html

Esta versión está a su vez tomada de una versión propuesta en StatLib:
http://lib.stat.cmu.edu/datasets/boston

En este dataset no falta información. Sin embargo, requiere un poco más de limpieza al cargarlo, dada la presencia de una cabecera de texto de varias líneas y la ausencia de nombres de columna en el archivo (en formato .txt).

¡Disfrute de la lectura!

Capítulo 2
Machine Learning: visión general

1. Un poco de vocabulario

A menudo se utilizan indistintamente varios términos: Inteligencia Artificial (IA) Machine Learning (ML), Deep Learning (DL), Data Science (DS). Sin embargo, no abarcan la misma realidad, por lo que es importante saber diferenciarlos.

Históricamente, la **Inteligencia Artificial** es un campo científico derivado de las matemáticas, la informática y la biología. Dos objetivos estuvieron presentes desde el principio:

- Crear una máquina inteligente capaz de resolver cualquier problema que se le plantee.
- O, más sencillamente, simular un proceso cognitivo, es decir, «dar la impresión» de que la máquina es inteligente.

El primer objetivo corresponde a la llamada inteligencia artificial «**general**» (o IA fuerte). La máquina tendría entonces emociones y capacidades de razonamiento avanzadas, lo que le permitiría «aprender a aprender». Sin embargo, aún no existe (si es que algún día existirá) fuera de los reinos de la ciencia ficción.

Observación

No hay que confundir «IA general» con «IA generalista». En el primer caso, hablamos de IA fuerte. En el segundo caso, hablamos de modelos genéricos que pueden utilizarse en distintas situaciones y no se limitan a un caso de uso concreto.

Por el contrario, el segundo objetivo corresponde a la llamada inteligencia artificial «**estrecha**», o IA débil. Es lo que existe hoy en día. Solo puede resolver problemas de uno en uno: un modelo específico corresponde a un único proceso cognitivo. No hay inteligencia real en el sentido habitual para los humanos, solo una simulación de ella.

Esto es lo que ha llevado a Luc Julia, Director Científico de Renault y cocreador de Siri, a afirmar: «La inteligencia artificial no existe». En su libro homónimo, señala que no hay inteligencia real en los modelos, que no son más que una simulación basada en estadísticas, enormes capacidades de cálculo y memorias muy grandes (en comparación con los humanos).

Los programas que utilizan conceptos de inteligencia artificial existen en funcionamiento y nos rodean cada día. A menudo se les denomina erróneamente «IA» o «algoritmos», pero en realidad son modelos. Las técnicas tratadas son muy amplias: desde los sistemas expertos, de moda en los años 80, pasando por la lógica difusa, también de moda en los 80 y 90, hasta los algoritmos genéticos y los algoritmos de búsqueda de rutas (utilizados en los GPS).

El **Data Mining**, por su parte, es un campo que procede principalmente de la estadística y consiste en estudiar grandes cantidades de datos para extraer nuevos conocimientos. No hay noción de «inteligencia» real o simulada, solo patrones por descubrir en los datos. Sin embargo, esta denominación prácticamente ha desaparecido y ha sido sustituida por el campo del **Machine Learning**, que abarca prácticamente las mismas técnicas.

El campo de la inteligencia artificial es vago y está mal delimitado: no existe un acuerdo global sobre su definición. Con el tiempo, se ha ido enriqueciendo con todas las técnicas y algoritmos de Data Mining, y ahora incluye el Machine Learning en su totalidad, aunque ambos eran originalmente distintos.

Las redes neuronales simulan el aprendizaje mediante la creación de neuronas simplificadas y conexiones entre ellas (IA); permiten aprender a partir de numerosos ejemplos (ML). En los últimos años, la estructura de estas redes se ha desarrollado enormemente, pasando en menos de quince años de redes de 3 o 4 capas a más de 500 en la actualidad. Estas redes «profundas» (en el sentido del número de capas) constituyen el **Deep Learning**, y forman parte del Machine Learning.

Estas tres definiciones se representan a menudo en forma de muñecas rusas: la Inteligencia Artificial es el campo de estudio que consiste en simular un proceso cognitivo. Una de las formas de hacerlo, pero no la única, es utilizar grandes cantidades de datos y aplicarles estadística: esto es Machine Learning. Por último, el Deep Learning es solo una de las técnicas que se pueden utilizar en Machine Learning.

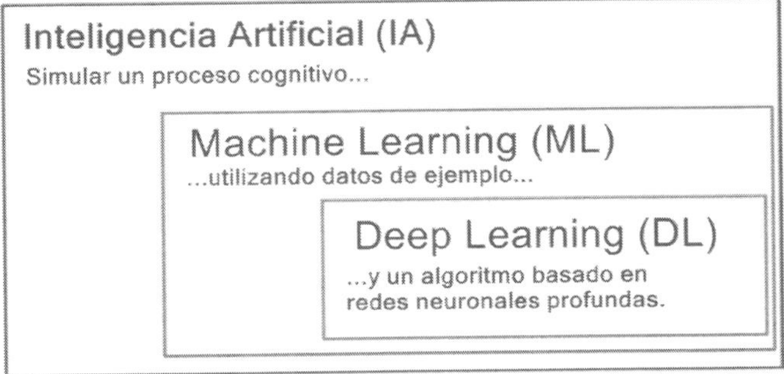

Por último, la **Data Science** consiste en encontrar hechos interesantes en los datos, representarlos gráficamente y hacerlos utilizables (por ejemplo, para tomar decisiones). El término abarca la preparación de datos, la estadística descriptiva, el análisis y los estudios de tendencias, la visualización de datos y la creación de cuadros de mando.

Aunque no forma parte directamente de la Inteligencia Artificial, la Data Science está próxima a ella, y hay muchos puntos de solapamiento.

2. Las profesiones de los datos

Con el desarrollo del Machine Learning han surgido nuevas profesiones. Ahora hay muchas de ellas, además de empleos más tradicionales como el de director de proyectos o desarrollador. Estas permiten crear un equipo capaz de gestionar un proyecto de principio a fin.

Crear modelos es importante, pero no basta. También hay que ser capaz de desplegar y mantener aplicaciones; para ello se requieren muchas competencias diferentes.

Inicialmente, solo había un Data Scientist, pero la escala de los proyectos, el número de tareas que hay que gestionar y la proliferación de herramientas han llevado a la especialización de estos últimos, lo que a su vez ha llevado a la creación de estas nuevas profesiones, y a medida que el campo siga creciendo, se seguirán creando nuevas profesiones.

Observación

En realidad, no se trata de puestos de trabajo, sino de funciones, por lo que es posible que una misma persona desempeñe varias funciones dentro de un mismo proyecto o en los distintos proyectos en los que participe.

Estas profesiones pueden dividirse en tres ramas:

- Una rama orientada al «modelo»
- Una rama «integración»
- Una rama «soporte»

En la rama «modelo», el primero es el **Data Analyst** (*Analista de datos*). Su papel consiste principalmente en preparar y formatear datos, ya sea para producir KPI (*Key Performance Indicators* o Indicadores Clave de Rendimiento) directamente o para alimentar algoritmos de Machine Learning. También puede proporcionar cuadros de mando y tener conocimientos de visualización de datos.

El **Data Miner** (Minero de Datos) es una especialización del Data Analyst, que buscará tendencias y patrones en los datos, sin que su objetivo sea necesariamente introducir los datos en algoritmos de Machine Learning.

El segundo puesto es el de **Data Scientíst** (Cientifico de Datos). Su función es crear modelos basados en datos preparados de antemano. Este trabajo requiere sólidos conocimientos de matemáticas y estadística, así como habilidades de programación, principalmente en los lenguajes R o Python. A menudo se considera una evolución del puesto de Data Analyst, bien tras una formación especializada o gracias a su experiencia en una empresa, aunque las competencias no se solapan exactamente entre los dos puestos. También se ve como un objetivo en sí mismo, a pesar de que hay otras profesiones que pueden ajustarse mejor a los diferentes perfiles de las personas. Así que es importante entender que no es LA profesión de la Inteligencia Artificial.

El **Data Auditor** (Auditor de Datos), el último puesto de la rama «modelos», consiste en analizar el trabajo de un Data Analyst o Data Scientist para asegurarse de que lo que se ha hecho corresponde a la legislación o a necesidades específicas. Con la normativa europea aprobada el 14 de junio de 2023 (y que sin duda se aplicará a partir de 2026), este puesto se convertirá en esencial para todas las empresas que necesiten certificar sus modelos a nivel europeo.

En la rama de «integración» hay tres profesiones. Su función es permitir que los modelos interactúen con sistemas informáticos más complejos. Sus tareas van desde la recuperación de datos de entrada hasta la devolución de resultados o el reentrenamiento de modelos.

El primer puesto es el de **Data Architect** (Arquitecto de Datos). Al igual que el Solution Architect (Arquitecto de Soluciones) en las TI más tradicionales, su función es crear una arquitectura que permita que todos los elementos interactúen entre sí, pero centrándose en los flujos de datos. Dados los volúmenes implicados, a menudo se requieren conocimientos de Big Data (Spark y Hadoop se encuentran entre las habilidades más solicitadas).

El segundo puesto es el de **Data Engineer** (Ingeniero de Datos). El trabajo del ingeniero consiste en implementar la arquitectura definida por el Data Architect. Requiere buenos conocimientos de programación y automatización de procesos. El Data Architect también necesita conocer esta vertiente técnica para crear arquitecturas de alta calidad.

Observación

*El **Big Data Engineer** (Ingeniero de Macrodatos) es un ingeniero de datos que maneja grandes cantidades de datos. Los conocimientos necesarios son un poco más especializados, ya que la presencia de clústeres Spark/Hadoop complica los flujos de datos.*

El tercero es el **Data Integrator** (Integrador de datos). Su función es garantizar que los datos puedan transferirse de un sistema a otro, en el formato y con la sintaxis adecuados. Esta función requiere, por tanto, conocimientos de buses de datos, middleware y transformación de datos (ETL).

En la literatura y en los artículos se menciona cada vez con más frecuencia un puesto de trabajo: el de **Machine Learning Engineer** (Ingeniero de Machine Learning). Se trata de un ingeniero de datos que se ha formado en Data Science y Machine Learning, o un Data Scientist que se ha iniciado en la programación. Por tanto, tienen una doble cualificación y están muy solicitados.

Por último, en la rama de «apoyo», asistimos a la aparición de dos nuevas profesiones, así como de una soporte a menudo «oculta». Su función no es realizar proyectos, sino apoyar a las demás profesiones y al proyecto una vez que está en producción.

El primero es el **Data Support** (Soporte de Datos). Se trata de un servicio de asistencia con competencias adicionales en proyectos de datos, lo que le permite supervisar los modelos y actuar con rapidez cuando surge un problema. Cuanto mayor sea el número de modelos en producción, más crucial será su papel para garantizar la continuidad del servicio.

El **Data Steward** (Supervisor de Datos), por su parte, es un gestor de proyectos, también con conocimientos de datos. Dado que los proyectos de Machine Learning no pueden gestionarse del mismo modo que los proyectos de desarrollo más tradicionales, requieren una gestión de proyectos adecuada. Por tanto, su papel consistirá en discutir el proyecto con el cliente, estimar el trabajo restante, garantizar una buena comunicación entre todos los miembros del equipo y, en proyectos grandes, supervisar el progreso paralelo de las distintas disciplinas. También puede tener la función de mantener la plataforma de datos de la empresa una vez creada, incorporando los distintos requisitos y transmitiéndolos después a los Data Engineers.

Es probable que este puesto se divida en dos en un futuro próximo, dada la importancia de las tareas cubiertas.

El **Data Labeler** (Etiquetador de Datos) es una profesión muy extendida pero de la que se habla poco, que también puede incluirse en la rama de «soporte». Su objetivo es etiquetar los datos de entrenamiento para futuros modelos. Muy a menudo, como esta tarea requiere pocas competencias y aporta poco valor añadido, se delega en países donde la mano de obra es más barata. Varios escándalos han salido a la luz, porque las grandes empresas de IA recurren a menudo a Data Labelers a los que se les paga apenas unos céntimos por cada dato etiquetado. Es el caso de OpenAI, que utilizó mano de obra keniana para etiquetar datos para ChatGPT. Debido a la presión social, esta profesión seguramente tendrá que evolucionar, o al menos regularse.

Las líneas de negocio actuales son las siguientes:

Modelo	Integración	Apoyo
Data Analyst	Data Architect	Data Support
Data Miner	Data Engineer	Data Steward
Data Scientist	Data Integrator	Data Labeler
Data Auditor	ML Engineer	

La mayoría de estas profesiones no existían hace apenas unos años, y seguramente surgirán muchas más próximamente, lo que modificará automáticamente el ámbito de cada una de ellas.

Del mismo modo, como las tecnologías evolucionan muy rápidamente, las personas que trabajan en estas distintas profesiones deben mantenerse al día y recibir formación constante, pues de lo contrario podrían encontrarse rápidamente con competencias obsoletas.

3. El crecimiento del Machine Learning

El Machine Learning es un campo en pleno crecimiento desde hace varios años, sin duda gracias a una serie de éxitos notables. Sin embargo, los primeros trabajos sobre el tema se remontan a varias décadas atrás. Se pueden esgrimir varios argumentos para explicar esta explosión actual.

En primer lugar, la **potencia de los ordenadores** ha aumentado exponencialmente. Con la llegada de la computación en nube, ya no es necesario comprar hardware caro. Basta con alquilarlo durante el tiempo que se utilice, lo que significa que todo el mundo puede tener acceso a máquinas impresionantes. También hay que tener en cuenta que, para determinados tipos de cálculo, en particular el Deep Learning, las GPU (en la tarjeta gráfica) han superado a las CPU (en el procesador), multiplicando la potencia disponible.

Los cálculos son más rápidos, pero el Machine Learning funciona con datos. Cuanto más complejo es el problema, mayor es el volumen de datos necesario. Esta es la razón por la que a menudo se vincula el Big Data con el Machine Learning: las fuentes de datos se multiplican (por ejemplo, con la llegada de los objetos conectados) y se pueden almacenar, gestionar y utilizar. En resumen, los grandes **volúmenes de datos** necesarios están ahora disponibles y son más fáciles de gestionar.

Más potencia, más datos, pero eso no lo explica todo. Los resultados de los **algoritmos** no han dejado de mejorar en los últimos años, gracias a la investigación alentada por el éxito. También hay que señalar que la investigación ha salido del ámbito de la investigación universitaria, ya que GAFAM y sus equivalentes chinos BATX cuentan con laboratorios de investigación privados, cuya importante financiación se destina a la innovación en Inteligencia Artificial.

Los algoritmos son más potentes y rápidos, por lo que pueden procesar aún más datos.

Al principio, cada uno tenía que codificar su propio algoritmo, y a menudo resultaba difícil compartir código entre investigadores. Pero con la llegada del Machine Learning, empezaron a aparecer **frameworks** (Bibliotecas o Librerías en castellano). Éstos ponen los algoritmos a disposición de quien los quiera, sin tener que leer complejos artículos científicos ni entender las ecuaciones subyacentes. La mayoría de estos frameworks son gratuitos y de código abierto, lo que facilita la cooperación entre investigadores y la mejora de las implementaciones propuestas.

Observación

Sin embargo, el crecimiento actual del Machine Learning no debe hacernos creer que se trata de una herramienta fácil de usar que garantiza el éxito. Muchos proyectos nunca pasan de la fase PoC (Proof of Concept; Prueba de concepto) y nunca llegan a producción porque no ha sido posible obtener modelos con un rendimiento suficiente. Cualquiera que trabaje en Machine Learning debe ser consciente de ello.

El último aspecto que explica el auge actual es la importancia de los medios de **comunicación**. De hecho, el primer boom mediático tuvo lugar después de 2012, cuando los algoritmos de clasificación de imágenes mostraron resultados que permitieron ponerlos en producción (por ejemplo, para la detección de defectos o el procesamiento de imágenes en tiempo real para coches autónomos). Un segundo boom mediático, aún mayor, tuvo lugar a finales de 2022 con la llegada de la IA generativa (liderada por ChatGPT de OpenAI), que permitió al gran público descubrir los avances en este campo. Gracias a ello, las empresas disponen de más recursos para desarrollar nuevos algoritmos o utilizarlos.

4. Formas de aprendizaje y tareas de ML

El Machine Learning consiste en crear un modelo que es el resultado de un aprendizaje (o entrenamiento). Un «modelo» es, por tanto, un programa informático no ha sido creado por un desarrollador, sino mediante un algoritmo de aprendizaje.

Existen varias formas de aprendizaje definidas por los datos de entrada (o variables explicativas) y los datos de salida (o variables deseadas).

En cada forma de aprendizaje, hay varias tareas específicas de ML, que corresponden a categorías de problemas. Estas tareas son independientes del dominio considerado.

4.1 Aprendizaje supervisado

El aprendizaje supervisado es, con diferencia, el método más utilizado en las empresas. Consiste en proporcionar al algoritmo un gran número de ejemplos, con las entradas y salidas esperadas. Al comparar los resultados del modelo con los resultados esperados, el modelo mejorará.

Observación

Una analogía con el aprendizaje humano: es como aprender las tablas de multiplicar. Para cada multiplicación (como 6x7), el alumno debe dar una respuesta que se compara con la respuesta esperada (42).

Las principales tareas del aprendizaje supervisado son la clasificación, la regresión y la previsión.

4.1.1 Clasificación

En la tarea de clasificación, el resultado esperado es una categoría, como «enfermo» o «sano» en el ámbito médico. Se trata de una de las tareas más habituales, por lo que existen numerosos algoritmos. Por lo tanto, el algoritmo de aprendizaje recibe muchos ejemplos pertenecientes a todas las categorías que debe predecir.

Los modelos suelen asociar a las predicciones una probabilidad denominada «de confianza», por ejemplo «enfermo» a 0,27 (o 27%) y «sano» a 0,73 (o 73%). Esto permite afinar las decisiones en función de un *umbral (threshold)*: solo se tienen en cuenta los valores por encima del umbral. Ajustando el umbral, es posible influir hasta cierto punto en las tasas de falsos positivos y falsos negativos, en función de la aplicación deseada.

■ Observación

Los falsos positivos y los falsos negativos son errores del modelo. En el caso de un falso positivo, la respuesta esperada es negativa (por ejemplo, «no enfermo»), pero el modelo ha dado una predicción positiva («enfermo»). Se trata de personas que han sido diagnosticadas erróneamente como enfermas. En el caso de un falso negativo, la respuesta esperada es positiva pero la predicción es negativa: en otras palabras, la persona está enferma pero no ha sido diagnosticada. Según cómo se utilicen, los falsos positivos y los falsos negativos no tienen el mismo peso, siendo uno más grave que el otro.

Si hay dos clases, la clasificación es binaria; en caso contrario, es multiclase. Aunque los casos más complejos tienen a veces miles de clases, la mayoría de los casos prácticos requieren menos de veinte clases.

■ Observación

Atención: el modelo solo puede proporcionar una clase de entre las conocidas y no puede encontrar nuevas clases por sí mismo. Esto significa que el conjunto de entrenamiento debe ser lo más completo posible. Por ejemplo, en una aplicación de clasificación de imágenes, si solo existen las clases «vaca» y «perro», un caballo podría ser clasificado como «vaca» con una confianza muy alta por el modelo (que no conoce «caballo»).

4.1.2 Clasificación: el caso de las imágenes

En el caso de las imágenes, la tarea de clasificación «clásica» puede refinarse en tres tareas distintas, ordenadas por complejidad:

- **Etiquetado**, que consiste en asociar a cada imagen una o varias etiquetas en función de su contenido, a menudo con un índice de confianza. El reconocimiento de personas a partir de sus rostros es un caso particular.
- **Detección**, que consiste en indicar dónde se encuentra un determinado objeto en la imagen mediante rectángulos que rodean los objetos. Los filtros de aplicaciones móviles como Snapchat suelen utilizarlos para determinar dónde está una cara, de modo que se pueden colocar elementos según la ubicación de los distintos rasgos faciales: gafas en los ojos, orejas de gato en la cabeza, hocico de gato en la nariz, etc.

– **Segmentación**, que consiste en indicar qué píxel pertenece a cada objeto de la imagen. Por ejemplo, es la tarea que utiliza Kinect, la cámara «inteligente» de la Xbox (Microsoft), para determinar la ubicación de cada parte del cuerpo del jugador en la imagen. También es la tarea más utilizada por los coches autónomos, para saber exactamente dónde están la carretera, las aceras, los coches, los peatones, etc.

En el primer caso, se clasifica toda la imagen. En el segundo, se añade la zona correspondiente de la imagen, utilizando dos pares de coordenadas. En el tercer caso, se aplica una clasificación a cada píxel de la imagen.

En el caso del vídeo, el problema se complica aún más al añadir una dimensión temporal (por ejemplo, la acción de escribir se diferencia de la de sujetar un bolígrafo por el movimiento continuo del bolígrafo sobre el papel).

4.1.3 Regresión

En la tarea de regresión, el resultado esperado es un valor numérico en función de las características. Ya no se trata de una categoría de una lista fija, sino de un número real dentro de un intervalo determinado. Esto permite predecir el precio de un bien o servicio, o el consumo anual de electricidad de un hogar.

Observación

Como ocurre con todas las tareas, en Machine Learning existen muchos algoritmos posibles para la regresión. Sin embargo, este problema también puede considerarse como una clasificación con muchas clases. Por ejemplo, en lugar de buscar un número entre 0 y 1 utilizando algoritmos de regresión, es posible utilizar algoritmos de clasificación para obtener, según el caso, 0, 0,2, 0,4, 0,6, 0,8 o 1 (seis clases).

No obstante, hay que tener cuidado: aunque en la mayoría de las aplicaciones los resultados esperados se sitúan entre dos límites fijos, el modelo no suele tener en cuenta esta limitación, y los resultados obtenidos deberán «procesarse a posteriori». Por ejemplo, en el caso del precio de un bien, será necesario asegurarse a posteriori de que el precio devuelto por el modelo es efectivamente positivo. Sin embargo, no es posible introducir esta restricción directamente en el modelo, que puede por tanto devolver precios negativos.

4.1.4 Previsión

La tarea de prever es un tipo especial de regresión. En lugar de utilizar características para determinar un valor numérico, se trata de prever el resultado utilizando valores anteriores de la misma variable.

Por ejemplo, para determinar el precio de un bien, en lugar de fijarse en sus características intrínsecas (como tamaño, material, capacidad, etc.), el próximo precio se deducirá de la tendencia de su precio en el pasado.

Observación

La tarea de prever suele detenerse un paso temporal por delante. Si se desea tener una evolución a lo largo de varios pasos temporales, generalmente será necesario ejecutar el modelo varias veces, tomando como entrada las previsiones anteriores. Sin embargo, el error se hace cada vez más significativo.

4.2 Aprendizaje no supervisado

En el caso del aprendizaje no supervisado, al igual que en el supervisado, se necesita una gran cantidad de datos. La principal diferencia es que los resultados esperados no están disponibles. En la mayoría de los casos, ni siquiera existe una respuesta esperada «correcta».

Así, el aprendizaje no supervisado puede utilizarse para extraer una visión global de datos demasiado extensos para el análisis humano.

4.2.1 Clustering (Agrupación)

El clustering consiste en agrupar los datos en varias clases que no están determinadas de antemano. El usuario simplemente especifica el número de clases necesarias, sin indicación de su contenido, a diferencia de la clasificación.

El algoritmo intentará agrupar los datos en función de sus similitudes: los elementos de una misma clase deben estar próximos unos de otros y las clases deben ser muy diferentes entre sí.

Con cantidades muy grandes de datos, este tratamiento permite una primera exploración o segmentación. A continuación, cada clase puede estudiarse por separado

En el caso de una base de clientes, esto nos permite identificar los principales perfiles para, a continuación, crear ofertas promocionales específicas. En el caso de la detección de fraudes, el clustering puede utilizarse para obtener diferentes comportamientos y descubrir comportamientos sospechosos con un alto índice de fraude: estos son los clústers «de riesgo» que deben vigilarse más de cerca.

4.2.2 Reducción de dimensiones

Restringidos por nuestro espacio tridimensional, no es posible visualizar gráficamente datos con un gran número de dimensiones. Sin embargo, los datos manipulados en Machine Learning pueden tener varios centenares de dimensiones. Por tanto, es necesario un preprocesamiento destinado a reducir este número para poder analizarlos, comprenderlos y estudiarlos.

La reducción de dimensiones también puede utilizarse para limitar el número de variables explicativas que se introducen en un proceso de Machine Learning a las más importantes o significativas.

4.2.3 Sistema de recomendaciones

Todos los sitios de venta en línea y plataformas de distribución de contenidos ofrecen sistemas de recomendación. Ya sea para aumentar el número de pedidos, de productos en la cesta de la compra o de series vistas, estos motores permiten ofrecer contenidos específicos.

Existen varias técnicas. Dependen de los datos utilizados: el pasado del usuario, las características del contenido o las elecciones realizadas por otros usuarios de la plataforma.

4.2.4 Asociaciones

La tarea de asociación no debe confundirse con un sistema de recomendación. No se trata de ayudar a un usuario a descubrir contenidos, sino de descubrir vínculos entre contenidos del historial, como productos comprados juntos.

Este análisis, que solo se realiza a posteriori, puede utilizarse para revalorizar los conjuntos o incitar al usuario a realizar otras compras, por ejemplo, mediante una promoción en la compra de productos agrupados.

Una leyenda urbana en Data Science cita el caso de los pañales y la cerveza comprados simultáneamente en EE.UU. los viernes por la noche por padres jóvenes. Una asociación más realista es la que existe entre la pasta y la salsa de tomate: ambos productos suelen encontrarse juntos en las cestas de la compra.

4.3 Aprendizaje por refuerzo

En las dos formas anteriores de aprendizaje, se suministraban datos al algoritmo para que aprenda:

- En el aprendizaje supervisado, se proporcionan pares de entrada-salida.
- En el aprendizaje no supervisado, solo se proporcionan las entradas.

En cambio, en el aprendizaje por refuerzo no se necesitan datos para empezar. El modelo aprenderá a partir de la evaluación de las soluciones potenciales producidas a lo largo del tiempo. Así, es necesario poder evaluar su calidad.

Observación

Los datos están presentes (el aprendizaje por refuerzo forma parte del Machine Learning), pero se crean y/o descubren a medida que avanza el proceso de aprendizaje.

En muchos problemas, evaluar una solución dada es más sencillo que determinar la solución óptima. Cuando se requieren varias acciones sucesivas, es posible evaluar solo el resultado final o al menos una secuencia finita de estados intermedios.

Observación

A modo de analogía, el aprendizaje por refuerzo nos hace pensar en los niños que aprenden a andar. Para ellos, si se caen y se hacen daño, no está bien, pero si consiguen atrapar algo que estaba fuera de su alcance, entonces han tenido éxito.

Si bien es posible evaluar la calidad de una solución, a menudo resulta difícil estimar cuál es la mejor solución posible y, por tanto, evaluar el error cometido en relación con ella. El aprendizaje se detiene cuando los resultados son satisfactorios, sin garantizar que sean óptimos.

Como se trata de una forma específica de aprendizaje, no se estudiará en el resto de este libro.

4.3.1 Comportamientos

La primera tarea del Machine Learning basado en el aprendizaje por refuerzo es el desarrollo de comportamientos, sobre todo en robótica.

A menudo es muy difícil definir con exactitud qué movimientos deben realizarse para lograr el resultado deseado. En cambio, es fácil evaluar si el movimiento completo consigue el comportamiento adecuado.

Puede utilizarse para cualquier gesto o secuencia de acciones, desde caminar hasta manipular objetos frágiles para apilarlos o moverlos.

La principal dificultad de esta tarea reside en crear una función de evaluación que sea coherente y completa. De hecho, tiene que permitirnos acercarnos a la solución correcta de forma progresiva (y no tener etapas ni interrupciones).

Observación

Si la función de evaluación tiene fallos, hay muchas posibilidades de que un algoritmo la utilice. Por ejemplo, cuando el algoritmo quiso crear un robot que se moviera evitando las paredes, pero utilizando una función de evaluación equivocada, se encontró con un fallo imprevisto. De hecho, la evaluación consistía en el tiempo transcurrido sin tocar las paredes, y la solución presentada consistía simplemente en... ¡no moverse!

4.3.2 Juegos y estrategias

Otra tarea habitual en el aprendizaje por refuerzo es crear modelos capaces de jugar a videojuegos y definir estrategias ganadoras. Así AlphaGo venció a Lee Sedol, el entonces campeón del mundo en Go, y cada vez son más los modelos dedicados a los videojuegos.

En el caso del Go, no es posible asociar cada posición de las piezas en el tablero con la mejor jugada que se va a realizar en el siguiente movimiento. El número de configuraciones posibles es enorme. Sin embargo, al final de la partida, es fácil determinar si la estrategia global ha sido correcta (el modelo ha ganado) o no (el modelo ha perdido).

Observación

El programa DeepBlue de IBM venció a Gary Kasparov al ajedrez en 1989. Sin embargo, no se trata de un ejemplo de aprendizaje por refuerzo. De hecho, el algoritmo se basaba en la fuerza bruta y el reconocimiento de «casos de libro».

4.4 Aprendizaje semisupervisado

El aprendizaje semisupervisado es una mezcla de aprendizaje supervisado y no supervisado que suele utilizarse para etiquetar grandes conjuntos de datos.

El objetivo es utilizar el aprendizaje supervisado para crear un modelo inicial sobre algunos datos (etiquetados manualmente) y utilizarlo para etiquetar automáticamente datos posteriores. A continuación, se utiliza otro etiquetado manual de algunos de estos resultados iniciales para refinar el modelo, y así sucesivamente.

En última instancia, es posible etiquetar manualmente solo una parte de los datos, entre el 10 y el 50% en función del tamaño y la complejidad de los conjuntos de datos, lo que representa un enorme ahorro de tiempo.

Como el aprendizaje semisupervisado no es propiamente una forma de aprendizaje, no se estudiará en este libro.

4.5 IA Generativa

Los modelos de Inteligencia Artificial Generativa no son nuevos, pero despegaron en 2022. Su objetivo es crear contenidos a partir de una instrucción proporcionada por el usuario (un enunciado textual). Los primeros en ponerse de moda a mediados de 2022 fueron los generadores de imágenes: Dall.e (OpenAI), Midjourney y Stable Diffusion. Les siguieron los generadores de texto a finales de 2022, en particular ChatGPT (también creado por OpenAI).

Ahora es posible encontrar plantillas que generan todo tipo de datos: imágenes, texto, vídeos, música, presentaciones, etc.

De hecho, estos modelos son el resultado de varios procesos de aprendizaje (y a menudo de varios modelos combinados), algunos supervisados y otros no supervisados.

En la mayoría de los casos (aunque no es una regla general), los modelos se entrenan primero mediante aprendizaje no supervisado, que consiste, por ejemplo, en encontrar la siguiente palabra en un texto o reconstruir una imagen «dañada». De este modo, el modelo adquiere una noción de cómo funciona el lenguaje natural o cómo se compone una foto.

A continuación, se utiliza el aprendizaje supervisado para responder al caso de uso deseado, por ejemplo, para establecer el vínculo entre una indicación (entrada de texto) y una imagen generada, o entre una pregunta y una respuesta.

Así pues, no se trata ni de una nueva forma de aprendizaje ni de un caso de uso específico, sino de una combinación de todo lo anterior, y no hay ningún capítulo dedicado al tema en este libro, ya que va más allá del ámbito previsto.

4.6 Resumen de las distintas formas de aprendizaje y tareas

El siguiente diagrama resume las distintas formas de aprendizaje y las tareas asociadas a ellas.

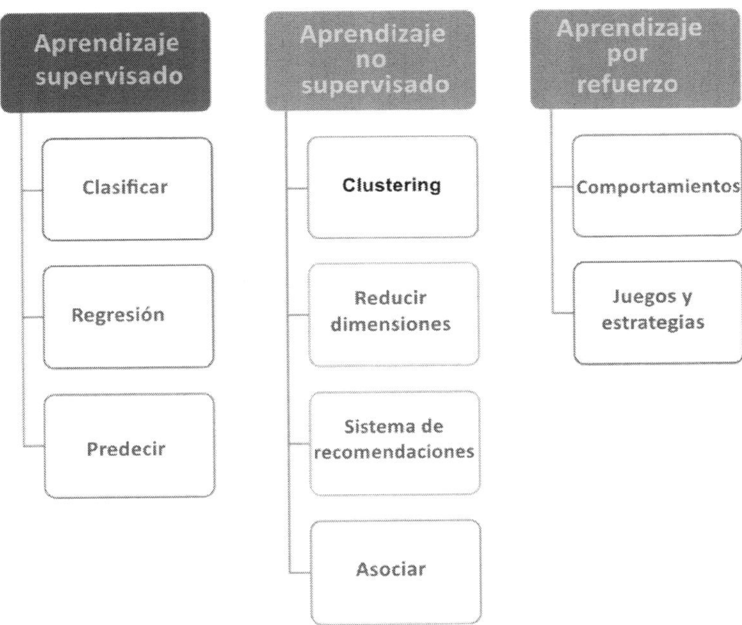

5. Metodología CRISP-DM

Como cualquier proyecto de TI, los proyectos de Machine Learning necesitan un marco de trabajo. Sin embargo, las metodologías convencionales no se aplican, o se aplican muy mal, a la Data Science.

De las metodologías existentes, CRISP-DM es la más utilizada y es la que se presenta aquí. Existen varias variantes.

Observación

CRISP es un marco, no una estructura rígida. El objetivo de utilizar una metodología no es disponer de una fórmula mágica ni encontrarse limitado. Sobre todo, proporciona una idea de los progresos y las etapas, así como de las mejores prácticas a seguir.

5.1 Visión general

CRISP-DM son las siglas de *Cross Industry Standard Process for Data Mining* (Proceso Estándar Inter-Industrias para la Minería de Datos). Se trata, pues, de un proceso estándar que no depende del ámbito de aplicación. La metodología se creó originalmente en el marco de un proyecto europeo dirigido por un consorcio de empresas.

La presencia de Data Mining en su nombre (y no Machine Learning) indica que este método es antiguo. La primera versión data de 1996. Una segunda versión se estaba escribiendo desde 2006, pero se abandonó en 2011 antes de su lanzamiento. Sin embargo, es completamente utilizable tal cual, incluso hoy en día: basta con sustituir «Data Mining» por «Machine Learning».

Este método es iterativo. Se suceden cinco fases hasta que el resultado es validado por la propia actividad, con la posibilidad de ir y venir entre algunas de ellas.

Estas fases son las siguientes:

- **Business Understanding**: se trata de la fase de comprender el negocio, que no es una fase técnica.
- **Data Understanding**: la fase de comprender los datos corresponde, principalmente, a una fase de estadística descriptiva y permite al usuario familiarizarse con los datos proporcionados.
- **Data Preparation**: es la fase de preparación de los datos, durante la cual se modifican los formatos o se crean nuevas características.
- **Modeling**: esta fase consiste en crear modelos y optimizar parámetros.
- **Evaluación**: en esta fase, la evaluación no corre a cargo de los Data Scientists. Son los expertos empresariales quienes evaluarán si la calidad de la solución propuesta corresponde a las restricciones de producción.

A estas cinco fases les sigue una sexta que solo tiene lugar una vez: la fase de **desplegar**. Más que una fase de despliegue, se trata en realidad de una fase de preparación para un proyecto más tradicional: el lanzamiento en producción del modelo, que se convertirá en un ladrillo entre otros de la arquitectura de la solución.

El esquema general es el siguiente:

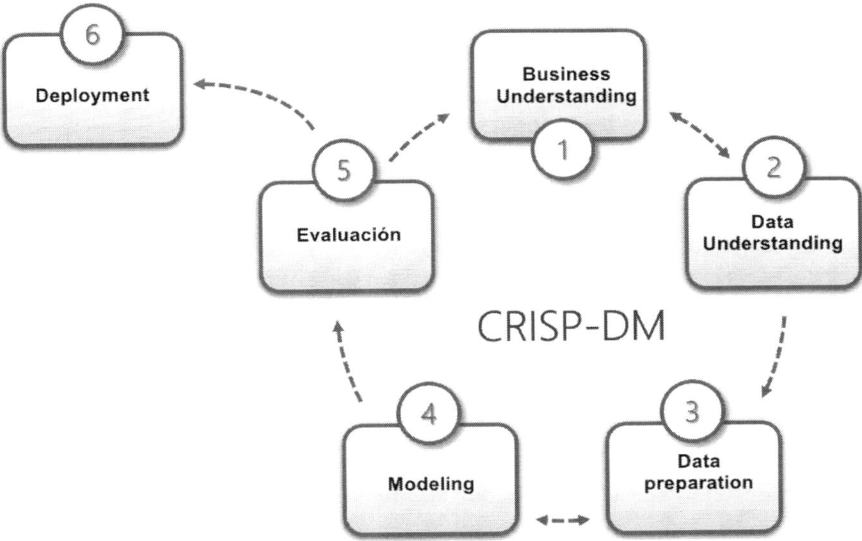

5.2 Business Understanding

La fase de Business Understanding es la primera de las iteraciones. Su objetivo es comprender claramente las necesidades y objetivos empresariales del proyecto.

A continuación, se detallan las etapas de esta fase:

Paso	Contenido
Fijar objetivos empresariales	– Antecedentes del proyecto – Objetivos empresariales – Criterios de éxito (cuantitativos y cualitativos)
Evaluar la situación	– Inventario de recursos (humanos o técnicos), especificaciones y limitaciones – Evaluar riesgos y plan de mitigación (para combatirlos) – Estimar costes y beneficios – Crear terminología (a menudo en forma de talleres), tanto del equipo de datos al equipo empresarial como del equipo empresarial al equipo de datos.
Determinar los objetivos del Machine Learning	– Traducir el objetivo empresarial en tarea(s) de Machine Learning (el objetivo puede requerir una única tarea o una cadena de tareas). – Determinar los criterios de éxito de los modelos (traduciendo los criterios empresariales en métricas).
Planificar proyectos	– Establecer un calendario provisional – Elección inicial de herramientas y técnicas (especialmente si hay limitaciones)

Estas etapas se llevan a cabo principalmente a través de reuniones y talleres con expertos del negocio, acudiendo in situ para estudiar los procesos en los que se implementará el Machine Learning.

5.3 Data Understanding

La fase de Data Understanding es la primera fase técnica. Consiste en cargar los datos y empezar a comprenderlos.

Hay tres etapas principales que conducen a la producción de parte del entregable:

- Identificar el conjunto o conjuntos de datos
- Describir los campos
- Analizar estadísticamente cada campo

Observación

Para esta última etapa, es preferible eliminar los datos de prueba del conjunto estudiado, con el fin de evitar el «Data Snooping» (espiar los datos), que introduce un sesgo en los modelos. De hecho, un interés excesivo por los datos de prueba puede influir en el Data Scientist a la hora de evaluar los resultados o de preparar los datos.

Antes de estos tres pasos, hay que recuperar los datos y cargarlos en el programa informático de su elección, u obtener acceso a ellos si los datos están almacenados directamente en bases de datos.

A veces, durante esta fase también se pone de manifiesto la falta de información empresarial. La metodología CRISP-DM prevé la retroalimentación entre esta fase y la anterior (Business Understanding) precisamente con este fin.

5.3.1 Identificar el conjunto de datos

La ficha de identificación del conjunto de datos muestra a qué corresponden los datos objeto de estudio y debe contener al menos:

- el nombre del conjunto de datos: nombre del archivo, tabla, etc.,
- su origen en cuanto al sistema de información, la persona responsable de su extracción, el cuadro original y su fecha de extracción, si procede,

- su tamaño, tanto en términos de tamaño de memoria (en bytes) como en términos de características. Por ejemplo, para los datos tabulares, será el número de filas, también llamadas elementos o registros, y de columnas, llamadas características, que están disponibles,
- su formato, en particular para los archivos planos: separadores de campos, indicadores de texto, separadores de miles, saltos de línea, etc.,
- la descripción comercial de los datos.

Se puede añadir otra información relativa al conjunto de datos completo en función de la información disponible y de las necesidades específicas del Machine Learning. Por ejemplo, si a los datos se les ha quitado su identificador, es importante señalar exactamente qué se ha hecho.

5.3.2 Describir los campos

Como su nombre indica, esta etapa consiste en describir con más detalle cada uno de los campos del conjunto de datos:

- Su nombre
- Su tipo: entero, real, cadena de caracteres, etc.
- Su formato, en particular para fechas o formatos específicos
- Descripción: qué representa el campo, unidad, límites conocidos, calidad estimada, datos que faltan, etc.

En esta fase, también es importante especificar si determinados campos no se utilizarán en absoluto durante el resto del proceso. Puede que no tengan ninguna relación con el problema que hay que resolver, o que su contenido sea inutilizable.

5.3.3 Estadísticas descriptivas

El análisis de los datos mediante estadísticas descriptivas nos permite comprenderlos mejor y evaluar su calidad.

Existen cuatro tipos de variables:

- **Variables categoriales**: cada valor representa una categoría
  - **Nominal**: no existe un orden específico entre las categorías. Es el caso, por ejemplo, del género (que no es necesariamente binario), una marca de coche, un lenguaje de programación, etc.
  - **Ordinal**: las variables siguen un orden, por ejemplo un adjetivo entre «frío - templado - caliente», una talla entre «S, M, L, XL, XXL»... La relación de orden es importante y debe tenerse en cuenta.
- **Variables numéricas**: cada valor es un número
  - **Continua**: todos los valores son potencialmente aceptables, por ejemplo, distancia, altura, peso, etc.
  - **Discreta**: solo se admiten determinados valores, normalmente números enteros, por ejemplo el número de animales domésticos, el número de habitaciones de un piso, etc.

A continuación, se indica la información mínima requerida para cada atributo del conjunto de datos en función de su tipo:

Variable nominal	Número de modalidades Desglose por modalidad Modo (= modo más representado) Presencia o ausencia de valores omitidos
Variable ordinal	Número de modalidades Orden de los términos Desglose por modalidad Modo Presencia o ausencia de valores omitidos

Variable	Estadísticas
Variable continua	Mínimo y máximo Media Mediana Desviación típica Cuartiles o distribución más fina Distribución o boxplot Presencia o ausencia de valores omitidos
Variable discreta	Mínimo y máximo Media Mediana y/o moda Desviación típica Histograma Presencia o ausencia de valores omitidos

Si es necesario, pueden añadirse otras estadísticas. También se pueden buscar *valores atípicos*. Además, en el aprendizaje supervisado, es interesante observar el vínculo entre cada variable explicativa y la variable objetivo (mediante cálculos de correlación, por ejemplo).

Es importante sacar conclusiones para cada campo en cuanto a su uso en el resto del proceso. Se pueden añadir advertencias cuando las distribuciones se alejen mucho de la distribución normal, conocida como «curva de campana», o cuando la calidad parezca comprometida. Esto podría llevar a realizar un tratamiento específico antes de su uso, como normalizar los datos o eliminar parte de ellos.

Esta fase se describe en el capítulo Carga y analísis datos, con ejemplos de códigos.

5.4 Data Preparation

En la mayoría de los casos, la fase de preparación de datos es larga (hasta el 50% del tiempo del proyecto). El objetivo es transformar los datos brutos en datos utilizables para la fase de modelización.

Las principales etapas son:

- Seleccionar datos (filas o columnas). Es importante rastrear todas las selecciones realizadas.
- Limpiar y formatear datos (incluida la imputación de datos que faltan, cambios de unidad, etc.).
- Construir nuevos datos, que pueden ser de dos tipos:
  - Construir nuevos campos, o **feature engineering**, que consiste en crear nuevos atributos a partir de uno o varios atributos existentes.
  - Construir nuevos ejemplos, o **data augmentation**, consistente en crear más casos para el aprendizaje.
- Integración de datos y unión de diferentes conjuntos de datos.

Al final de estas etapas, el conjunto de datos utilizable debe describirse del mismo modo que el conjunto de datos original en la fase de comprensión de datos.

Esta fase se describirá con mucho más detalle en el capítulo Preparar datos, e irá acompañada de ejemplos de código.

5.5 Modeling

La fase de modelización consiste en crear diferentes modelos, compararlos y elegir qué modelo o modelos presentar a la empresa.

Para cada modelo probado, es importante trazar todas las opciones elegidas. Para ello, es necesario:

- Indicar cómo se probará el modelo y los parámetros elegidos para la evaluación.
- Especificar la técnica elegida y describirla brevemente.

- Indicar las limitaciones del modelo elegido (lo que puede llevar a volver a la fase de preparación de datos si es necesario).
- Especificar los parámetros utilizados (y los probados en caso de optimización de hiperparámetros).
- Calcular las métricas del modelo (en la gran mayoría de los casos se necesitan varias métricas) y, si es posible, analizar el modelo.
- Indicar si el modelo es aceptable para la siguiente fase o si es insuficiente.

Esta fase representa la mayor parte de este libro, y se detalla en los capítulos dedicados a las distintas técnicas (desde el capítulo Modelizar y evaluar hasta el capítulo Algoritmos de aprendizaje no supervisado).

5.6 Evaluación

Contrariamente a lo que su nombre podría sugerir, la fase de evaluación no es una fase de cálculo de métricas (que debe hacerse en la fase de modeling), sino una fase de evaluación del negocio.

Los resultados se comparan con las necesidades derivadas de la fase de Business Understanding. El objetivo es determinar si el mejor modelo o modelos obtenidos pueden utilizarse en la práctica, a menudo probándolos con datos reales.

Si se valida un modelo, hay que revisarlo a continuación para asegurarse de que las suposiciones hechas a lo largo del proceso son coherentes y corresponden a la realidad. Si no se detectan problemas, se puede pasar a la implantación.

En todos los demás casos, es necesario determinar cómo proceder para reiniciar una iteración completa y llegar a un resultado que pueda validarse, o decidir detener el proyecto.

En función de los resultados obtenidos, se pueden explorar varias vías:

- Añadir más datos, por ejemplo, mediante nuevas extracciones o añadiendo atributos.
- Probar otros modelos.

- Modificar la tarea deseada dividiéndola en varias subtareas, por ejemplo.
- Dejar el proyecto en suspenso hasta que los algoritmos hayan mejorado, si el estado de la técnica parece inadecuado, o hasta que se disponga de nuevos datos.

Observación

En algunos campos, como el del procesamiento del lenguaje natural, no es raro que cada mes aparezcan nuevos algoritmos que superan a los anteriores, por lo que una pausa puede ser beneficiosa.

Esta fase se describe en el capítulo Evaluar y desplegar.

5.7 Deployment

La fase de despliegue o implementación no es una fase técnica.

El despliegue propiamente dicho será un proyecto diferente, gestionado según los hábitos del equipo técnico. Sin embargo, en esta fase hay que preparar el lanzamiento en producción del modelo y, sobre todo, su futuro ciclo de vida:

- ¿Cuál es el calendario provisional de suministro del modelo?
- ¿En qué forma se facilitará al equipo técnico?
- ¿Cómo se llevará a cabo el seguimiento?
- En caso de fallos o desviaciones, ¿cómo se volverá a entrenar el modelo y con qué frecuencia?
- ¿Cuál es el procedimiento de mantenimiento del modelo (en caso de problema, por ejemplo)?
- ¿Cuáles son los riesgos y las soluciones?

Observación

Es importante señalar que, para la mayoría de las aplicaciones, será esencial volver a entrenar el modelo durante su ciclo de vida, porque nada está escrito en piedra y el contexto evolucionará inevitablemente. Así que es importante anticipar cómo se producirán estos cambios antes de ponerlo en marcha. Esta necesidad de anticipación es la principal diferencia entre una PoC (Proof of Content), que debe ser operativa en un momento dado, y un proyecto, que debe permanecer en producción durante muchos años.

Además, la fase de despliegue es una fase de conclusión y conduce a la finalización del producto final (que se creó durante las otras fases):

- Un informe con todo lo que se ha conseguido en cada fase
- Presentación de los trabajos realizados
- Un informe sobre el progreso del proyecto, sus dificultades, las áreas de mejora, etc., como parte de un enfoque de mejora continua.

Como el proceso es muy iterativo, solo durante la fase de despliegue es posible proporcionar versiones estables de los distintos documentos.

El despliegue se tratará con más detalle en el capítulo Evaluar y desplegar. Se puede descargar un ejemplo de informe completo en forma de cuaderno Jupyter, junto con una plantilla comentada.

Capítulo 3
La pila tecnológica en Python

1. Herramientas de la Data Science

Un buen artesano necesita buenas herramientas. Esto también es cierto en la Data Science (Ciencia de Datos) y el Machine Learning.

Existen tres categorías principales de herramientas:

- Herramientas «integradas» que contienen todo lo necesario para un proyecto: cargar datos, analizarlos, crear modelos, evaluarlos, desplegarlos, crear informes, etc.
- Herramientas «Auto ML» que simplifican el proceso para los inexpertos, automatizando al máximo las distintas fases.
- Herramientas de «desarrollo» con las que se pueden hacer más cosas, siempre que se codifique todo; por ejemplo en Python.

1.1 Herramientas integradas

Hay muchas herramientas en la primera categoría, y cada una requiere una formación específica para sacarle el máximo partido. Además, cada una tiene sus puntos fuertes y débiles, por lo que es importante saber elegir el software adecuado para cada fin.

Entre ellas: Dataiku DSS, SAS, QlikView, Tableau, Power BI, Snowflake y otras. Algunas están muy orientadas a la estadística (SAS), otras a la visualización de datos (Tableau), pero todas cubren al menos parte del proceso. Se trata principalmente de aplicaciones que pueden descargarse y a las que se accede a través de una interfaz web.

Observación

Tenga en cuenta que la mayoría de este software es de pago. A menudo hay versiones gratuitas, pero tienen funciones limitadas y suelen estar restringidas al uso personal. Por tanto, para cumplir la normativa, es importante ponerse en contacto con los principales editores.

1.2 El auto ML

Por lo general, las herramientas de ML automático son accesibles a través de una interfaz web. Los usuarios introducen sus datos brutos y la tarea que desean realizar: clasificación, regresión, etc. La aplicación se encarga del resto: elección de la preparación de los datos, elección de los modelos, elección de los parámetros. El mejor modelo creado se devuelve al usuario.

Estas herramientas tienen la enorme ventaja de poder utilizarse sin ningún conocimiento de Machine Learning. Sin embargo, carecen de flexibilidad y no suelen ser muy populares entre los Data Scientists, que prefieren tener el control de su proceso de modelización.

Por otro lado, proporcionan rápidamente un modelo inicial y un Data Scientist puede entonces dedicar tiempo a otros modelos y a optimizar los resultados del auto ML. La mayoría de los proveedores de servicios de la nube cuentan con sus propias herramientas.

1.3 Herramientas de desarrollo

Los algoritmos de Machine Learnig pueden codificarse en cualquier lenguaje de programación. Existen numerosos marcos de trabajo y bibliotecas, listos para incorporarse a los proyectos.

Por lo tanto, las herramientas de desarrollo clásicas son perfectamente utilizables. Todos los editores de código como Atom, Visual Studio Code o Sublim Text pueden servir para un proyecto.

Además, el código se puede compartir y sincronizar más fácilmente entre varias personas gracias a gestores de versiones como Git. Además, herramientas de CI/CD (integración continua/despliegue continuo) como GitLab CI, Jenkins o Ansible pueden facilitar el despliegue y la actualización. También en este caso, cada proveedor de nube ofrece sus propias herramientas adicionales, como la serie de servicios de Amazon Web Services (AWS) cuyos nombres empiezan por «Code»: CodeCommit, CodeBuild... o Azure DevOps.

Hoy en día se utilizan cada vez más.

2. Lenguaje Python

2.1 Presentación

Python es un lenguaje de programación cuya primera versión se publicó en 1991. Así que es un lenguaje maduro que los desarrolladores conocen desde hace mucho tiempo.

Tiene varias características:

- **Interpretado**: significa que no hay que compilarlo antes de poder ejecutar el código. Por tanto, es fácil de depurar, pero esto lo hace menos eficiente en términos de tiempo de ejecución que los lenguajes compilados como C/C++. Sin embargo, como la mayoría de las bibliotecas de «bajo nivel» están codificadas en C, el código sigue siendo de alto rendimiento.

- **Multiplataforma**: el código Python no depende de la plataforma en la que se ejecuta, por lo que tiene mucha portabilidad y es fácil de compartir. En concreto, es compatible con Windows, Unix, Mac OS, Android e iOS.
- **Multiparadigma**: Python permite diferentes formas de programación y, por tanto, es adecuado para la mayoría de los desarrolladores. Se puede escribir:
  - En programación interactiva, la forma más antigua de programación
  - En la programación orientada a objetos, la forma de programación preferida por los desarrolladores de todos los lenguajes
  - Y en programación funcional, permitiendo evaluar funciones matemáticas y manipular listas de forma simplificada.
- **Legible**: Python no contiene delimitadores de bloque, a diferencia de otros lenguajes, como las llaves en Java o las palabras clave begin - end en Pascal. La estructura viene definida por la sangría de los bloques. De este modo, es más corto y legible y, no menos importante, necesariamente bien sangrado.
- **Fácil de aprender**: tanto si se es nuevo en programación como si se conoce otro lenguaje, es fácil aprender a programar en Python, aunque se necesiten varios años de experiencia para dominar el lenguaje por completo.

Todas estas características lo convierten en un lenguaje muy bueno para la Data Science, aunque no es el único que se puede utilizar.

2.2 Breve presentación de R

R es un lenguaje de programación para estadística y Data Science. Es un lenguaje gratuito y de código abierto. Lleva desarrollándose desde 1997. Su popularidad se debe a la fuerza de su comunidad y al gran número de paquetes disponibles (más de 15.000).

Sea cual sea el análisis o cálculo que se desee realizar con sus datos, seguro que existe un paquete de R que puede hacerlo.

Su sintaxis es inusual, sin embargo, con el símbolo <- para la asignación, por ejemplo, pero las tablas y matrices se manejan muy bien y el código está optimizado.

Al igual que Python, es interpretado, multiplataforma y legible.

2.3 ¿Python o R?

Python y R se han convertido en los dos lenguajes favoritos de los Data Scientists (Científicos de Datos). Ambos facilitan la codificación de la mayoría de algoritmos de Machine Learning y cuentan con librerías para acceder a los principales formatos y fuentes de datos.

Como lenguaje de programación, Python es especialmente popular entre los Data Scientists, y todos los algoritmos están disponibles en marcos de Python, a menudo codificados en C con fines de optimización.

Según la encuesta de Kaggle sobre los lenguajes utilizados por los Data Scientists («Data Science and Machine Learning Survey»), Python ha estado por delante de R desde 2017. Los resultados de la encuesta realizada a finales de 2022 son los siguientes, lo que convierte a Python en el lenguaje preferido por tres cuartas partes de los Data Scientists:

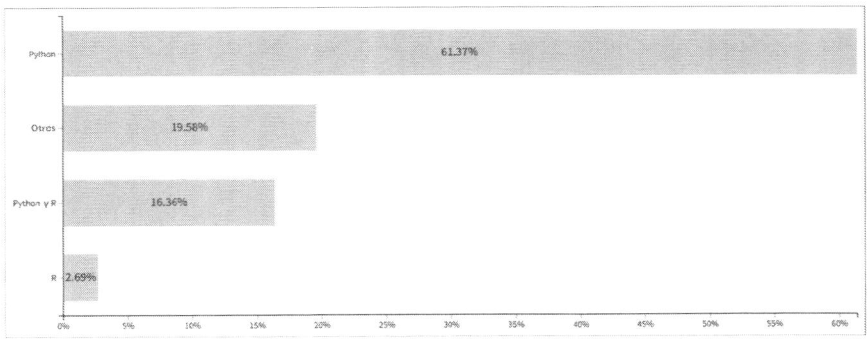

2.4 Python 2 frente a Python 3

Existen dos versiones principales de Python:

- Python 2, soportado hasta finales de 2019, siendo la última versión la 2.7, lanzada en 2010
- Python 3, actualmente en la versión 3.12, que salió en octubre de 2023

Las diferencias entre la versión 2 y la versión 3 son significativas, lo que a menudo hace imposible la compatibilidad entre código 2.7 y 3.x. Es más, muchas bibliotecas solo son compatibles con una de las versiones.

Desde principios de 2020, la versión 2 ya no recibe soporte y, por lo tanto, no debe seguir utilizándose. No obstante, existen algunos casos excepcionales, como el código iniciado en 2.7 que debe mantenerse a la espera de la migración a 3.x, o el código que utiliza una biblioteca no disponible en 3.x (lo que ocurre cada vez menos).

También se debe tener cuidado al elegir la versión 3.x. Como la versión 2.7 fue la versión de producción durante mucho tiempo, no todos los editores de librerías han creado versiones compatibles con todas las versiones 3.x. Por ejemplo, TensorFlow, la librería de Deep Learning (Aprendizaje Profundo) más utilizada, solo ha sido compatible con Python 3.8 desde Tensorflow 2.2 y con Python 3.9 desde la versión 2.5. En el momento de escribir estas líneas, Tensorflow no es compatible oficialmente con versiones de Python superiores a la 3.9.

Del mismo modo, puede haber limitaciones en las versiones disponibles en un sistema determinado, sobre todo si el despliegue se va a realizar en hardware de bajo consumo, como los objetos conectados.

Por eso es importante definir las bibliotecas externas y las capacidades de los sistemas utilizados para la implantación en una fase temprana del proyecto, para no tomar decisiones que bloqueen la implantación.

3. Jupyter

3.1 Características de Jupyter

Jupyter es un programa que permite crear «cuadernos» (notebooks en inglés). Cada cuaderno es en realidad una página de cualquier tamaño, en la que las celdas están enlazadas entre sí.

Cada célula puede ser de distinto tipo:

- Código que puede ejecutarse y cuyo resultado se mostrará inmediatamente debajo de la celda al ejecutarse.
- Texto sin formato y mostrado tal cual.
- Texto en Markdown, para maquetación de páginas e incluso fórmulas en LaTeX.

Observación

*Markdown es un lenguaje de formato ligero creado en 2004 y utilizado en muchas aplicaciones informáticas. Por ejemplo, los títulos de nivel 1 empiezan por #, los de nivel 2 por ##, etc. El texto se escribe en cursiva y negrita rodeándolo de asteriscos: *itálica*, **negrita**.*

LaTeX es un lenguaje de composición de documentos. Muy utilizado en círculos académicos, separa la escritura del texto de su maquetación. La maquetación se calcula al compilar el texto en bruto, respetando las restricciones tipográficas y el modelo deseado. El lenguaje LaTeX es muy apreciado por su capacidad para escribir fácilmente ecuaciones complejas.

He aquí un ejemplo de cómo se formatea y despliega un cuaderno:

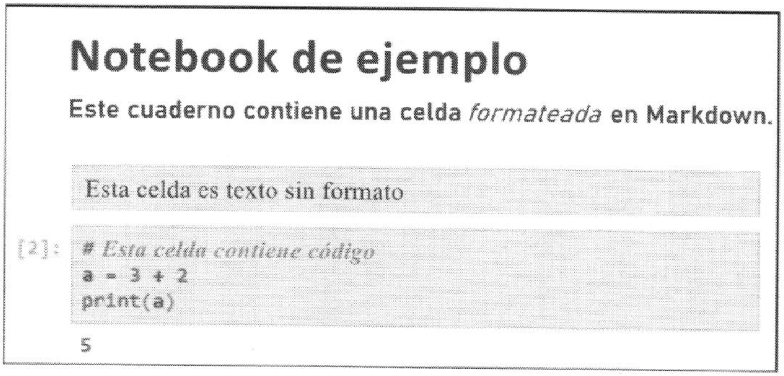

Notebook de ejemplo

Este cuaderno contiene una celda *formateada* en Markdown.

Esta celda es texto sin formato

```
[2]: # Esta celda contiene código
     a = 3 + 2
     print(a)

     5
```

Cada cuaderno debe estar asociado a un núcleo. Se trata de un entorno que contiene el lenguaje de programación principal del notebook y los paquetes instalados. Esto permite ejecutar en paralelo diferentes versiones del mismo lenguaje.

Por tanto, es posible tener en el mismo Jupyter un núcleo en Python 3.6 y otro en Python 3.9, con módulos diferentes. De hecho, cada núcleo puede tener sus propias bibliotecas o versiones diferentes de ellas, lo que evita en parte posibles conflictos.

Jupyter admite actualmente más de cuarenta lenguajes, entre ellos Python, R, Julia, Scala, etc. También se integra con Spark, que puede gestionar grandes volúmenes de datos particionados en varios nodos.

El formato en el que se guardan los cuadernos es un archivo .ipynb, que en realidad es un archivo JSON que contiene toda la información necesaria: contenido de las celdas y retornos si se guardan. A continuación, este cuaderno puede exportarse en los principales formatos de intercambio, incluidos PDF, HTML, EPS, etc.

El código JSON para el cuaderno mostrado arriba es el siguiente:

```
{
"cells": [
 {
  "cell_type": "markdown",
  "metadata": {},
  "source": [
```

```
    "# Notebook de ejemplo\n",
    "\n",
    "Este cuaderno contiene aquí una celda *formateada* como Markdown."
   ]
  },
  {
   "cell_type": "raw",
   "metadata": {},
   "source": [
    "Esta celda es texto en bruto"
   ]
  },
  {
   "cell_type": "code",
   "execution_count": 2,
   "metadata": {},
   "outputs": [
    {
     "name": "stdout",
     "output_type": "stream",
     "text": [
      "5\n"
     ]
    }
   ],
   "source": [
    "# esta contiene código\n",
    "a = 3 + 2\n",
    "print(a)"
   ]
  }
 ],
 "metadata": {
  "kernelspec": {
   "display_name": "conda_python3",
   "language": "python",
   "name": "conda_python3"
  },
  "language_info": {
   "codemirror_mode": {
    "name": "ipython",
    "version": 3
   },
   "file_extension": ".py",
   "mimetype": "text/x-python",
   "name": "python",
```

```
    "nbconvert_exporter": "python",
    "pygments_lexer": "ipython3",
    "version": "3.6.5"
  }
 },
 "nbformat": 4,
 "nbformat_minor": 4
}
```

El cuaderno contiene primero las distintas celdas y, a continuación, datos sobre el propio cuaderno. En el ejemplo proporcionado, podemos ver que el núcleo se llama «conda_python3» y que la versión de Python utilizada es 3.6.5.

Al tratarse de un archivo JSON, puede integrarse fácilmente en un gestor de código fuente como Git o SVN, para poder versionar el código escrito.

Además, como Jupyter es una aplicación de código abierto que se ejecuta en un navegador, puede instalarse en un servidor y acceder a ella desde cualquier ordenador con acceso a Internet. Una vez más, esto facilita el trabajo en equipo.

3.2 Ventajas de Jupyter para la Data Science

Python es un lenguaje de desarrollo. Por lo tanto, es más fácil utilizar un IDE o al menos un editor de código para el desarrollo, como Sublim Text, Atom o Visual Code Studio.

Sin embargo, la Data Science es también una disciplina empírica, basada en la experiencia. Así, llevar un registro de los experimentos realizados, los resultados obtenidos, los gráficos relacionados, etc. es vital para el éxito del proyecto.

En disciplinas científicas como la biología, la química o la física, existen los «cuadernos de experimentos». En ellos se anotan los distintos parámetros de los experimentos, los resultados obtenidos, gráficos, distintas visualizaciones, comentarios de la persona que realiza los experimentos y cualquier otra información útil para reproducir una experiencia.

Jupyter es una mezcla perfecta de ambos, ideal para afinar modelos:

- Permite codificar y ejecutar código en una interfaz fácil de usar, con depuración sencilla. Es compatible con varios lenguajes, incluido Python.
- Permite llevar un registro de experimentos insertando gráficos, imágenes o texto entre el código, con ecuaciones matemáticas si es necesario, y un diseño adecuado.

Observación

Cada vez son más los IDE que integran una interfaz para ejecutar cuadernos Jupyter, de modo que se puedan combinar las ventajas de ambas herramientas. Es el caso de Visual Studio Code, por ejemplo.

3.3 Instalar y usar Jupyter

Es fácil instalar Jupyter en un ordenador personal. Solo se tiene que ir al sitio web del proyecto (http://jupyter.org) y seguir las instrucciones.

Observación

Anaconda es una plataforma que incluye Jupyter, las principales librerías de Machine Learning, un repositorio de librerías y un gestor de entornos. Además, es fácil de instalar. Es una alternativa interesante para quien no quiera instalar cada componente por separado.

El mismo sitio también sugiere instalar JupyterLab, una superposición de Jupyter con una interfaz algo más moderna y agradable, que incluye menús laterales y ventanas.

Para una empresa, puede ser más interesante instalar Jupyter en un servidor al que puedan acceder todos los empleados. JupyterHub es una versión multiusuario que permite la autenticación a través de los sistemas de la empresa y miles de conexiones simultáneas. JupyterHub está disponible como código abierto en GitHub (https://github.com/jupyterhub/jupyterhub).

Otra alternativa es utilizar cuadernos Jupyter gestionados. Los principales proveedores en la nube ofrecen servicios que contienen cuadernos. Las instancias que los alojan pueden activarse o desactivarse según sea necesario y el pago depende del tiempo de uso.

Esto tiene tres ventajas principales:

- La presencia del notebook en la nube permite acceder fácilmente a otros recursos de la nube, como una base de datos o el almacenamiento de archivos.
- Se puede elegir la máquina en la que debe ejecutarse el cuaderno en función de los requisitos de cálculo y memoria, sobre todo si hay requisitos de GPU.
- En la mayoría de los casos, es posible transferir cálculos pesados, como el entrenamiento de Deep Learning, a otras máquinas ofrecidas por el proveedor de la nube. Esto facilita la optimización de los costes, con máquinas virtuales ligeras para el notebook y máquinas virtuales mucho más potentes para el entrenamiento.

He aquí una lista **no exhaustiva** de servicios gestionados que proporcionan acceso a los cuadernos Jupyter:

- **Microsoft Azure Machine Learning Studio**: este servicio completo, pero de pago, permite desplegar cálculos en otros servidores y acceder a otros servicios de Azure. El servicio puede probarse gratuitamente. Entre otras cosas, incluye herramientas de etiquetado. Sin embargo, la versión «clásica» del servicio dejará de funcionar a finales de agosto de 2024.
- **Amazon SageMaker** (https://aws.amazon.com/fr/sagemaker/): al igual que el servicio completo de Azure, este servicio permite trasladar los cálculos a otras máquinas. Incluye varias herramientas para etiquetar datos, probar modelos y un servicio de despliegue. Su uso es de pago, pero una prueba de dos meses permite acceder a los recursos gratuitamente.
- **Amazon SageMaker Studio Lab** (https://studiolab.sagemaker.aws/): se trata de una versión gratuita de SageMaker, que proporciona acceso gratuito a la CPU o GPU. El notebook puede transferirse fácilmente a la nube de AWS.
- **Google Colaboratory**, más conocido como Google Colab (https://colab.research.google.com/): este servicio ofrecido por Google permite crear cuadernos y compartirlos a través de Google Drive. Actualmente es gratuito. Los recursos se comparten entre los usuarios en función de la carga, pero es posible utilizar GPU para el entrenamiento.

Como Jupyter se puede instalar en cualquier máquina, también se puede crear un servidor virtual en cualquier nube y luego instalar Jupyter o JupyterLab. Así que las posibilidades son infinitas.

Observación

Atención: un servicio gratuito suele tener «letra pequeña» en sus condiciones de uso. En particular, compruebe a quién pertenecen los datos y el código, y quién puede acceder a ellos. Compruebe también si es posible elegir dónde se almacenan la información y los datos, ya que la legislación difiere de un país a otro.

4. Bibliotecas de Machine Learning

Python por sí solo no es ni rápido ni fácil de usar para la Data Science ni para el Machine Learning. Por lo tanto, es necesario utilizar bibliotecas para simplificar el código y hacerlo más eficiente. La mayoría de los frameworks (marco de trabajo) están en realidad codificados en C/C++.

La instalación de las bibliotecas es bastante sencilla y puede realizarse mediante un comando pip (https://pypi.org/project/pip/) o a través de Conda (https://docs.conda.io/en/latest/).

También se pueden compartimentar las bibliotecas instaladas por proyecto utilizando entornos virtuales, por ejemplo,
virtualenv (https://virtualenv. pypa.io/en/latest/) o
pipenv (https://github.com/pypa/pipenv).

Observación

La presentación de las principales bibliotecas va acompañada de extractos de código, pero en los siguientes capítulos se ofrecerán más detalles.

4.1 NumPy

La primera biblioteca ampliamente utilizada en Data Science data de 1995. Facilita la manipulación de matrices y la realización de operaciones con ellas. Disponible como código abierto, está codificada principalmente en C, lo que la hace muy rápida.

Observación

La mayoría de los algoritmos de Machine Learning realizan un gran número de cálculos matriciales, de ahí la necesidad de esta biblioteca.

El sitio web de NumPy (https://numpy.org/) proporciona acceso a las últimas versiones, tutoriales y documentación de la biblioteca.

La primera característica importante de NumPy es que incluye un **nuevo tipo de datos**: `ndarray` (N-Dimensional Array).

Estas tablas, que en realidad representan matrices de N dimensiones, no son dinámicas: el tamaño debe elegirse antes de utilizarlas y no se puede modificarse después. Además, deben ser homogéneas: solo pueden contener un tipo de datos. Sin embargo, como es posible definir nuevos tipos (mediante clases dedicadas), es fácil almacenar lo que se necesita en función del problema.

Hay varias formas de crear un `ndarray`. Aquí vamos a dar los valores que contiene directamente:

```
import numpy as np

A = np.array([[1, -2, 3], [-4, 5, 6], [-7, 8, -9]])
B = np.array([10, 2, -3])
```

Para averiguar el tamaño de un ndarray, basta con utilizar el atributo shape:

```
A.shape

> (3, 3)
```

Observación

Las líneas precedidas por > indican la salida del cuaderno Jupyter.

El tamaño, que es fijo y no dinámico, permite realizar operaciones con matrices en una sola línea, sin bucles. La biblioteca se encarga de comprobar la posibilidad matemática de estas operaciones.

La segunda característica de NumPy es el **broadcasting** (difusión). La mayoría de las operaciones requieren que se respeten restricciones sobre el tamaño de las matrices. Por ejemplo, en el caso de la suma, ambas deben tener el mismo tamaño.

Cuando no sea así, NumPy intentará duplicar la matriz más pequeña tantas veces como sea necesario para alcanzar el tamaño requerido. Por ejemplo, para sumar A y B, siendo A una matriz de 3 x 3, y B una matriz de 1 x 3, esta última se duplicará 3 veces para obtener una nueva matriz B de tamaño 3 x 3, y a continuación se realizará la suma:

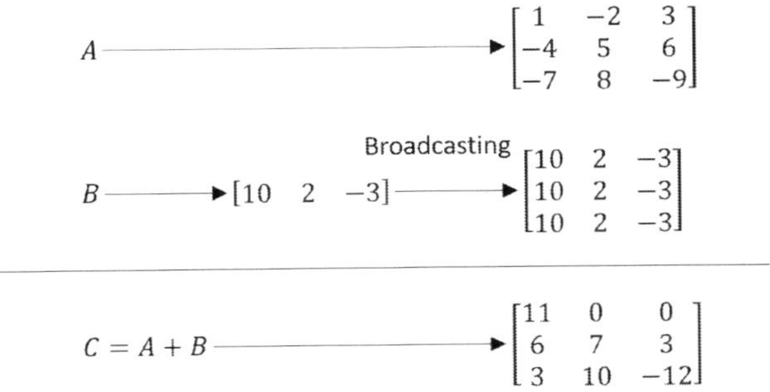

La suma de dos matrices A y B se escribe sencillamente en NumPy así:

```
C = A + B
print(C)

> [[ 11 0 0]
  [ 6 7 3]
  [ 3 10 -12]]
```

Si los tamaños de A y B no son compatibles, la biblioteca arrojará un error. Por ejemplo, si se sustituye B por una matriz de 1 x 2, se producirá el siguiente error:

```
> ValueError: operands could not be broadcast together with
shapes (3,3) (2,)
```

En el caso extremo, se puede añadir un número a una matriz. El escalar equivale a una matriz de 1x1 que se duplicará y se añadirá a cada elemento de la matriz original.

```
A + 2

> array([[ 3,  0,  5],
       [-2,  7,  8],
       [-5, 10, -7]])
```

La tercera característica es la **vectorización**. Hay que tener en cuenta que hacer un bucle sobre una matriz para aplicar la misma función, como el valor absoluto, a cada elemento consume mucho tiempo y no está optimizado en Python. NumPy permite realizar esta operación en una sola operación utilizando funciones ya suministradas, aquí abs, o utilizando funciones creadas por el usuario.

Calcular el valor absoluto de cada elemento de A se escribe simplemente como:

```
np.abs(A)

> array([[1, 2, 3],
       [4, 5, 6],
       [7, 8, 9]])
```

Observación

Una buena práctica en Python, especialmente en Machine Learning, es no codificar nunca bucles y sustituirlos por operaciones vectorizadas con NumPy. Aunque esto no sea posible en el 100% de los casos, en general sí lo es, y puede ahorrar una cantidad considerable de tiempo a lo largo de millones de cálculos.

En Machine Learning, sin embargo, será raro manipular funciones NumPy directamente. Sin embargo, las siguientes bibliotecas dependen en gran medida de ellas.

4.2 Pandas

Esta librería permite manipular tablas bidimensionales de la misma forma que una hoja de cálculo. Pandas se basa en NumPy pero define un nuevo tipo: `DataFrame`.

Las matrices DataFrame pueden cargarse directamente desde archivos, como CSV, o desde `ndarrays`.

La biblioteca Pandas se conecta a numerosas fuentes de datos:

- Archivos de texto sin formato: procesa archivos TXT, CSV, JSON... e incluso archivos Parquet.
- Archivos en formatos específicos a programas informáticos tales como Excel, Stata o SAS.
- Bases de datos, ya sea mediante consultas o directamente cargando una tabla.

Para cargar un archivo CSV, por ejemplo, solo se requiere una línea de código:

```
import pandas as pd

df = pd.read_csv('iris.csv')
```

Una vez cargados los datos en los `DataFrames`, es fácil manipularlos, como en una hoja de cálculo.

Las primeras líneas se muestran, con formato, mediante:

```
df.head()
```

	sepal_length	sepal_width	petal_length	petal_width	class
0	5.1	3.5	1.4	0.2	Iris-setosa
1	4.9	3.0	1.4	0.2	Iris-setosa
2	4.7	3.2	1.3	0.2	Iris-setosa
3	4.6	3.1	1.5	0.2	Iris-setosa
4	5.0	3.6	1.4	0.2	Iris-setosa

Pandas permite entonces realizar operaciones en una columna dada, como se haría con una fórmula en Excel. Por ejemplo, para convertir la longitud de los sépalos (en cm) en pulgadas (nueva columna `sepal_length_inch`), simplemente se escribe:

```
df['sepal_length_inch'] = df['sepal_length'] / 2.54
```

	sepal_length	sepal_width	petal_length	petal_width	class	sepal_length_inch
0	5.1	3.5	1.4	0.2	Iris-setosa	2.007874
1	4.9	3.0	1.4	0.2	Iris-setosa	1.929134
2	4.7	3.2	1.3	0.2	Iris-setosa	1.850394
3	4.6	3.1	1.5	0.2	Iris-setosa	1.811024
4	5.0	3.6	1.4	0.2	Iris-setosa	1.968504

Observación

Las columnas recién creadas se añaden al final del conjunto de datos. Además, si se introducen datos en una columna que aún no existe, ésta se creará.

Por lo tanto, el uso de Pandas facilita todo el manejo de datos para las fases de análisis y/o preparación.

4.3 Matplotlib

La biblioteca Matplotlib se publicó en 2003. Puede utilizarse para dibujar diversos gráficos a partir de datos. Esta completa biblioteca es actualmente la más utilizada en el entorno Python. Como también puede ser compleja, otras bibliotecas de gráficos se basan en ella.

En un programa Python estándar, Matplotlib muestra el gráfico solicitado en una ventana independiente, utilizando GTK o Qt como bibliotecas gráficas. Crear una ventana externa de este tipo no es posible cuando se utiliza un cuaderno Jupyter, que se muestra en un navegador.

Existe un «comando mágico» en Jupyter para indicar que se deben mostrar gráficos en el área de resultados de la celda. Debe colocarse en una celda antes de llamar al comando:

```
%matplotlib inline
```

Observación

Los «comandos mágicos» de Jupyter son aquellos que comienzan con el símbolo `%` o `%%`, como `%time`, que da el tiempo necesario para ejecutar la celda en la que se encuentra.

Además de mostrar gráficos, Matplotlib también permite exportarlos en los principales formatos, ya sean en mapa de bits (ráster), como JPEG y PNG, o vectoriales, como PDF y SVG.

Además, esta biblioteca acepta de forma integrada datos en formato NumPy como entrada, lo que la hace muy fácilmente compatible con todas las demás bibliotecas utilizadas en Data Science.

En cuanto al código, los gráficos son muy fáciles de crear y guardar. Se requieren dos líneas:

```
plt.scatter(x=df['sepal_length'], y=df['sepal_width'])
plt.savefig('simple.png')
```

Este código produce el siguiente gráfico:

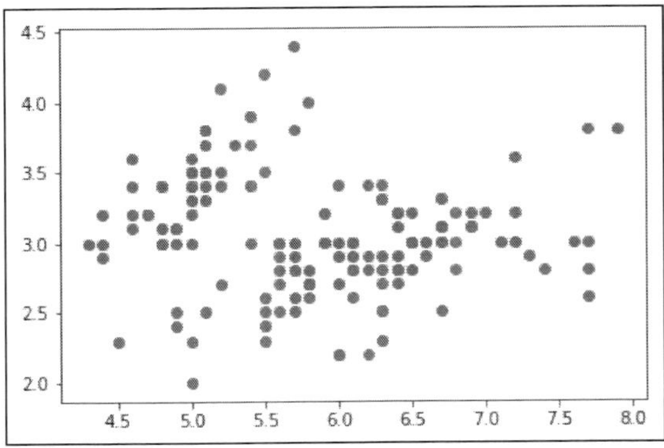

La biblioteca Pandas ofrece atajos para crear gráficos, basados en Matplotlib. El diagrama anterior se puede obtener directamente con la siguiente línea:

```
df.plot.scatter(x='sepal_length', y='sepal_width')
```

Por supuesto, la biblioteca dispone de muchas opciones que permiten, por ejemplo, añadir colores y títulos a los ejes y gráficos:

```
plt.scatter(x=df['sepal_length'], y=df['sepal_width'],
c=df['color_class'], alpha=0.5, label=df['class'])
plt.xlabel('Largo del sépalo)
plt.ylabel('Ancho del sépalo)
plt.title('Largo vs. ancho del sépalo para cada clase')
```

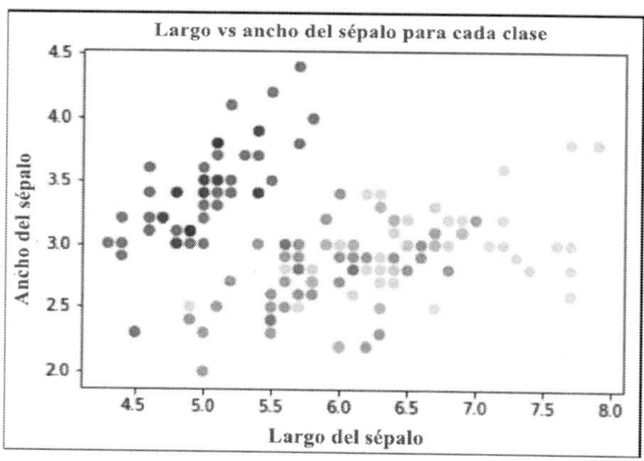

Añadir una leyenda, por otro lado, requiere el uso de muchas más opciones. Aunque Matplotlib es una biblioteca muy potente, la complejidad de su uso se nota en este ejemplo.

```
# Crea conjunto de datos a partir del original
df2 = pd.DataFrame(dict(x=df['sepal_length'],
y=df['sepal_width'], label=df['class']))
groups = df2.groupby('label')

# Grafica cada clase
fig, ax = plt.subplots()
for name, group in groups:
   ax.plot(group.x, group.y, marker='o', linestyle='', label=name,
alpha=0.5)
```

```
# Decora el gráfico
ax.legend()
plt.xlabel('Largo del sépalo)
plt.ylabel('Ancho del sépalo)
plt.title(' Largo vs. ancho del sépalo para cada clase')
```

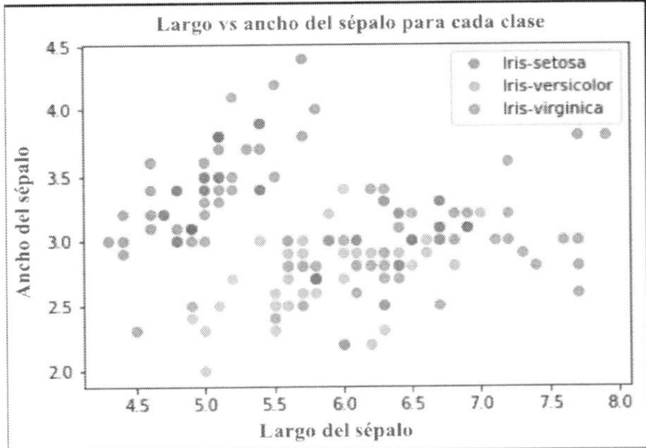

Una galería con muchos ejemplos detallados con el código Python completo está disponible en:
https://matplotlib.org/stable/gallery/index.html

4.4 Scikit-learn

Scikit-learn es la biblioteca de Machine Learning más conocida y utilizada. Es de código abierto, como sus predecesoras, y fue creada por David Cournapeau en 2007 y retomada por un equipo de académicos franceses en 2010.

Sin embargo, la versión 1.0 no se publicó hasta septiembre de 2021, aunque para entonces ya era de uso generalizado. En la actualidad existen varias versiones 1.x.

Es totalmente compatible con NumPy y Pandas, lo que facilita su integración en la pila tecnológica completa.

Por razones de optimización, no está escrito únicamente en Python. Hace un uso extensivo de NumPy y la mayoría de los algoritmos están codificados en Cython, C o C++.

La biblioteca está disponible en GitHub (https://github.com/scikit-learn/scikit-learn). La documentación está disponible en un sitio web dedicado (https://scikit-learn.org/stable/).

Puede utilizarse para el preprocesamiento de datos, la creación de modelos (incluida la optimización de hiperparámetros) y la inferencia. En cuanto a la modelización, todos los algoritmos principales están presentes en la biblioteca, que se amplía con cada nueva versión.

Para simplificar, todos los algoritmos se utilizan de la misma manera, a través de dos funciones principales:

- `fit`: se utiliza para crear el modelo a partir de los datos, calculando los parámetros.
- `predict`: permite hacer inferencias basadas en nuevos datos.

Esto se tratará con más detalle en capítulos posteriores.

5. Bibliotecas de Deep Learning

Existen muchas bibliotecas de Deep Learning en el mercado. Todas son de código abierto.

La mayoría de ellas ofrecen las mismas posibilidades. Dependiendo del hardware o la arquitectura elegidos, algunas pueden estar un poco más optimizadas que otras. Otro criterio de elección puede ser la comunidad que hay detrás de la biblioteca, para poder obtener soporte si se tiene alguna duda.

Las principales librerías son:

- **TensorFlow**, creada por el equipo de Google Brain. Está especialmente optimizado para el entrenamiento distribuido en varias GPU.
- **PyTorch**, creada por Meta. La biblioteca ofrece numerosos ejemplos y casos de uso. Además, los modelos pueden compilarse para optimizar aún más la fase de inferencia.

- **MXNet**, de la Fundación Apache y respaldada por AWS y Microsoft (entre otros). Al igual que TensorFlow, está especialmente optimizada para la computación distribuida en varias CPU o GPU, y se integra muy fácilmente con los distintos proveedores de la nube. Además, esta biblioteca puede utilizarse en varios lenguajes, lo que facilita el uso de los modelos: Python, pero también C++, JavaScript, R, etc.
- **Microsoft Cognitive Toolkit (ex-CNTK)**, creado por Microsoft. Sin embargo, la biblioteca parece haber sido archivada por el momento.
- **Keras**, legible, fácil de usar y, a menudo, la favorita de los Científicos de Datos. Sin embargo, en realidad, no realiza ningún cálculo por sí misma y depende de otra biblioteca, llamada backend, para hacerlos. Los principales backends disponibles son TensorFlow, MXNet y Microsoft Cognitive Toolkit.
- **Gluon**, creado por Microsoft y AWS. Al igual que Keras, es una implementación de alto nivel basada en un backend MXNet. Simplifica la escritura de modelos y su entrenamiento. También existen módulos Gluon específicos para el procesamiento de imágenes y lenguaje natural.
- **Caffe**, creada por un laboratorio de Berkeley. De hecho, Caffe no es una biblioteca de Python, sino de C++, y existen 'bindings' para utilizar Caffe desde Python.

Existe un formato común para intercambiar modelos: el formato ONNX (pronunciado «onyx»). Esto facilita el cambio de uno a otro: se puede entrenar un modelo con una biblioteca y luego hacer inferencias a partir de otra.

Además, todas las bibliotecas ofrecen *model zoo* (zoológico modelo): un conjunto de modelos listos para usar con pesos preentrenados para su uso en Transfer Learning (Aprendizaje por Transferencia) o directamente. Esto significa que se puede disponer rápidamente de modelos operativos.

Observación

Los «Modelos de Base» (Foundation Models) son un caso especial de estos modelos, generalmente para aquellos más complejos que son imposibles de entrenar desde cero para un particular o una pequeña empresa. Se trata principalmente de modelos de generación de imágenes y generación de texto.

El Deep Learning no se tratará en este libro, ya que cada biblioteca merece un libro propio.

Capítulo 4
Carga y análisis de datos

1. La fase de Data Understanding

Como vimos en la sección Machine Learning: visión general, el método CRISP-DM consta de seis fases. La primera, llamada Business Understanding, no es una fase técnica sino una fase de negocio. Consiste en comprender las necesidades del cliente, ya sea interno o externo, a través de talleres. Se trata de definir la tarea que se va a realizar, los factores de éxito, los recursos disponibles, las limitaciones, etc.

La siguiente fase se denomina **Data Understanding**. Consta de tres etapas, cada una de las cuales implica la producción de un resultado:

- La ficha de identificación de los datasets (conjunto o conjuntos de datos).
- La descripción de los campos.
- El análisis estadístico de cada campo.

Para ello, es necesario cargar los datos y analizarlos en detalle.

Así pues, en este capítulo se detallará cada una de estas etapas y las correspondientes herramientas de la stack (pila) técnica.

Observación

Data Understanding es una fase de análisis, no de modificación. Las únicas manipulaciones autorizadas en este nivel son las necesarias para cargar, formatear y modificar el tipo de datos para un mejor análisis. Por ejemplo, puede modificarse el separador decimal durante el formateo.

2. Cargar los datos

Lo primero que hay que hacer es cargar los datos en el notebook (cuaderno) Jupyter. Para ello, existen varios métodos Pandas de la forma `read_xxx`.

Actualmente se pueden leer datos en los siguientes formatos: pickle, CSV, FWF (fixed-width), tabla (genérico), portapapeles, Excel, JSON, HTML, HDFS, feather, parquet, ORC, SAS, SPSS, SQL, Google BigQuery y STATA. Es probable que esta lista aumente.

Para leer los datasets Iris y Titanic (en formato CSV), el método es `read_csv`:

```
import pandas as pd

iris_df = pd.read_csv("iris.csv")
titanic_df = pd.read_csv("titanic_train.csv")
```

Para ver una vista previa del `DataFrame` cargado y comprobar que se ha recibido correctamente, basta con utilizar la función `head`. Se puede añadir un número como parámetro indicando el número de líneas por mostrar, de lo contrario se mostrarán de forma predefinida las cinco primeras líneas.

```
iris_df.head()
```

Con lo que se obtiene:

	sepal_length	sepal_width	petal_length	petal_width	class
0	5.1	3.5	1.4	0.2	Iris-setosa
1	4.9	3.0	1.4	0.2	Iris-setosa
2	4.7	3.2	1.3	0.2	Iris-setosa
3	4.6	3.1	1.5	0.2	Iris-setosa
4	5.0	3.6	1.4	0.2	Iris-setosa

Cuando el archivo tiene un formato más complejo o está peor formateado que un archivo CSV, resulta útil echar un vistazo a las numerosas opciones de cargar el archivo.

Para el dataset de Boston, el archivo es un TXT. Su formato es, por tanto, libre. En el caso de este dataset, contiene columnas de tamaño fijo, separadas únicamente por espacios. Además, comienza con 22 líneas de comentarios, que deben ignorarse, ya que indican la fuente y la semántica de los atributos. No hay líneas de encabezamiento y, en consecuencia, no hay nombres para los atributos en el archivo.

Su carga se realiza, pues, siguiendo las instrucciones:

```
names=['CRIM', 'ZN', 'INDUS', 'CHAS', 'NOX', 'RM', 'AGE', 'DIS',
'RAD', 'TAX', 'PTRATIO', 'B', 'LSTAT', 'MEDV']
boston_df = pd.read_fwf("boston.txt", skiprows=22, header=None,
names=names)
```

La primera línea se utiliza para reconstruir una matriz que contiene el nombre de cada variable.

Se han añadido varias opciones al proceso de carga:

- `skiprows`: indica el número de líneas que se deben ignorar en la lectura (en este caso las 22 primeras).
- `header`: sirve para indicar si hay o no cabeceras en el archivo.
- `names`: se utiliza para indicar con qué sustituir las cabeceras (en este caso, nuestra tabla).

Observación

El archivo se ha cargado utilizando `read_fwf` porque tenemos un archivo que no está delimitado por un carácter especial sino por la alineación de los datos en su interior. Sin embargo, también podríamos haber utilizado `read_csv`, especificando que el separador es un espacio (opción `sep`) y que varios espacios en una fila no deben considerarse como varios separadores (opción `skipinitialspace` establecida como `True`).

3. Crear la ficha de identificación del dataset

Una vez cargados los datos, el siguiente paso es crear la **ficha de identificación del dataset**. Esto es importante porque indicará la información global sobre los datos que luego se utilizarán en el proceso.

Incluye, entre otros elementos:

- **el nombre del dataset**: si hay varios archivos, esto permite saber exactamente cuáles se han utilizado;
- **su origen**: se trata tanto de la fuente de datos (base de datos, archivo plano, etc.) como de la fecha de extracción. En función de esta información, puede cuestionarse la calidad de los datos y su adecuación a la tarea de Machine Learning en cuestión, por ejemplo, utilizando datos demasiado antiguos;
- **su tamaño**: se utiliza para garantizar que se han tenido en cuenta todos los datos en futuras cargas. Por lo tanto, se debe indicar el número de registros, el número de atributos y el tamaño del archivo, si procede;
- **su formato**: permite comprender mejor la estructura del archivo para facilitar su carga si hay que rehacerlo posteriormente (codificación y separadores, por ejemplo);
- **la descripción comercial de los datos**: esta información es vital, ya que nos permite entender a qué corresponden los datos y cómo se relacionan con el problema que hay que resolver.

La mayoría de estos campos no requieren ninguna operación técnica. Para el formateo, la carga en Pandas puede reutilizarse, ya que indica en particular la estructura del archivo, como la presencia de un separador determinado.

Para el tamaño del dataset, se utiliza el atributo shape, que permite, como con NumPy, conocer el número de filas y columnas.

```
iris_df.shape
> (150, 5)
```

En Iris, por tanto, hay 150 filas o registros y 5 columnas o atributos.

4. Describir el campo

Una vez descrito el dataset, el siguiente paso para Data Unserstanding consiste en describir cada campo, normalmente en forma de tabla. Esto nos permite comprender exactamente qué significa cada variable, qué valores se esperan y si existen limitaciones conocidas.

Sin esta información, las variables pierden su significado y ningún modelo puede ponerse en producción de forma fiable.

Observación

Hace unos años se publicó un artículo médico en el que se presentaba una relación entre el tratamiento que debía administrarse a los enfermos de cáncer y la presencia de determinadas secuencias en su genoma. Fue un avance impresionante. Sin embargo, el artículo tuvo que ser retirado. De hecho, los autores habían invertido el sentido 0 o 1 de una variable (presencia o ausencia), por lo que su descubrimiento carecía de sentido en el mejor de los casos y, en el peor, corría el riesgo de poner en peligro la vida de los pacientes que siguieran las recomendaciones de su modelo.

Esto significa dar a todos:

- **su nombre**, tal como figura en el dataset;
- **su tipo**: entero, real, cadena de caracteres, fecha, etc.;
- **su formato** si es específico: para las fechas, por ejemplo, debe indicarse el formato, en particular entre DD/MM y MM/DD;

- **su descripción:** es exactamente lo que indica la variable. En el caso de los procesos industriales, suele ir acompañada de un diagrama que indica dónde se realizan las distintas mediciones;
- **su unidad**: es muy importante para comprobar la correspondencia entre el contenido de la variable y su significado. Por ejemplo, si la temperatura del agua líquida se da en °C, debe estar comprendida entre 0 y 100 a presión ambiente;
- **la presencia o ausencia de datos faltantes** y, en su caso, el número de datos ausentes;
- **sus límites previstos**, que se derivan de la información anterior;
- y cualquier otra información útil, si es necesario.

Pandas puede utilizarse para obtener parte de esta información: el tipo y los datos faltantes. El resto de la tabla se obtendrá de conversaciones con el cliente y/o el proveedor de datos.

4.1 Gestionar tipos

El tipo puede determinarse mediante el atributo `dtypes`. Sin embargo, tenga en cuenta que el tipo puede ser incorrecto cuando se importe, ya que puede haber sido detectado incorrectamente. Por lo tanto, es posible cambiar el tipo de los campos utilizando la función astype, pasando el nombre del tipo requerido como parámetro.

Pandas incluye los siguientes tipos:

- `int`, `float`, `bool`, `timedelta64[ns]` y `datetime64[ns]`, definidos directamente en NumPy.
- `datetime64`, `period`: para la gestión de fechas con husos horarios y duraciones.
- `category`: para datos categoriales.
- `sparse`: para datos con muchos valores vacíos.
- `interval`: para intervalos.
- `Int8`, `Int16`, `Int32`, `Int64`, `UInt8`, `UInt16`, `UInt32`, `UInt64`: números enteros que pueden tener valores nulos, útiles para los datos faltantes.

- `string`: para cadenas de caracteres.
- `boolean`: para booleanos (verdadero/falso).
- `object`: para manejar cualquier tipo, así como tipos mixtos. Este tipo suele utilizarse de forma predefinida para cadenas, aunque se prefiere `string` para matrices.

A continuación, se muestran los tipos en el dataset Iris después de cargarlos, cambiar la clase a una variable categorial y volver a mostrar los tipos:

```
iris_df.dtypes

> sepal_length    float64
  sepal_width     float64
  petal_length    float64
  petal_width     float64
  class           object
  dtype: object

iris_df['class'] = iris_df['class'].astype('category')
iris_df.dtypes

> sepal_length     float64
  sepal_width      float64
  petal_length     float64
  petal_width      float64
  class           category
  dtype: object
```

Observación

Se puede acceder a los campos ya sea en forma de diccionario como `df['columna']`, o en forma de puntos, `df.columna`. Sin embargo, el segundo método solo funciona si el nombre es puramente alfanumérico o contiene el símbolo '_'. Por esta razón, en el resto de este libro solo se utilizará el primer método.

También es posible utilizar una variable del dataset como identificador único utilizando `set_index()`. Esta columna se elimina de las características y no se utilizará posteriormente para entrenar modelos. Sustituye al número de línea utilizado de forma predefinida como índice.

El siguiente código modifica el índice del dataset Titanic y los tipos de los campos categoriales o booleanos.

```
titanic_df.dtypes

> PassengerId      int64
  Survived         int64
  Pclass           int64
  Name            object
  Sex             object
  Age            float64
  SibSp            int64
  Parch            int64
  Ticket          object
  Fare           float64
  Cabin           object
  Embarked        object
  dtype: object

# Changing dtypes / index
titanic_df = titanic_df.set_index('PassengerId')
titanic_df['Survived'] = titanic_df['Survived'].astype('bool')
titanic_df['Pclass'] = titanic_df['Pclass'].astype('category')
titanic_df['Sex'] = titanic_df['Sex'].astype('category')
titanic_df['Embarked'] =
titanic_df['Embarked'].astype('category')
titanic_df.dtypes

> Survived         bool
  Pclass       category
  Name           object
  Sex          category
  Age           float64
  SibSp           int64
  Parch           int64
  Ticket         object
  Fare          float64
  Cabin          object
  Embarked     category
  dtype: object
```

4.2 Detectar datos faltantes

Se puede averiguar si falta algún dato utilizando la función de `count`, que devuelve el número de valores de cada campo. Si este número es distinto del tamaño del dataset, la diferencia corresponde a los datos faltantes.

No faltan datos para Iris (150 líneas):

```
iris_df.count()

> sepal_length    150
  sepal_width     150
  petal_length    150
  petal_width     150
  class           150
  dtype: int64
```

Por el contrario, faltan muchos datos para el Titanic (891 líneas):

```
titanic_df.count()

> PassengerId    891
  Survived       891
  Pclass         891
  Name           891
  Sex            891
  Age            714
  SibSp          891
  Parch          891
  Ticket         891
  Fare           891
  Cabin          204
  Embarked       889
  dtype: int64
```

También es posible contar directamente el número de datos faltantes en el dataset utilizando `isna`, que devuelve un booleano para cada valor. Este resultado debe sumarse, siendo `True` equivalente a 1 y 0 para `False`:

```
titanic_df.isna().sum()

> Survived       0
  Pclass         0
  Name           0
  Sex            0
  Age          177
  SibSp          0
  Parch          0
  Ticket         0
  Fare           0
  Cabin        687
  Embarked       2
  dtype: int64
```

Observación

La función `isnull` es equivalente a la función `isna`, pero las dos coexisten por razones de compatibilidad y preferencia personal.

A continuación, es necesario saber qué se hará con cada campo. Esto se debe a que es posible, durante la fase de preparación, se pueden rellenar los valores faltantes con un valor predefinido, por ejemplo.

En el caso del dataset del Titanic, falta mucha información sobre los camarotes, campo cumplimentado solo para 204 de los 891 pasajeros. Además, este campo es una cadena de caracteres. Por tanto, es muy probable que este campo simplemente se elimine y no se conserve.

Sin embargo, para la edad de los pasajeros se dispone de 714 puntos de datos, y parece importante mantener este campo, que sin duda tiene un impacto en la supervivencia. Durante la fase de preparación de los datos se pondrá en marcha un procedimiento específico para imputar valores a los individuos que no dispongan de ellos.

Para el puerto de embarque, solo faltan dos datos de todo el conjunto de datos. También puede establecerse una imputación.

5. Estadísticas descriptivas de los campos

La última etapa de la fase de Data Understanding consiste en un análisis estadístico de cada uno de los campos. Los análisis dependen del tipo de variable.

Este análisis proporciona una comprensión más detallada de los datos, lo que permite tomar decisiones más informadas sobre los preparativos que deben realizarse antes de la modelización. Aunque esta fase puede parecer desalentadora, no deja de ser necesaria.

5.1 Tipos de datos

En el capítulo Machine Learning: visión general, se definieron cuatro tipos de datos:

- **Variables categoriales**: cada valor representa una categoría.
  - **Nominal**: no existe un orden específico entre las categorías.
  - **Ordinal**: las variables siguen un orden.
- **Variables numéricas**: cada valor es un número.
  - **Continuas**: todos los valores son potencialmente aceptables (variables reales).
  - **Discretas**: solo se admiten determinados valores (normalmente números enteros).

Para cada variable, se deben generar dos informaciones:

- Un análisis estadístico, en forma de texto o tabla.
- Una visualización de datos.

Sin embargo, las herramientas que deben utilizarse difieren en función del tipo de variable (categorial o numérica).

5.2 Analizar datos numéricos

Los datos numéricos son los más tradicionales en estadística. Su estudio implica definir indicadores tanto de tendencia central como de dispersión.

Los principales indicadores de tendencia central son la media y la mediana. Muestran dónde se sitúan los datos en el espacio de posibilidades.

Los indicadores de dispersión incluyen el mínimo y el máximo, la desviación típica o estándar, la varianza y los distintos cuartiles. Su función es ayudarnos a comprender mejor la distribución de los datos en torno a los indicadores de tendencia central.

Observación

Para el Machine Learning, es importante que los datos numéricos sigan lo más fielmente posible un perfil gaussiano, también conocido como «curva de campana», con una desviación típica bastante baja.

Una vez cargados los datos, es muy fácil obtener estos diferentes indicadores utilizando las funciones asociadas en Pandas:

- `mean` y `median` para los indicadores de tendencia central.
- `min`, `max`, `var`, `std` para mínimo, máximo, varianza y desviación típica, respectivamente.
- `quantile` para obtener un cuartil determinado, especificado como parámetro; así, el primer cuartil se obtiene con el parámetro 0,25.

Por ejemplo:

```
iris_df['sepal_length'].mean()
> 5.843333333333335
iris_df['sepal_length'].median()
> 5.8
iris_df['sepal_length'].min()
> 4.3
iris_df['sepal_length'].std()
> 0.8280661279778629
iris_df['sepal_length'].quantile(0.25)
> 5.1
```

Existe un atajo para obtener las estadísticas principales de una columna utilizando la función describe():

```
iris_df['sepal_length'].describe()
> count    150.000000
 mean        5.843333
 std         0.828066
 min         4.300000
 25%         5.100000
 50%         5.800000
 75%         6.400000
 max         7.900000
 Name: sepal_length, dtype: float64
```

Este comando también puede ejecutarse en un DataFrame y se aplicará a todos los campos de tipo numérico. El resultado se proporciona en un DataFrame formateado.

```
iris_df.describe()
```

Este comando produce la siguiente tabla:

	sepal_length	sepal_width	petal_length	petal_width
count	150.000000	150.000000	150.000000	150.000000
mean	5.843333	3.054000	3.758667	1.198667
std	0.828066	0.433594	1.764420	0.763161
min	4.300000	2.000000	1.000000	0.100000
25%	5.100000	2.800000	1.600000	0.300000
50%	5.800000	3.000000	4.350000	1.300000
75%	6.400000	3.300000	5.100000	1.800000
max	7.900000	4.400000	6.900000	2.500000

Obtener los distintos indicadores y plasmarlos en un informe es el primer paso. El siguiente paso es analizarlos y extraer las primeras conclusiones.

Por ejemplo, en el caso de una edad, se pueden detectar valores atípicos si son negativos o superiores a 130. Por lo tanto, es esencial conocer bien el campo para analizarlo y comprobar su coherencia con los datos suministrados.

Además, estos indicadores pueden utilizarse para detectar campos que no pueden utilizarse para el resto del proceso, y deben identificarse.

En el dataset Titanic, por ejemplo, un análisis del campo «`Fare`» (precio pagado) arroja el siguiente resultado:

```
titanic_df['Fare'].describe()
> count    891.000000
 mean      32.204208
 std       49.693429
 min        0.000000
 25%        7.910400
 50%       14.454200
 75%       31.000000
 max      512.329200
 Name: Fare, dtype: float64
```

El valor mínimo es 0, lo que significa que algunas personas no pagaron sus billetes. Por el contrario, el valor máximo es de 512 $, lo que supone una suma considerable en comparación con la media de 32 $. La desviación típica es significativa, en torno a 50 $, superior a la media. Esto ya indica una distribución muy desequilibrada, con muchos valores bajos y pocos altos. Estos datos serán difíciles de utilizar en su estado actual.

Observación

En realidad, cuando varias personas viajan juntas, ya sea en grupo o en familia, solo una de ellas estará asociada al precio total pagado. Los niños no pagan billete y a uno de los adultos que les acompañan se le cobrará el importe correspondiente. Por lo tanto, la utilización del precio pagado es muy compleja, incluso con estos datos comerciales adicionales.

5.3 Graficar datos numéricos

Aunque los indicadores suelen dar una buena idea de los datos, esto no siempre es suficiente. Por eso es útil crear gráficos de los datos.

Para los datos numéricos, existen varias formas de gráficos, siendo las más utilizadas el histograma, el diagrama de dispersión y los «gráficos de caja y bigotes» (*box and whiskers graphs*).

5.3.1 Histograma

Un histograma representa una distribución con el número de elementos que se encuentran en cada subdivisión de un eje. Con Pandas, esto se logra usando la función `hist`. Se puede potencialmente tomar un número de parámetros, los más comúnmente usados son:

- `bins`: número de subdivisiones por realizar,
- `figsize`: tamaño de la figura en ancho y alto, en pulgadas (1 pulgada = 80 píxeles), en forma de dupla, como (12, 5),
- `by`: indicación del campo categorial que se utilizará para descomponer el histograma, generalmente la variable objetivo.

Observación

De hecho, Pandas utiliza matplotlib de forma determinada y todos los parámetros de esta librería se pueden utilizar en la función `hist()`. *No dude en buscar el efecto deseado en la documentación en línea de matplotlib.*

He aquí, por ejemplo, un histograma de «petal_length» (longitud del pétalo) para el dataset Iris, primero para todos los datos y luego por categoría. La distribución dista mucho de ser una función gaussiana, ya que en realidad es la suma de tres subdistribuciones diferentes, cada una con una tendencia central distinta.

Observación

Atención: los gráficos por variables no están en la misma escala.

```
iris_df['petal_length'].hist(bins=20)
```

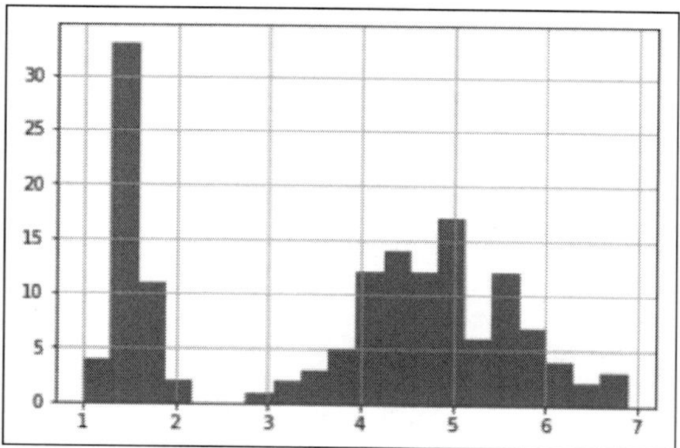

```
iris_df['petal_length'].hist(by=iris_df['class'], figsize=(12,7))
```

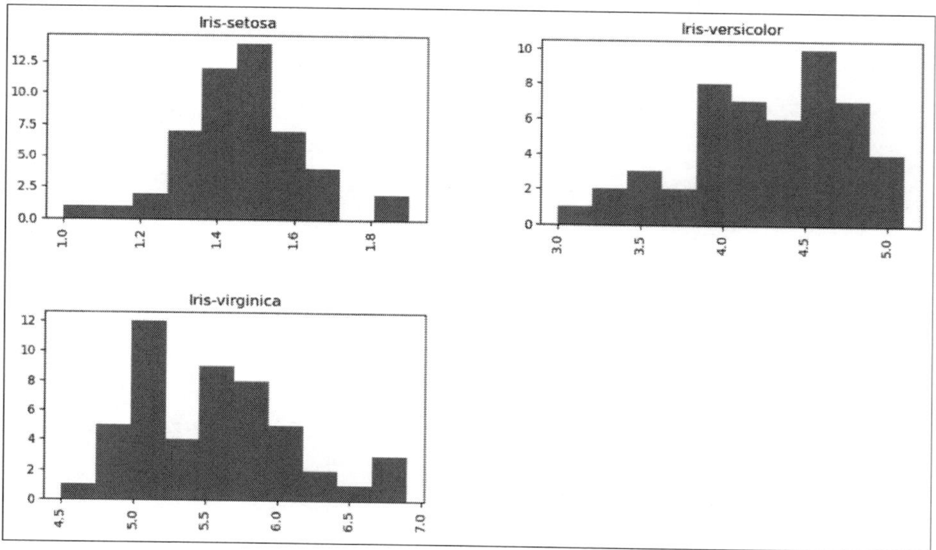

Al igual que la función `describe`, la función `hist` puede invocarse sobre un `DataFrame` y producirá un histograma para cada columna numérica en el sentido más amplio.

Observación

La función `hist` *puede invocarse de tres formas distintas:*

- `dataframe.hist()`*, que es el método utilizado aquí.*

- `dataframe.plot(kind='hist')` *que es un método genérico para trazar otras formas de gráfico cambiando el atributo kind al tipo deseado.*

- `dataframe.plot.hist()`*, utilizando el módulo* `plot`*.*

Aunque estos métodos parecen equivalentes, no tienen exactamente los mismos parámetros.

5.3.2 Nube de puntos

El diagrama de dispersión (*scatterplot*) es un gráfico que muestra todos los datos de un dataset, con un punto por línea.

A continuación, se pueden analizar con más detalle los valores atípicos y/o distribuciones particulares, y relacionar dos atributos.

En Pandas, se utiliza la función `plot` con `kind='scatter'`. Requiere al menos dos parámetros x e y que indiquen las columnas que se van a utilizar para los diferentes ejes.

En Iris, el siguiente código muestra la relación entre la longitud y el ancho de los pétalos:

```
iris_df.plot(kind='scatter', x='petal_length', y='petal_width', c=None)
```

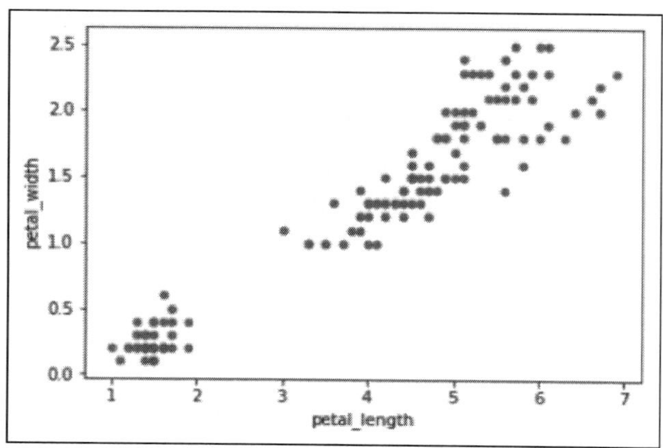

Observación

Una vez más, hay dos formas de llamar a la función `scatter`: ya sea mediante `plot(kind='scatter')`, o usando `plot.scatter`. Sin embargo, al igual que con la función `hist`, puede haber diferencias en los parámetros permitidos.

Utilizar únicamente la biblioteca Matplotlib para crear gráficos complejos suele llevar mucho tiempo porque requiere numerosos parámetros y/o llamadas a funciones. Es el caso, por ejemplo, de representar categorías en distintos colores o indicar un valor variando el tamaño de los marcadores.

Muchas bibliotecas, como Seaborn, pueden utilizarse para simplificar la visualización.

Así, utilizando Seaborn, se obtiene el siguiente gráfico, en el que cada clase tiene un color y una forma diferentes, en una sola línea (excluyendo las importaciones):

```
import seaborn as sns

sns.pairplot(iris_df, x_vars=['petal_lenght'],
y_vars=['petal_width'], height=5, hue='class',
markers=['o', 'v', 's'])
```

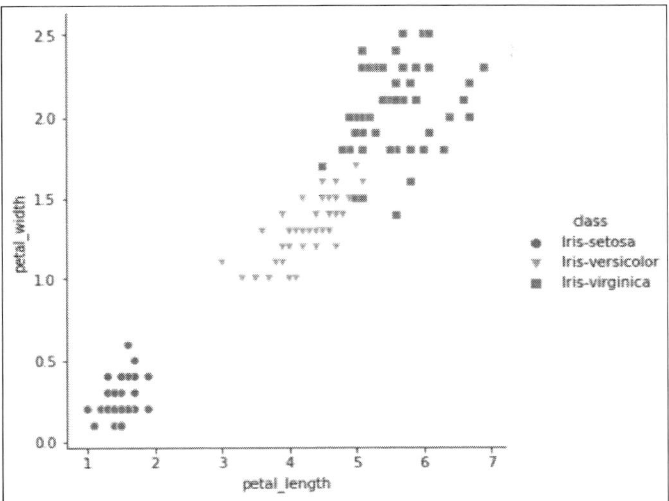

Usando solo Pandas, el resultado más cercano se obtiene utilizando:

```
iris_df.plot.scatter(x='petal_length', y='petal_width',
c='class', cmap='rainbow')
```

Sin embargo, no hay leyenda en el gráfico, y no se pueden elegir formas para los indicadores, por lo que se tiene que utilizar Matplotlib con varias llamadas a funciones.

El gráfico muestra que la clase Setosa se distingue de las otras dos clases y es linealmente separable. Por tanto, no planteará problemas a un algoritmo de Machine Learning. En cambio, las otras dos clases tienen una zona de solapamiento, por lo que separarlas será más complejo.

Observación

Precisamente por este motivo se suele utilizar el dataset Iris: la facilidad con la que se puede separar la clase Setosa significa que podemos comprobar que el algoritmo que hemos elegido puede diferenciar clases que son linealmente disgregables, dando un resultado perfecto. En cuanto a las otras dos clases, los resultados servirán para comparar distintos enfoques para clases no disgregables linealmente.

5.3.3 Gráfico de cajas y bigotes

Los gráficos de caja (*boxplot*) son una forma de representar gráficamente los indicadores de tendencia central y dispersión. Cada distribución se representa mediante una caja, horizontal o vertical, de la que salen «bigotes» para indicar los valores extremos.

Su formato suele ser el siguiente:

La «caja» representa el rango intercuartílico y, por tanto, va del Q1 (primer cuartil, es decir, 25%) al Q3 (tercer cuartil, es decir, 75%). La barra vertical interior representa la mediana (o Q2).

Los «bigotes» indican la extensión de los datos a cada lado, hasta el valor mínimo o máximo. Sin embargo, hay una excepción: si hay datos cuya distancia de la caja es superior a 1,5 veces el rango intercuartílico (el tamaño de la caja), entonces se representan como puntos individuales después de los bigotes.

Si se usa Pandas, es posible solicitar dicho diagrama mediante `plot.box()`. Para obtenerlo para el ancho de los sépalos en el dataset Iris, se usa el siguiente código:

```
iris_df['sepal_width'].plot.box()
```

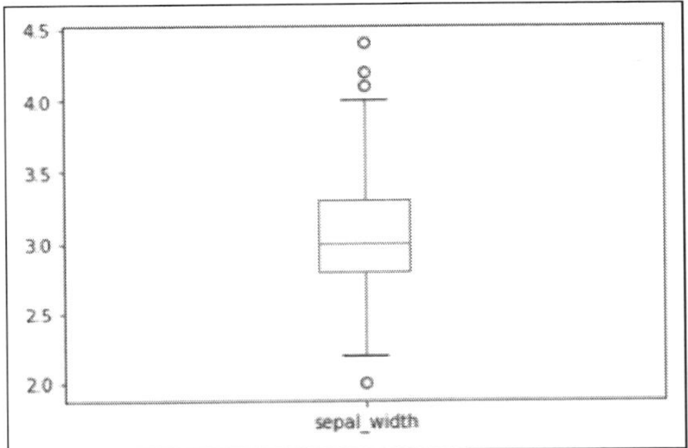

Un gráfico como éste permite ver fácilmente que la desviación típica es muy grande (debido al tamaño de los bigotes), con datos extremos a ambos lados (presencia de círculos), pero también que esta distribución es relativamente simétrica en torno al valor central. La presencia de valores extremos podría ser un inconveniente en la fase de modelización, pero la simetría de la distribución es un punto positivo.

Observación

Al igual que con las funciones anteriores, hay varias formas de obtener cajas de bigote: `column.plot(kind='box')`, `column.plot.box()`, `dataframe.boxplot(column='columna')`, *donde columna es el nombre de la característica deseada.*

La última llamada es interesante porque facilita el uso del atributo by, que descompone el boxplot para cada valor de la columna elegida. Las distribuciones de los anchos de los pétalos por clase se obtienen, por tanto, mediante el uso de:

```
iris_df.boxplot(column='petal_width', by='class')
```

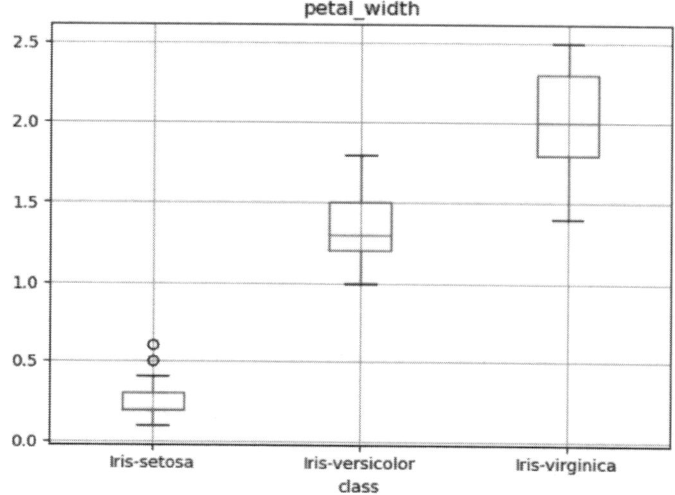

Esto demuestra que las tres distribuciones son muy diferentes, ya que sus cajas se encuentran en rangos distintos entre sí. También es posible separar la clase Setosa de las otras dos: el ancho de los pétalos es inferior a 0,75.

5.4 Analizar datos categoriales

Los datos que pertenecen a una categoría no se definen por valores mínimos/máximos ni por dispersión. Solo adoptan un cierto número de valores, denominados modalidades. A diferencia de los datos numéricos, ya no se trata de tener distribuciones gaussianas, sino distribuciones uniformes entre las distintas modalidades.

El principal indicador de tendencia central es la moda, es decir, la modalidad más representada. A nivel de distribución, lo que hay que calcular es el número de valores por modalidad.

Se pueden utilizar dos métodos:

- `describe()`: da información global incluyendo el modo y el número de valores.
- `value_counts()`: da el recuento por valor.

He aquí un análisis del puerto de embarque para el dataset del Titanic:

```
titanic_df['Embarked'].describe()

> count     889
  unique      3
  top         S
  freq      644
  Name: Embarked, dtype: object

titanic_df['Embarked'].value_counts()

> S    644
  C    168
  Q     77
  Name: Embarked, dtype: int64
```

La primera función muestra que hay tres modalidades (`unique`), para 889 elementos de datos (`count`). El valor más frecuente (`top`) es `'S'` (Southampton), con 644 apariciones (`freq`).

El segundo método muestra el desglose de cada valor. Los datos distan mucho de estar distribuidos uniformemente, con muchas más salidas desde Southampton (S) que desde Cherburgo (C) o Queenstown (Q).

Observación

Como hay 891 elementos en el dataset, podemos ver que faltan dos datos sumando los recuentos.

Si el número de condiciones es muy elevado, es posible solicitar solo la lista de condiciones:

```
titanic_df['Embarked'].cat.categories
> Index(['C', 'Q', 'S'], dtype='object')
```

5.5 Graficar datos categoriales

Los principales tipos de gráficos utilizados para los datos clasificados en una categoría son los gráficos de barras y los gráficos circulares (también llamados de pastel, tarta o sectores).

Observación

Los histogramas no deben confundirse con los diagramas de barras. En los histogramas, las frecuencias respectivas se indican mediante el área cubierta, que depende tanto del alto como del ancho de las zonas. Solo se aplican a datos numéricos. En un diagrama de barras, solo la altura indica la frecuencia relativa de las categorías y debe haber un espacio entre las distintas barras. Solo se aplican a datos categoriales. Utilizar uno en lugar del otro es un error clásico en estadística.

Los diagramas no pueden crearse directamente sobre los datos brutos, sino sobre los recuentos por categoría. Tanto los gráficos de barras como los de tarta pueden crearse utilizando la función de `plot` con `kind='bar'` o `kind='pie'`.

```
titanic_df['Embarked'].value_counts().plot(kind='bar')
```

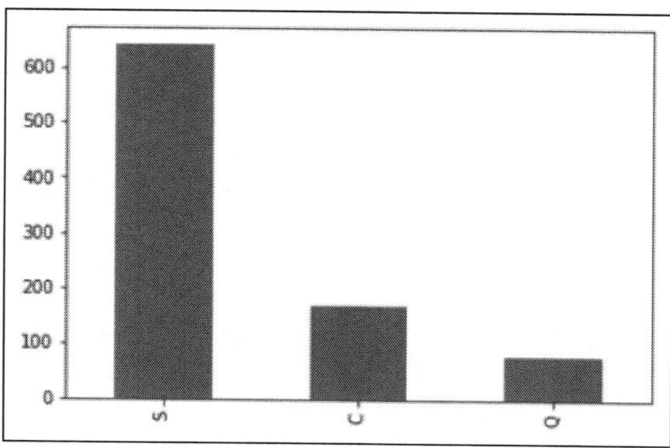


```
titanic_df['Embarked'].value_counts().plot(kind='pie')
```

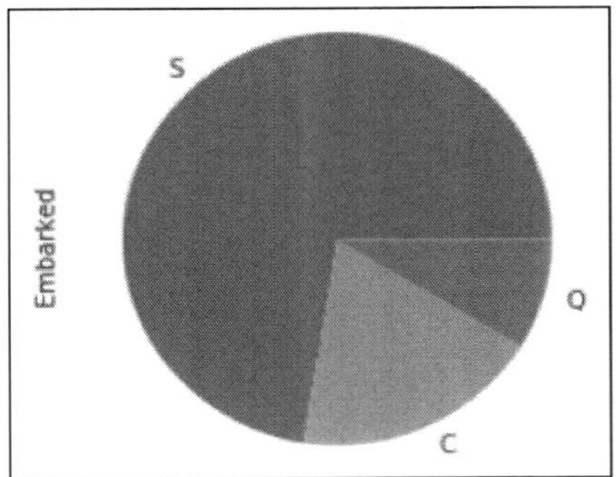

En general, los gráficos circulares funcionan bien cuando hay pocas modalidades; de lo contrario, su lectura se vuelve compleja. No muestran los datos, sino las proporciones entre ellos. Casi el 75% de los pasajeros embarcaron en Southampton.

En el gráfico de barras, es más difícil ver la proporción de una categoría, pero es posible ver las relaciones entre ellas, por ejemplo, el puerto de embarque Cherbourg (C) es aproximadamente dos veces más frecuente que Queenstown (Q).

Cuando el número de categorías es muy grande, generalmente 30 o más, ya no es posible visualizar correctamente un gráfico de barras. En el caso de un gráfico circular, resulta difícil de leer cuando hay diez o más categorías.

En este caso, se utiliza un histograma del número de apariciones de cada modalidad para analizar si algunas modalidades están muy representadas y otras menos.

Para demostrar este punto, vamos a crear una variable categorial con muchos valores. Para ello, empezaremos transformando la edad del dataset Titanic en un número entero y tratándola como una categoría (que tendrá 71 modalidades). También tenemos que rellenar los valores vacíos, que rellenaremos con el valor «0».

Esto da la siguiente transformación usando Pandas, resultando en las modalidades más representativas:

```
titanic_df['Age'].fillna(0).astype('int').value_counts()

> 0      184
  24      31
  22      27
  28      27
  30      27
  18      26
  19      25
  21      24
  36      23
  25      23
  29      20
  32      20
```

La categoría 0 corresponde tanto a los niños menores de un año como a los datos faltantes. Por tanto, es la más representada.

El histograma resultante tendrá este aspecto:

```
titanic_df['Age'].fillna(0).astype('int').value_counts() .plot
(kind='hist', bins=20)
```

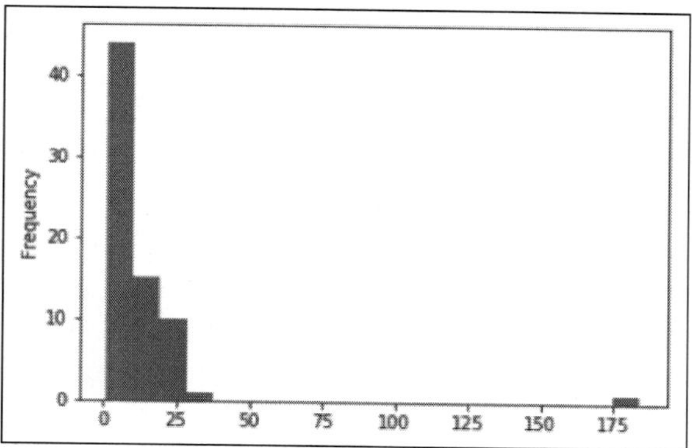

Observación

Atención: este diagrama se lee diferente que un gráfico de barras convencional. Muestra que una frecuencia baja (menos de 8) está presente para más de 40 edades diferentes, y que solo una clase está presente muy a menudo: la que contiene más de 175 valores (en este caso la edad «0»).

La mayoría de las clases están poco representadas, con menos de 25 apariciones. Solo una está representada más de 175 veces. Este tipo de distribución indica una modalidad cuyo comportamiento es extraño y que debe analizarse más a fondo. En nuestro caso, esto se debe a que los datos faltantes se rellenaron con el valor 0.

Si se eliminan las líneas que contienen valores cero y se vuelve a utilizar el mismo comando, el gráfico se convierte en:

```
titanic_df['Age'].dropna().astype('int').value_counts().plot(kind
='hist', bins=20)
```

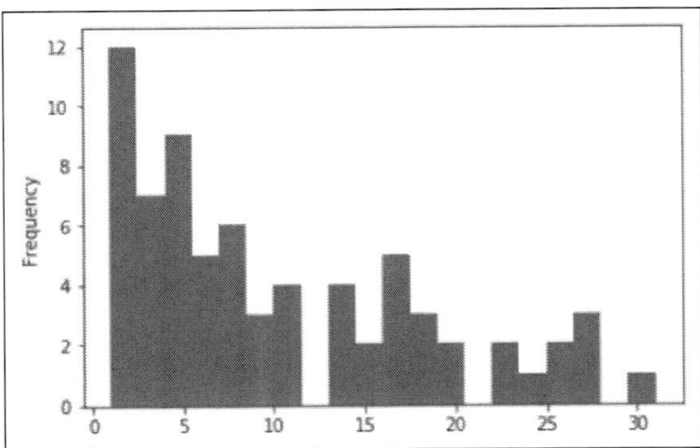

Por tanto, la distribución contiene un gran número de categorías poco representadas, y algunas categorías poco frecuentes están presentes más de 25 veces. En consecuencia, la distribución no es uniforme.

5.6 Otros datos

Hay dos tipos de datos que requieren un análisis especial:

- Cadenas de caracteres (que no son categorías porque contienen demasiadas modalidades o texto en «lenguaje natural»)
- Las fechas

Las **cadenas de caracteres** no pueden analizarse realmente. Son categorías, a veces con tantas clases como filas tiene el dataset. Es el caso de los nombres de los pasajeros del Titanic.

Aparte de buscar datos faltantes, duplicados o términos recurrentes, es difícil hacer más análisis. Por lo general, estas columnas se descartan antes de crear los modelos. Una excepción es analizar previamente las cadenas para deducir un tema o un presentimiento, y luego conservar solo este último.

El **tratamiento de las fechas** es un tema muy complejo. Las fechas pueden considerarse datos categoriales ordenados o variables numéricas continuas. A menudo requieren un tratamiento especial.

La principal dificultad reside en analizar los datos para extraer sus distintos componentes. A menudo son estos componentes, creados durante la fase de preparación de los datos, los que se utilizarán en los modelos de Machine Learning. Es más sencillo y eficaz utilizar la hora, el día o el mes en lugar de la fecha completa.

Pandas ofrece una serie de funciones para manipular fechas. Se pueden encontrar en la documentación:
https://pandas.pydata.org/pandas-docs/stable/user_guide/timeseries.html

Observación

Muchas de las formas de manipular cadenas y fechas se describen en el capítulo siguiente, Preparar datos.

5.7 Análisis cruzado de datos

A menudo resulta útil analizar los vínculos entre los datos, para ver si unos repercuten en otros. En particular, puede ser útil comprender el vínculo potencial entre las variables explicativas y la variable objetivo.

5.7.1 Entre variables numéricas

Los coeficientes de correlación pueden utilizarse para determinar vínculos entre variables numéricas. Van de -1 a +1. Cuanto más se acerquen a 1 en valor absoluto, más fuerte será el vínculo entre las variables. Por el contrario, cuando el resultado se aproxima a 0, no existe vínculo entre las dos variables.

Pandas proporciona dos funciones principales para calcular estos coeficientes:

- `corr`, que calcula todos los coeficientes de correlación entre las variables por pares y los presenta en un `DataFrame`.
- `corrwith` para obtener todos los coeficientes de correlación para una variable en particular.

Basta con añadir la función abs si solo interesa el valor absoluto.

En el dataset Iris, se obtienen los siguientes resultados:

```
iris_df.corr()
```

	sepal_length	sepal_width	petal_length	petal_width
sepal_length	1.000000	-0.109369	0.871754	0.817954
sepal_width	-0.109369	1.000000	-0.420516	-0.356544
petal_length	0.871754	-0.420516	1.000000	0.962757
petal_width	0.817954	-0.356544	0.962757	1.000000

```
iris_df.corrwith(iris_df['sepal_length']).abs()

> sepal_length    1.000000
  sepal_width     0.109369
  petal_length    0.871754
  petal_width     0.817954
  dtype: float64
```

Existe una correlación positiva muy fuerte entre el largo y ancho de los pétalos (0,96). En cambio, no existe prácticamente ninguna relación entre el largo y ancho de los sépalos (apenas 0,11), estando el largo de los sépalos más estrechamente vinculado a la de los pétalos (más de 0,85).

5.7.2 Entre variables numéricas y una variable categorial

Para comparar variables numéricas contra una variable ya clasificada en una categoría, es necesario calcular los distintos indicadores estadísticos de cada clase y compararlos. Se trata del método `groupby`, que permite agrupar los datos antes de describirlos usando `describe`.

La siguiente línea muestra el análisis de lo largo de los sépalos según la clase. El resultado se ha transpuesto para facilitar su lectura.

```
iris_df.groupby('class')['sepal_length'].describe().transpose()
```

class	Iris-setosa	Iris-versicolor	Iris-virginica
count	50.00000	50.000000	50.00000
mean	5.00600	5.936000	6.58800
std	0.35249	0.516171	0.63588
min	4.30000	4.900000	4.90000
25%	4.80000	5.600000	6.22500
50%	5.00000	5.900000	6.50000
75%	5.20000	6.300000	6.90000
max	5.80000	7.000000	7.90000

Existen diferencias entre las clases, como la media (que se sitúa en torno a 5, 6 o 6,6 según la clase). Los diagramas presentados para las variables numéricas, como los gráficos de caja y bigotes agrupados por clase, también pueden reutilizarse.

5.7.3 Entre variables categoriales

En este último caso, hay varias formas de comparar variables categoriales y estimar el impacto que pueden tener unas sobre otras.

La primera consiste en analizar los recuentos de variables por categoría. Para ello, es necesario aplicar un groupby antes de solicitar los recuentos con `value_counts`.

En el Titanic, el resultado es el siguiente:

```
titanic_df.groupby('Survived')['Embarked'].value_counts()

> Survived  Embarked
 False      S           427
            C            75
            Q            47
 True       S           217
            C            93
            Q            30
 Name: Embarked, dtype: int64
```

En general, sobrevivieron menos pasajeros de los que perecieron, con la excepción de los pasajeros que embarcaron en Cherburgo, más de la mitad de los cuales sobrevivieron (93 contra 75).

También es posible calcular porcentajes para obtener una visión más precisa, utilizando el parámetro normalize=True. Las columnas se han invertido para calcular las probabilidades de supervivencia por ciudad de embarque:

```
titanic_df.groupby('Embarked')['Survived'].value_counts(normalize
=True)

> Embarked  Survived
 C         True         0.553571
           False        0.446429
 Q         False        0.610390
           True         0.389610
 S         False        0.663043
           True         0.336957
 Name: Survived, dtype: float64
```

Esto confirma los análisis iniciales: mientras que el 55% de los pasajeros que embarcaron en Cherburgo sobrevivieron, solo lo hicieron el 39% de los que embarcaron en Queenstown y el 34% de los que embarcaron en Southampton.

Otra forma de proceder es crear un DataFrame que contenga los distintos recuentos, utilizando crosstab, que también puede tomar el atributo normalize si es necesario, para obtener porcentajes:

```
pd.crosstab(titanic_df['Survived'], titanic_df['Embarked'])
```

Embarked	C	Q	S
Survived			
False	75	47	427
True	93	30	217

6. Preparar la siguiente fase

Durante la fase de análisis de datos se realizaron varios pasos:

- Cargar los datos.
- Crear las fichas de identificación del dataset.
- Describir los campos.
- Realizar el análisis estadístico de cada campo: estadísticas univariantes y bivariantes, así como gráficos.

Hay varias razones para documentar todo lo que se ha hecho en esta fase.

En primer lugar, se pueden poner de manifiesto posibles problemas de calidad de los datos, o incluso detener el proyecto si son demasiado graves (como datos obsoletos).

Además, permite rastrear el origen de los datos y su significado, lo que puede ahorrar tiempo en fases posteriores.

Por último, el análisis estadístico permite decidir qué hacer con cada uno de los campos durante la fase de preparar los datos: suprimirlo, modificarlo, conservarlo, etc. Por lo tanto, es fundamental conservar no solo los análisis, sino también las conclusiones extraídas de ellos.

En el caso de una presentación a un cliente, es buena idea quedarse solo con los resultados que plantean posibles preguntas, para poder concentrarse en lo que parece más importante.

Observación

Con el reglamento europeo (AI Act), aprobado en su forma definitiva en marzo de 2024, el análisis estadístico será obligatorio para cualquier proyecto considerado de «alto riesgo», en particular para validar que los datos no estén sesgados, lo que podría dar lugar a desviaciones en los modelos. No realizar este análisis podría acarrear sanciones muy importantes para la empresa, sobre todo en términos financieros. En este contexto, este análisis adquiere una importancia aún mayor, al igual que el hecho de conservar registros del mismo, que servirán para constituir el expediente de aprobación del modelo, o para probar el trabajo realizado en caso de litigio.

Capítulo 5
Preparar datos

1. Fase de Data Preparation

En el método CRISP-DM, la fase de Data Preparation (Preparar Datos) nos permite pasar de los datos brutos, tal como se extraen de las fuentes de datos, a los datos que pueden utilizar los distintos algoritmos de Machine Learning.

Esta preparación es necesaria por dos razones principales:

- La mayoría de los algoritmos tienen restricciones sobre el formato de los datos de entrada. Esto puede referirse a su tipo: por ejemplo, puede que solo acepten variables numéricas, o restricciones en su formato, como la necesidad de normalizar las entradas reales entre 0 y 1.
- Preparar los datos puede mejorar mucho los resultados de los algoritmos, al extraer o crear columnas que se adapten mejor al problema.

Esta fase debe estar bien documentada. Es vital saber exactamente qué decisiones se han tomado y por qué. Esto permite validar estas decisiones desde el punto de vista empresarial antes de poner los modelos en producción, y garantiza la coherencia de los resultados.

También es durante la preparación cuando se toma la decisión de limitar los datos utilizados para el resto del proceso. Igualmente, en este caso deben documentarse todas las decisiones tomadas.

Observación

Esta fase puede llevar mucho tiempo, hasta el 50% de la duración del proyecto.

2. Suprimir datos

No todos los datos brutos se utilizarán necesariamente para el resto del proceso. Para optimizar el trabajo realizado, conviene suprimirlos al inicio de la fase de preparación de los datos.

Por tanto, es posible limitarlos eliminando filas, denominadas registros, o columnas, llamadas características.

A continuación, se ofrece una lista no exhaustiva de motivos para suprimir registros (filas):

- No corresponden a los casos que hay que tratar, porque son demasiado específicos.
- Contienen errores como edades negativas.
- Faltan demasiados datos, lo que resta interés.

Para las características, puede tener sentido eliminar columnas por las siguientes razones:

- No tienen nada que ver con el dominio.
- No son utilizables en su estado actual, como los nombres propios.
- Son demasiado incompletas y, por tanto, solo proporcionan información muy parcial.
- Son demasiado uniformes, como una variable con un único valor posible
- Se trata de un identificador único.
- Y así sucesivamente.

Sin embargo, hay una excepción: si existe riesgo de sesgo, es aconsejable mantener la columna en el dataset, aunque vaya a suprimirse del entrenamiento (por ejemplo, el sexo o el origen étnico). Esta información puede utilizarse después de la modelización mediante algoritmos de eXplainable AI (IA eXplicable; XAI) para garantizar que el modelo está libre de sesgos y discriminación.

Observación

Atención: cualquier dato que se elimine repercutirá inevitablemente en el modelo creado. Al suprimir determinados casos, el modelo no podrá hacer inferencias correctas sobre ellos. Si, por ejemplo, se eliminan las viviendas de más de 200 m² del dataset de Boston, su modelo no podrá predecir con exactitud los precios de los pisos de más de 200 m², aunque el modelo seguirá proporcionando un resultado. Por lo tanto, será su responsabilidad de crear previamente una prueba para que el modelo no se active cuando se excedan los límites con los que se ha entrenado. La documentación de esta fase es esencial, ya que puede tener un impacto importante cuando se ponga en marcha.

2.1 Suprimir columnas

Usando Pandas, hay dos formas principales de suprimir columnas: especificando la lista de columnas por conservar, o introduciendo directamente el nombre de las columnas que se van a eliminar.

Para suprimir variables explícitamente, utilice la función `drop`, que toma como parámetro la lista de nombres de columnas que se van a eliminar y devuelve un nuevo `DataFrame`.

El dataset Iris contiene cuatro variables explicativas: el ancho y largo de los pétalos y los sépalos de la flor. Suprima una de estas variables utilizando la siguiente línea:

```
new_df = iris_df.drop(columns=['sepal_length'])
```

Cuando el número de columnas que hay que suprimir es grande en comparación con el número de columnas que hay que conservar, puede resultar más práctico indicar las características que hay que conservar.

Para ello, necesitamos crear un nuevo `DataFrame` extrayendo las columnas de interés. La línea siguiente permite conservar únicamente el largo de los pétalos y la clase en el dataset Iris:

```
new_df = iris_df[['petal_length', 'class']]
```

2.2 Suprimir registros

También en este caso, se puede elegir conservar solo determinadas registros o especificar exactamente cuáles conservar.

Observación

Es perfectamente posible hacerlo especificando índices y/o números de línea. Sin embargo, debe evitarse esta solución, ya que cualquier tratamiento añadido antes de la supresión puede alterar completamente el resultado obtenido. Además, es más fácil documentar y comprender la supresión de filas con edades negativas que la supresión de las filas 5, 8 y 23 de un dataset.

Se pueden eliminar las filas que contienen datos faltantes. Para ello se utiliza la función `dropna`. Esta función lleva como parámetros el eje (`axis`, 0 para borrar filas, 1 para borrar columnas) y un método (`how`, que es `'any'` o `'all'`). En el caso de `any`, se borrará cualquier fila/columna que contenga al menos un valor nulo, mientras que para `all`, deben faltar todos los valores para que se realice la supresión. También es posible especificar un subconjunto de columnas mediante `subset`.

Por lo tanto, en el caso del dataset Titanic, se pueden suprimir todas las filas en las que la edad está vacía utilizando la siguiente línea:

```
new_df = titanic_df.dropna(axis=0, subset=['Age'])
```

También es posible conservar solo las filas que corresponden a una condición. Por ejemplo, para conservar solo los individuos menores de edad (en el sentido americano) en el dataset Titanic, utilice la siguiente línea:

```
new_df = titanic_df[titanic_df['Age'] <= 21]
```

Los operadores de comparación pueden utilizarse en todas las columnas, comprobando tanto la igualdad como la comparación. Por lo tanto, para conservar solo los individuos femeninos, se puede hacer:

```
new_df = titanic_df[titanic_df['Sex'] == 'female']
```

Por último, pueden combinarse varias condiciones, por ejemplo para mantener solo a las chicas jóvenes (mujeres y menores):

```
new_df = titanic_df[(titanic_df['Sex'] == 'female') &
(titanic_df['Age'] <= 21)]
```

3. Separar datasets

Antes de seguir adelante, es esencial disponer de al menos dos conjuntos de datos:

- Un dataset de entrenamiento, que se utilizará para crear el modelo.
- Un dataset de prueba, para probar el modelo.

El dataset de prueba no se debe volver a utilizar hasta el final de todo el proceso, y sobre todo no hay que usarlo para modificar los modelos (que entonces estarían muy sesgados). Tampoco debe utilizarse para elegir cuáles son las mejores preparaciones de datos.

Observación

En inglés, analizar los datos con demasiada precisión sin haber extraído el dataset de prueba se denomina «data snooping». Normalmente, esta separación debería tener lugar incluso antes de la fase de análisis de los datos, para evitar incluir demasiados sesgos estadísticos en el resto del proceso.

Durante el proceso de modelización, el dataset de entrenamiento se separará de nuevo en aprendizaje y validación; la validación permitirá elegir los hiperparámetros de los distintos modelos.

3.1 Proporción Entrenamiento/Prueba

Durante muchos años, los textos de referencia indicaban que era necesaria una proporción de 80/20, es decir, el 80% de los datos para el entrenamiento y el 20% para las pruebas. Esto sigue siendo cierto cuando el número de muestras es pequeño, pero hoy en día, con la llegada de Big Data, esto sucede cada vez menos.

Con un dataset de 150 valores como Iris, parece importante disponer de al menos 30 registros para probar los modelos. Esto representa unas diez filas por clase.

Sin embargo, en un dataset de un millón de puntos de datos, no es necesario disponer de 200.000 muestras de prueba.

Por lo tanto, la proporción de registros en el dataset de prueba debe ser del 20% para conjuntos de datos pequeños. Cuanto mayor sea el número de registros del dataset, menor será la proporción.

Sin embargo, no hay reglas, porque cuanto más complejo sea el resultado o mayor sea el riesgo, más cuidadosamente habrá que probar el modelo en un gran número de casos.

Cuando se elige la proporción relativa de cada dataset, hay que separar el dataset inicial.

3.2 Separar aleatoriamente

El método más clásico consiste en conservar los primeros X% registros para un dataset y el resto para el segundo.

Usando Pandas, se pueden utilizar las funciones `head` y `tail` para recuperar las primeras o últimas líneas de un dataset. El número de líneas puede ir precedido del signo '-', que en este caso significa 'excepto', o 'empezando por el final'.

```
# calcular el límite
TRAIN_RATIO = 0.8
nb_train = int(TRAIN_RATIO * titanic_df.shape[0])
```

```
# TRAIN: las primeras líneas de nb_train
train_titanic = titanic_df.head(nb_train)

# TEST: todo salvo las primeras líneas de nb_train
test_titanic = titanic_df.tail(-nb_train)
```

Sin embargo, esto no es recomendable, ya que se conserva el orden del dataset inicial. A menudo ocurre que los datos están ordenados y este procedimiento no garantiza una buena distribución en los dos conjuntos de datos.

Una mejor solución es mezclar el dataset antes de seleccionar las filas. La librería Pandas ofrece una solución dos en uno (mezclar y seleccionar) con la función `sample`.

A continuación, solo hay que recuperar el resto del dataset para el conjunto de prueba:

```
titanic_entrenamiento = titanic_df.sample(frac=0.8)
titanic_prueba = titanic_df.drop(titanic_entrenamiento.index)
```

Observación

Atención: el primer dataset estará en orden aleatorio, pero el dataset de prueba respetará siempre el orden inicial. Si esto resulta problemático, no dude en mezclarlo nuevamente, usando `sample(frac=1)` por ejemplo.

Otro método consiste en elegir el dataset de destino a partir de cada línea. Aunque este proceso es equivalente en teoría, en la práctica no hay garantías de que se obtenga exactamente la proporción deseada. Estadísticamente, cuanto mayor sea el dataset, menor será la desviación. Sin embargo, no se mezcla el dataset completo, por lo que se manipulan menos cantidades importantes de datos.

Observación

Podemos establecer una analogía con el lanzamiento de una moneda. En teoría, hay un 50% de posibilidades de obtener cara o cruz en cada lanzamiento. Sin embargo, de cada cuatro lanzamientos, es probable obtener tres caras y una cruz, lo que lleva a una proporción 75-25, lejos de la deseada 50-50. Cuanto mayor sea el número de lanzamientos, más se acercará esta proporción a la ideal.

Hay un último punto importante cuando se trata de la separación aleatoria: si se quiere que el experimento sea reproducible, es importante fijar todas las semillas aleatorias, de modo que dos ejecuciones del mismo código conduzcan a los mismos conjuntos de datos y, por tanto, a los mismos resultados.

Observación

Una semilla aleatoria se utiliza para seleccionar el inicio de un generador aleatorio de números. La secuencia de números es entonces determinista, ya que se calcula por multiplicación y suma a partir del número precedente. Al fijar la semilla, dos ejecuciones del mismo código darán exactamente la misma secuencia de números aleatorios y, por tanto, el mismo resultado.

Para la función `sample`, se trata del atributo `random_state`. Por lo tanto, es preferible la siguiente versión:

```
train_titanic = titanic_df.sample(frac=0.8, random_state=42)
test_titanic = titanic_df.drop(train_titanic.index)
```

Observación

Por costumbre o superstición, los Data Scientists tienden a utilizar las semillas 0 (origen de los números positivos), 42 (respuesta universal del libro «Guía del autoestopista galáctico») y 1337 (la palabra «Leet» escrita en leet speak, un lenguaje que sustituye las letras por números o símbolos).

3.3 Separar estratificando

El uso de distribuciones aleatorias conlleva un riesgo: si una característica está presente de forma desequilibrada, es posible que esté poco o nada presente en el dataset de entrenamiento o en el dataset test después de la separación.

Por ejemplo, si hay una distribución muy desequilibrada de hombres y mujeres, una separación aleatoria podría provocar la ausencia de uno de los dos géneros en uno de los conjuntos de datos.

En estas situaciones, el modelo puede estar incompleto si no cubre todos los casos posibles y/o el procedimiento de prueba puede ser incorrecto por no cubrir todas las posibilidades.

Si se sabe que la distribución es desigual entre ciertas categorías y que se supone que la variable tiene un impacto, una solución es **separar estratificando**: el dataset se divide antes según el valor de una variable, luego cada una de estas categorías se separará según el porcentaje deseado.

Por ejemplo, en el dataset Titanic con una proporción elegida de 80/20, sería útil separar los datos según el grupo de edad de los pasajeros (menores, jóvenes adultos, adultos, mayores). El dataset de entrenamiento se compondrá entonces del 80% de cada uno de estos subconjuntos, lo que garantiza que habrá un 20% de cada grupo en el dataset de prueba.

Usando Pandas, primero hay que asegurarse de que hay una columna categorial con pocos valores diferentes, ya que la separación estratificada no funciona bien en categorías demasiado fragmentadas. A continuación, hay que agrupar los datos por categorías y hacer un `sample` en cada una de ellas.

Observación

Atención: no se deben modificar los índices originales (`group_keys=False`) para poder crear después el segundo conjunto utilizando los índices elegidos en el conjunto creado con `sample`.

Por lo tanto, el código para realizar una separación estratificada en función del sexo del pasajero es el siguiente:

```
train_titanic = titanic_df.groupby('Sex',
group_keys=False).apply(lambda x: x.sample(frac=0.8,
random_state=42)) test_titanic = titanic_df.drop(train_titanic.index)
```

Observación

También es posible definir pesos para sobre representar determinados elementos. En este caso, hay que añadir una columna con el valor de los pesos y utilizar el atributo `weigths` de la función `sample`. Sin embargo, esto debe utilizarse con moderación, ya que los resultados pueden no ser intuitivos.

4. Tratar los datos faltantes

Existen varias estrategias para tratar los datos faltantes:

- Suprimir la columna infractora.
- Suprimir las filas que contienen valores vacíos.
- Rellenar los valores faltantes (lo que se conoce como imputación (*imputation*)) utilizando un valor decidido de antemano.

La primera estrategia se trata de la misma forma que eliminar una columna (función `drop`). Suele utilizarse cuando una columna no está muy llena y su importancia parece baja. Es el caso, por ejemplo, del número de camarote del dataset del Titanic, que tiene poca repercusión en las posibilidades de supervivencia.

Además, si la columna tiene una proporción significativa de valores perdidos, no parece pertinente crear un modelo con ella. En general, si el valor falta en más de la mitad de los casos, debe eliminarse. Si los valores faltantes representan menos de la mitad de los datos (por ejemplo, el 25%), la decisión dependerá de una serie de parámetros: tamaño del dataset, distribución de la variable objetivo, importancia comercial de la variable, etc.

Para suprimir filas, también se puede utilizar la función `dropna` vista anteriormente. Esta suele ser la mejor opción cuando los datos faltantes se encuentran en registros no específicos y ya hay muchos datos. Solo se tiene que comprobar de antemano que la presencia de un valor vacío para estas filas no tiene ningún significado particular, de lo contrario se tendrá que optar por la tercera estrategia.

El tercer y último paso consiste en completar los datos faltantes. También en este caso hay varias opciones. En función de la columna y de su semántica, será necesario adaptar la imputación, o incluso multiplicar los ensayos para comprobar lo que parece dar mejores resultados durante la modelización.

La función que se va a utilizar es, entonces, `fillna`. Esta toma como parámetro el valor que se va a utilizar, que puede ser fijo para las categorías, o calculado de antemano, como la mediana o la media. También se pueden utilizar los demás registros del dataset para utilizar el último valor anterior no vacío. Esta última solución se denomina relleno (*padding*).

En el caso del dataset del Titanic, solo faltan los datos del puerto de embarque de dos pasajeros. Un análisis muestra que la gran mayoría de los pasajeros proceden de Southampton ('S'). Para completar los datos faltantes se utiliza el código siguiente, que es el más probable:

```
titanic_df['Embarked'].fillna('S', inplace=True)
```

Observación

Cualquiera que sea la estrategia que se aplique a los datos faltantes, se deben documentar y justificar. Inevitablemente, se modificarán los resultados obtenidos en la fase de modelización, por lo que es importante evaluar sus consecuencias. Además, cuando se esté utilizando el modelo (fase de inferencia), es posible que se introduzcan datos que falten, por lo que es importante prever estos casos, ya que los modelos necesitan estas variables y no pueden hacer predicciones sin ellas.

5. Preparar atributos numéricos

Las variables numéricas pueden utilizarse potencialmente tal cual, en los modelos, pero a menudo se obtienen mejores resultados preparándolas. Existen varias posibilidades acumulativas:

- **Validar datos**, que consiste en comprobar que los datos numéricos son correctos (o al menos lo parezcan).
- **Feature Engineering**, que consiste en crear nuevos datos a partir de los existentes.
- **Discretizar**, que consiste en transformar datos numéricos en datos categoriales.
- Y **normalizar**, que consiste en reducir los datos a intervalos equivalentes para compararlos mejor. Para algunos algoritmos, la normalización es un requisito previo.

5.1 Validar datos

La validación de datos se realiza en dos aspectos:

- **Semánticamente**: los valores de los datos corresponden a lo esperado.
- **Estadísticamente**: los datos no parecen tener valores extremos o periféricos.

5.1.1 Validar semánticamente los datos

Para el análisis semántico, hay que comprobar que los valores proporcionados corresponden al significado de la columna y a su contexto.

Por tanto, el tamaño debe ser positivo. En el caso de un producto de mano, como una pelota, el tamaño debe estar entre 5 y 10 centímetros (cm). Un tamaño de 70 cm sería incoherente.

A menudo, los datos no pasan ese filtro. Pueden producirse errores durante el proceso de adquisición.

Este puede ser el caso si el sensor se ha averiado o no ha habido mediciones, y se ha establecido un tamaño «predefinido». También puede ocurrir si los datos proceden de dos sensores que miden en unidades distintas (centímetros y pulgadas), o que utilizan un proceso diferente, lo que provoca un desfase entre las mediciones.

En caso de incoherencia, es importante volver a la fase de comprensión de los datos y/o hablar con el cliente, interno o externo, que proporcionó los datos para aclarar cualquier cuestión pendiente. Por lo general, los datos incorrectos se eliminarán si no pueden corregirse.

Observación

Hay una expresión en la Ciencia de Datos: «Garbage In, Garbage Out» (basura entra, basura sale). Esta resume un punto crucial: la calidad de los datos es primordial, por lo que es importante asegurarse de ella de antemano. Nunca es una pérdida de tiempo.

5.1.2 Validar estadísticamente los datos

La validación estadística consiste en encontrar datos cuyo valor es poco probable que coincida con los demás valores. Esto no significa, sin embargo, que el dato sea falso, y habrá que decidir, caso por caso, si se conserva o no ese valor.

No existe una definición única de valor atípico en estadística. Coexisten varias definiciones, que deben adaptarse según el caso:

- La desviación de la media es superior a 3 (o 4) veces la desviación típica. Para una distribución normal, esto corresponde al 0,3% y al 0,1% de los datos, respectivamente.
- El valor absoluto de la puntuación z (*z-score*) es superior a 3 (o 4).)
- La desviación del primer cuartil (o tercer cuartil) es superior a 1,5 veces el rango intercuartílico (o IQR). En algunos casos, se dice que el valor es «extremo» si su distancia es superior a 3 IQR.

Ninguna de estas pruebas es mejor que otra; hay que adaptarlas a los datos y a su distribución.

Para la **desviación con respecto a la media**, hay que proceder en dos etapas: calcular la distancia autorizada (es decir, 3 o 4 veces la desviación típica) y, a continuación, comparar la distancia del valor con respecto a la media con este umbral. Los valores atípicos se pueden eliminar directamente.

Usando Pandas, en el caso del precio pagado por el billete en el dataset Titanic, se utiliza el siguiente código para eliminar los valores atípicos:

```
std = titanic_df['Fare'].std()
mean = titanic_df['Fare'].mean()
limit_low = mean - 3 * std
limit_high = mean + 3 * std
new_df = titanic_df[titanic_df['Fare'].between(limit_low, limit_high)]
```

Observación

La función `between` evita escribir una condición del tipo x> `límite_bajo & x < límite_alto`, pero ambas son posibles.

En el dataset original, los precios de las entradas oscilaban entre 0 y 512,3 dólares. Una vez eliminados los valores atípicos (20 de 891), los precios oscilaban entre 0 y 165 dólares. El límite superior era entonces de 181 $, lo que explica la desaparición de los precios altos.

Utilizar la puntuación z es totalmente equivalente a comparar la diferencia con la media. Se trata de una prueba estadística habitual. Consiste en calcular la distancia entre un valor y la media en términos de desviación estándar (por ejemplo, los datos están a 2 desviaciones estándar de la media).

Su fórmula es $zscore = \frac{(X - \mu)}{\sigma}$.

El valor absoluto de esta puntuación z se utilizará entonces para conservar únicamente los datos para los que sea inferior a 3. A continuación se escribe el código (equivalente al anterior):

```
titanic_df['Fare_zscore'] = (titanic_df['Fare'] -
titanic_df['Fare'].mean()) / titanic_df['Fare'].std()
new_df = titanic_df['Fare_zscore'].abs() < 3]
```

La última posibilidad es la **desviación del primer o último cuartil**. El rango intercuartílico (o IQR) es el rango que contiene el 50% de los valores (25% por debajo de la mediana y 25% por encima).

Este intervalo es un indicador de la dispersión de los datos.

Sin embargo, al igual que en el gráfico «boxplot», los datos que se alejan de los límites Q1 (1er cuartil) o Q3 (3er cuartil) pueden ser valores atípicos.

Utilizando un límite de 1,5 IQR, este es el mismo tratamiento que para los gráficos de cajas y bigotes: los datos por debajo de este rango se incluyen en los bigotes, y los datos fuera de él se representan mediante puntos individuales.

Para hacer el cálculo y eliminar los datos, se necesita calcular el IQR, luego los límites, y finalmente restringir los datos que están dentro. Usando Pandas, el código es el siguiente:

```
q1 = titanic_df['Fare'].quantile(0.25)
q3 = titanic_df['Fare'].quantile(0.75)
iqr = q3 - q1
limit_low = q1 - 1.5 * iqr
limit_high = q3 + 1.5 * iqr
new_df = titanic_df[titanic_df['Fare'].between(limit_low, limit_high)]
```

En este caso, solo se conservarían 775 de los 891 datos, lo que supone muchas supresiones (más del 13% de los datos). Como la distribución está muy repartida, podría ser útil elegir un umbral de solo 3 veces el IQR, para conservar 838 puntos de datos, es decir, casi el 95%. Es poco probable tener un 15% de valores atípicos para una variable.

5.2 Feature Engineering

En la fase de Data Preparation, es muy habitual crear datos nuevos a partir de los ya existentes, ya sea para extraer datos de una variable o para combinar varias variables en un único indicador.

Usando Pandas, esto es muy fácil de codificar: todo lo que hay que hacer es dar un nombre a la nueva columna (o sobrescribir la antigua) e introducir la fórmula deseada. A continuación, se aplicará a cada fila del dataset.

Por ejemplo, para el dataset Iris, es posible calcular el área del rectángulo que abarca el sépalo y el pétalo:

```
iris_df['petal_area'] = iris_df['petal_length'] *
iris_df['petal_width']
iris_df['sepal_area'] = iris_df['sepal_length'] *
iris_df['sepal_width']
```

Realizar cálculos sobre variables puede, a continuación, simplificar enormemente la tarea de los algoritmos de Machine Learning. Por ejemplo, para evaluar a los clientes, puede ser útil calcular el valor de los pedidos (número de productos * precio unitario), o para los pisos, el tamaño medio de las habitaciones (superficie/número de habitaciones).

Aquí, calculando el área sobre Iris, las áreas de los pétalos son casi completamente separables linealmente:

- Para Iris Setosa, el área es inferior a 1.
- Para Iris Versicolor, se sitúa entre 3 y 8,64.
- Para Iris Virginica, es superior a 7,5.

Un modelo muy sencillo que diera la clase con límites de 2 y 7,6 obtendría una precisión del 97,3%, que es una puntuación excelente, sobre todo para una sola variable. Además, la clase Setosa se reconocería en el 100% de los casos.

5.3 Discretizar

A veces es útil transformar una variable numérica (entera o real) en una variable categorial, que entonces tiene menos valores diferentes.

En el caso del dataset Titanic, vamos a interesarnos en la variable «Age» para examinar las distintas posibilidades.

En primer lugar, he aquí el histograma de edades:

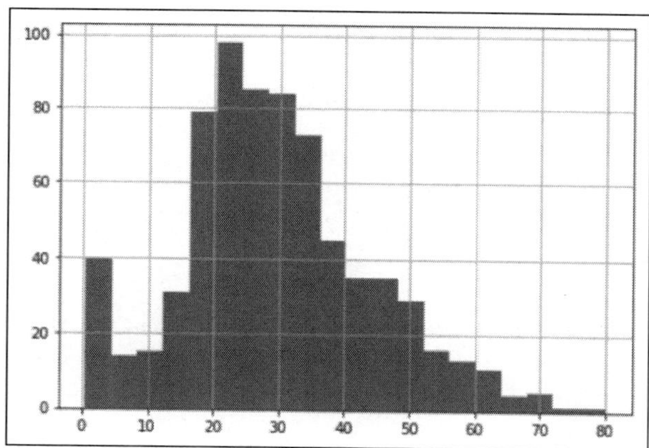

Esta variable no sigue una distribución uniforme ni normal. Hay muchas personas de entre 20 y 35 años y un pico de niños muy jóvenes.

5.3.1 Intervalos iguales

La primera discretización posible consiste en crear una serie de intervalos (*bins*), todos del mismo tamaño, y asociar cada registro a la categoría en la que se encuentra.

En Pandas, se usa la función `cut`. Esta toma como parámetros la variable a discretizar y el número de bins deseados:

```
titanic_df['Age_bins'] = pd.cut(titanic_df['Age'], bins=5)
titanic_df['Age_bins'].value_counts()

> (16.336, 32.252]    346
  (32.252, 48.168]    188
  (0.34, 16.336]      100
  (48.168, 64.084]     69
  (64.084, 80.0]       11
  Name: Age_bins, dtype: int64
```

Aunque cada casilla tiene una amplitud de unos 16 años, el número de inscritos en cada una de ellas es muy variable, con solo 11 personas mayores de 64 años, pero 346 personas en la categoría más representada.

Por lo tanto, esta forma de discretizar se adapta mejor a variables con una distribución bastante uniforme.

Observación

A menos que se indique lo contrario, todos los intervalos tienen un valor no incluido a la izquierda y un valor incluido a la derecha. Se puede utilizar un parámetro en `cut` *para cambiar este comportamiento si es necesario.*

5.3.2 Desglosar por cuartiles

La segunda discretización posible se basa en los cuartiles. En lugar de obtener categorías de anchos equivalentes, cada una debe tener un número equivalente de ejemplos.

Decidiendo dividir en cinco como antes, la proporción objetivo es del 20% de registros en cada uno.

Usando Pandas, esto se consigue con el método qcut, que toma la variable y el número deseado de categorías como parámetros:

```
titanic_df['Age_quantiles'] = pd.qcut(titanic_df['Age'], q=5)
titanic_df['Age_quantiles'].value_counts()

> (0.419, 19.0]    164
  (31.8, 41.0]     144
  (41.0, 80.0]     142
  (19.0, 25.0]     137
  (25.0, 31.8]     127
  Name: Age_quantiles, dtype: int64
```

Sin embargo, la distribución no es perfecta. De hecho, debido al gran número de individuos de la misma edad, incluidos los de 19 años, no es posible obtener categorías perfectamente equilibradas. No obstante, se obtiene una distribución mucho más uniforme, con una amplitud que oscila entre 6 años (para las personas de 19 a 25 años) y 39 años (para las personas de 41 años o más).

5.3.3 Distribuir manualmente

Las dos distribuciones anteriores no tienen en cuenta el significado de una variable. En el caso del Titanic, la edad y el sexo son variables cruciales en la probabilidad de supervivencia: «¡Las mujeres y los niños primero!»

Por eso, a veces es mejor crear categorías propias y etiquetarlas con rótulos claros que ayuden a encontrar lo que se busca. En función de la edad, pueden definirse cinco categorías: niños (menores de 13 años), adolescentes (hasta los 21), jóvenes (hasta los 30), adultos (de 30 a 50) y mayores (más de 50).

La función que se va a utilizar sigue siendo cut, pero el número de categorías se sustituye por puntos de rupturaasignando las etiquetas manualmente:

```
titanic_df['Age_manual'] = pd.cut(titanic_df['Age'],
bins=[0,13,21,30,50,90], labels=['Child', 'Teen', 'Young',
'Mature', 'Senior'])
titanic_df['Age_manual'].value_counts()

> Mature    241
  Young     205
  Teen      133
  Child      71
  Senior     64
```

```
Name: Age_manual, dtype: int64
```

Las categorías no están equilibradas, pero esto permitirá tener en cuenta el hecho de que un niño tiene más posibilidades de sobrevivir que un adulto joven. Además, la discretización tiene sentido en este caso.

Observación

Solo se tienen en cuenta los datos comprendidos entre el valor más pequeño y el más grande. Por lo tanto, es importante comprobar que todos los datos están etiquetados a la salida. Por ejemplo, si el límite máximo es incorrecto, algunos de los datos pueden suprimirse involuntariamente.

5.4 Normalizar

El objetivo de la normalización es situar todos los valores de las variables en rangos comparables. Así se garantiza que una variable no sea artificialmente más importante que otras.

En el caso del dataset de Boston, el índice de delincuencia (CRIM) varía entre 0 y 10, mientras que la proporción residencial (ZN) varía entre 0 y 100.

Una regresión lineal sobre este dataset puede escribirse como:

```
Precio = x1 * CRIM + x2 * ZN + ...
```

Para obtener un diferencial de precios de 10.000 dólares, hay que multiplicar la delincuencia por 1.000 (x1), pero la proporción de superficie residencial por 100 (x2). Esta diferencia de factores puede llevar a los algoritmos a sobrestimar el papel de las variables de gran amplitud sobre las más compactas.

Por lo tanto, se recomienda encarecidamente normalizar las variables antes de utilizarlas.

Existen varias normalizaciones, siendo las tres principales la normalización min-max, la normalización estándar y la normalización por cuartiles (conocida como normalización robusta).

5.4.1 Normalización mínimo-máximo

La primera normalización es la llamada normalización «min-max». Consiste en reducir todas las variables a un valor comprendido entre 0 y 1.

Para ello, aplica la siguiente fórmula: $X' = \frac{(X - \min)}{(\max - \min)}$.

Con esta normalización, todas las variablses se sitúan entre 0 y 1, sean cuales sean los intervalos de partida, y están en la misma escala.

Sin embargo, tiene una serie de inconvenientes.

El primero es que el mínimo y el máximo dependen en gran medida del dataset. Solo deben calcularse en el dataset de entrenamiento. No hay garantía de que el dataset de prueba o los datos reales tengan los mismos límites, y es posible tener valores negativos o superiores a 1 al aplicar el modelo. Hay que tener cuidado para que esto no represente un problema.

Además, si la distribución está desequilibrada, con valores extremos en uno u otro lado, todos los datos caerán dentro de un rango mucho más limitado, lo que hace que la normalización carezca de sentido.

5.4.2 Normalización estándar

El objetivo de la normalización estándar (o normalización de puntuación z, o estandarización) es reducir la distribución a una distribución estándar, es decir, una distribución normal centrada en 0 y con una desviación estándar de 1.

La fórmula, en la que μ representa la media y σ la desviación típica, es: $X' = \frac{(X - \mu)}{\sigma}$.

En una distribución normal, el 95% de los valores se sitúan entre -2 σ y +2 σ. Por lo tanto, con esta normalización la mayoría de los datos estarán en el intervalo [-2; 2].

Además, como no se tienen en cuenta los valores extremos, sino la media y la desviación típica, esta normalización garantiza que, incluso en el caso de valores extremos, la mayoría de los datos se mantendrán dentro del mismo intervalo.

Sin embargo, los valores extremos siguen influyendo en la media y la desviación típica, desplazando la media hacia ellos o aumentando la desviación típica.

5.4.3 Normalización robusta

La normalización robusta utiliza los cuartiles en lugar de los extremos (como la normalización min-max) o todos los valores (como la estandarización). De este modo, los valores extremos dejan de tener impacto.

La idea general es centrar los datos en la mediana (Q2) y normalizar el rango intercuartílico (Q3-Q1), que se convierte en la unidad. De este modo, el 50% de los datos son positivos y el otro 50% negativos. Además, el 50% de los datos están dentro de un intervalo de 1: entre -0,5 y +0,5.

La fórmula es: $X' = \frac{(X - Q2)}{(Q3 - Q1)}$.

Esta normalización no fija ni elimina los valores extremos. Sin embargo, al no tenerlos en cuenta, es menos sensible a ellos. Por lo tanto, es recomendable usarla cuándo existen tales valores y si deben conservarse.

5.4.4 Comparación

En el dataset Iris, vamos a examinar la variable que representa la longitud de los pétalos. Su distribución es la siguiente, con variaciones entre 1 y 7 cm:

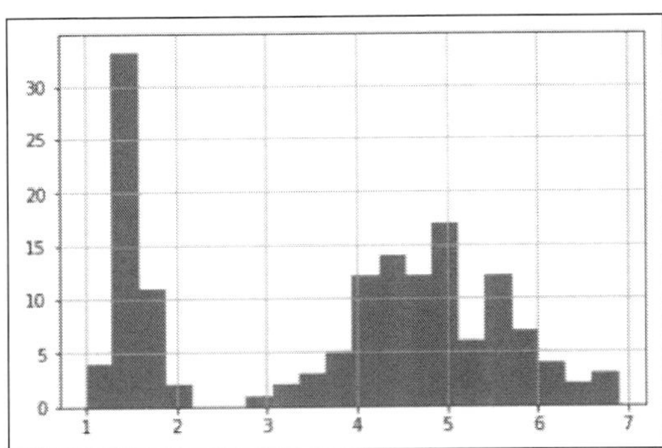

Usando Pandas, podemos aplicar las diferentes normalizaciones directamente con las diferentes fórmulas:

```
# Min/Max scaling
min = iris_df['petal_length'].min()
max = iris_df['petal_length'].max()
iris_df['petal_length_minmax'] = (iris_df['petal_length'] - min)
/ (max - min)

# Standard scaling
mean = iris_df['petal_length'].mean()
std = iris_df['petal_length'].std()
iris_df['petal_length_standard'] = (iris_df['petal_length'] -
mean) / std

# Robust scaling
q1 = iris_df['petal_length'].quantile(0.25)
q3 = iris_df['petal_length'].quantile(0.75)
q2 = iris_df['petal_length'].mean()
iris_df['petal_length_robust'] = (iris_df['petal_length'] - q2) /
(q3 - q1)
```

Obtendremos las siguientes distribuciones:

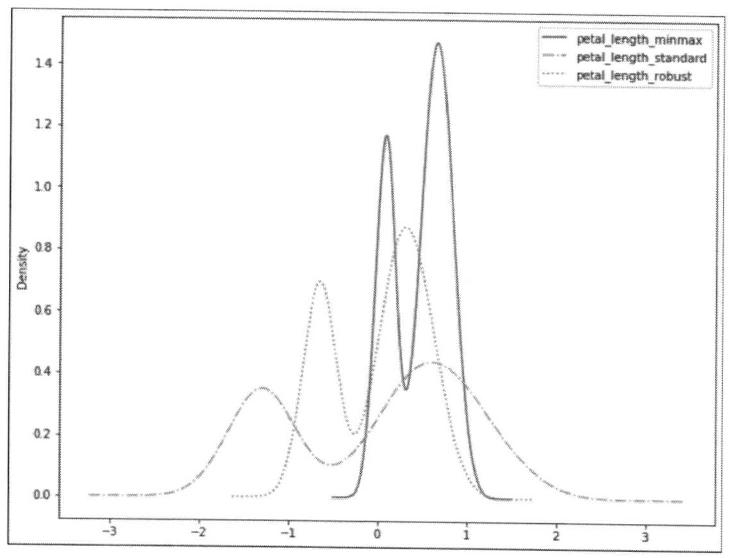

La normalización min-max, en líneas continuas, es la) más alta y ajustada. La normalización robusta, en líneas discontinuas, es la segunda más alta. Por último, en líneas discontinuas/punteadas está la estandarización, que es muy plana y dispersa.

Como vemos, la normalización min-max ha situado toda la distribución entre 0 y 1. Para la normalización robusta, la distribución está centrada, y la mayoría de los valores están entre -1 y 1, con un 50% en [-0,5; 0,5]. Por último, para la estandarización (la más plana), la mayoría de los datos están entre -2 y 2.

En este caso, podemos elegir la normalización que queramos, lo que no plantea ningún problema particular, siempre que todas las variables se normalicen utilizando el mismo método, porque no hay valores extremos.

En el dataset Titanic, sin embargo, la variable `Fare` (precio pagado) tiene muchos valores extremos. De hecho, el 75% de los valores son inferiores a 31 dólares, pero el valor máximo es de 512 dólares.

Para aplicar las tres normalizaciones usando Pandas, el código es el siguiente:

```
# Min/Max scaling
min = titanic_df['Fare'].min()
max = titanic_df['Fare'].max()
titanic_df['Fare_minmax'] = (titanic_df['Fare'] - min) / (max - min)

# Standard scaling
mean = titanic_df['Fare'].mean()
std = titanic_df['Fare'].std()
titanic_df['Fare_standard'] = (titanic_df['Fare'] - mean) / std

# Robust scaling
q1 = titanic_df['Fare'].quantile(0.25)
q3 = titanic_df['Fare'].quantile(0.75)
q2 = titanic_df['Fare'].mean()
titanic_df['Fare_robust'] = (titanic_df['Fare'] - q2) / (q3 - q1)
```

Las distribuciones obtenidas, en un gráfico boxplot, son las siguientes:

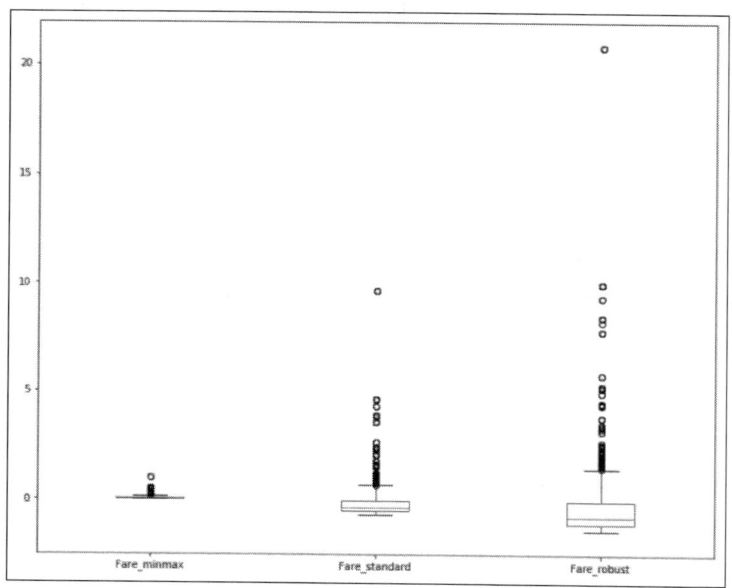

Observación

Una distribución de tipo «densidad», como en el caso de Iris, no es fácil de leer. Esto se debe a que las variables pueden extenderse por rangos mucho más amplios debido a los valores extremos, por lo que el gráfico muestra curvas cuya amplitud máxima ya no es comparable.

Debido a los valores extremos, una normalización min-max comprime todos los datos. Así, el 95% de los valores son inferiores a 0,22. Como los valores se aproximan mucho, serán difíciles de utilizar para un algoritmo de Machine Learning. En este caso, la normalización pierde su utilidad.

En el caso de la estandarización, la distribución está más repartida. El 95% de los datos se sitúa entre -0,5 y +2,44. Esto no corresponde del todo a la distribución deseada (95% de los datos entre -2 y +2), pero se aproxima. Tampoco corresponde exactamente a la distribución deseada (95% de los datos entre -2 y +2), pero se aproxima, aunque con un sesgo hacia los valores más altos.

Por último, en el caso de la normalización robusta, la distribución está bien centrada en 0, con una desviación típica de alrededor de 2. Por construcción, el 50% de los datos están en una desviación de 1 (entre -1,05 y -0,07) y el 95% de los datos entre -1,1 y +5,25. La normalización no se ha visto afectada por los valores extremos, que sin embargo, representan potencialmente valores muy grandes (el máximo es entonces +20).

En función de las demás variables y de los algoritmos de Machine Learning utilizados, merece la pena probar tanto la estandarización como la normalización robusta, ya que ambas son prometedoras en este caso y no es posible decidir a priori. Sin embargo, debe evitarse la normalización min-max para esta variable.

6. Preparar variables categoriales

No todos los algoritmos de Machine Learning pueden utilizar datos categoriales. Pueden aplicarse distintos tratamientos previos, como en el caso de las variables numéricas:

- Validar datos, para comprobar que los datos son correctos.
- Modificar determinados valores (fusión, reordenación, etc.), también conocida como *feature engineering*.
- Cuantificar variables categoriales.

6.1 Validar datos

Al igual que los datos numéricos, los datos categoriales deben validarse a dos niveles:

- Desde un punto de vista semántico: todas las categorías tienen un significado.
- Desde un punto de vista estadístico: el desglose entre categorías parece corresponder a la realidad.

Para la validación semántica, puede ser útil pedir una lista de posibles categorías y comprobar que corresponden a la realidad:

```
iris_df['class'].cat.categories

> Index(['Iris-setosa', 'Iris-versicolor', 'Iris-virginica'],
dtype='object')
```

Como era de esperar, hay tres clases que corresponden a los tres tipos de flores del dataset Iris.

Para la validación estadística, a diferencia de lo que ocurre con los datos numéricos, no existe la noción de valores atípicos. Los valores se colocan automáticamente en una de las categorías existentes.

Sin embargo, puede detectarse un error por la presencia de categorías con índices de uso muy bajos. Así, si un dataset contiene un solo elemento, es sin duda un signo de error.

Por lo tanto, es útil, para este punto, calcular la frecuencia de cada aparición en una serie utilizando `value_counts`:

```
iris_df['class'].value_counts()

> Iris-virginica     50
  Iris-versicolor    50
  Iris-setosa        50
  Name: class, dtype: int64
```

Como se anuncia en el dataset, cada clase está presente 50 veces (de los 150 elementos de datos).

6.2 Modificar categorías

Se pueden introducir varios cambios en las categorías.

6.2.1 Ordenar o reordenar categorías

Para algunos algoritmos, puede ser útil establecer un orden para las categorías. En el caso de la clase de pasajeros en el dataset Titanic, naturalmente tiene un orden (primera, segunda y tercera clase).

Es posible averiguar si se está ordenado usando `cat.ordered`:

```
titanic_df['Pclass'].cat.ordered

> False
```

De forma predefinida, las categorías no están ordenadas. Para ordenarlas, se debe usar `reorder_categories`, especificándolas en el siguiente orden:

```
Titanic_df['Pclass'] = titanic_df['Pclass'].cat.reorder_
categories([1, 2, 3],
ordered=True)
titanic_df['Pclass'].cat.ordered

> True
```

6.2.2 Modificar la lista de categorías

En caso de error, o para evitar tener demasiadas categorías con muy pocos registros en cada una, estas categorías se pueden modificar.

Para el dataset Titanic, el título de una persona (o título honorífico) puede extraerse de su nombre, ya que siempre está contenido en él, por ejemplo «Braund, **Sr.** Owen Harris»

Observación

A partir de ahora, la columna «`título`» se considerará existente y con esta información. El código necesario para crearla se tratará más adelante en este capítulo.

Este es el recuento que obtenemos por categorías:

```
titanic_df['title'].value_counts()

> Mr            517
  Miss          182
  Mrs           125
  Master         40
  Dr              7
  Rev             6
  Col             2
  Major           2
  Mlle            2
```

```
  Jonkheer          1
  Ms                1
  Capt              1
  Mme               1
  Sir               1
  Lady              1
  Don               1
  the Countess      1
Name: title, dtype: int64
```

Hay 8 categorías de 17 que solo han aparecido una vez. Por tanto, es necesario revisar estas categorías.

Sustituir una categoría por otra

El primer paso consiste en renombrar las categorías para fusionarlas. En el caso de Titanic, la categoría Srta. (o Mlle en francés) equivale a Miss (en inglés).

Por tanto, podemos sustituir los enunciados en español por sus equivalentes en inglés:

```
titanic_df['title'].replace('Srta', 'Miss', inplace=True)
titanic_df['title'].replace('Sra', 'Mrs', inplace=True)
titanic_df['title'].value_counts()

> Mr              517
  Miss            184
  Mrs             126
  Master           40
  Dr                7
  Rev               6
  Col               2
  Major             2
  Lady              1
  Don               1
  Jonkheer          1
  the Countess      1
  Sir               1
  Ms                1
  Capt              1
  Name: title, dtype: int64
```

Se ha realizado correctamente el cambio.

Suprimir categorías innecesarias

La función `replace` borra las categorías que ya no existen. Pero en algunos casos, es buena idea eliminarlas manualmente.

La función es `remove_unused_categories`:

```
titanic_df['title'] = titanic_df['title'].cat.remove_unused_categories()
titanic_df['title'].cat.categories

> Index(['Capt', 'Col', 'Don', 'Dr', 'Jonkheer', 'Lady', 'Major',
        'Master', 'Miss', 'Mr', 'Mrs', 'Ms', 'Rev', 'Sir',
        'the Countess'],
       dtype='object')
```

Una buena práctica es mantener siempre actualizada la lista de categorías cuando se realizan fusiones, para no distorsionar las estadísticas o los recuentos y limitar el riesgo de errores.

Fusionar varias categorías poco utilizadas

A excepción de las cuatro primeras categorías, los demás títulos no son muy utilizados.

Esta situación es habitual en la Ciencia de Datos, con las categorías principales muy utilizadas y una serie de categorías «secundarias» poco utilizadas pero numerosas. Es lo que se conoce como fenómeno de la «larga cola».

Una práctica habitual es agrupar todas las categorías poco o nada utilizadas bajo un epígrafe «Otros» para simplificar el aprendizaje posterior.

Por tanto, es posible agrupar a todos los pasajeros cuyo título aparece menos de veinte veces en una nueva categoría Otros siguiendo estos pasos: calcular el número de apariciones, clasificar las categorías poco frecuentes y, a continuación, sustituirlas usando `replace`.

```
nb_values = titanic_df['title'].value_counts()
to_replace = nb_values[nb_values < 20].index
titanic_df['title'] = titanic_df['title'].replace({x:'Other' for
x in to_replace}).astype('category')
titanic_df['title'].value_counts()

> Mr        517
  Miss      184
```

```
Mrs        126
Master      40
Other       24
Name: title, dtype: int64
```

6.3 Cuantificar

Las variables numéricas pueden transformarse en variables categoriales mediante discretización. La cuantificación es el paso inverso, transformar una variable categorial en numérica.

Para las categorías ordenadas, cada categoría puede sustituirse por un valor numérico. Por ejemplo, las categorías XS/S/M/L/XL podrían sustituirse por 0/1/2/3/4 o 36/38/40/42/44. Esta modificación aporta un significado adicional y, dependiendo del problema, puede ayudar en la fase de modelización.

En cambio, para las variables no ordenadas, se debe evitar sustituir una categoría por un número.

En el dataset del Titanic, por ejemplo, no hay ninguna razón para sustituir los puertos de embarque por 1/2/3. Esto distorsionaría el significado de la columna. Esto distorsionaría el significado de la columna: el tercer puerto (Cherburgo, por ejemplo) no tiene por qué contar tres veces más que el primer puerto (Southampton, por ejemplo). Sin embargo, para un algoritmo de Aprendizaje Automático, una variable que vale 3 es automáticamente tres veces más importante que una variable que vale 1.

La técnica de cuantificación utilizada se denomina **dummification** porque se crean «variables *ficticias*» (indicadoras o *dummy*). Generalmente se usa el termino en inglés «*dummy*».

A continuación, la variable inicial se sustituye por un conjunto de nuevas variables que toman los valores 0 ó 1. Por ejemplo, para codificar los puertos de embarque, necesitamos tres características: C, S y Q para Cherbourg, Southampton y Queenstown.

Los valores serán 0 o 1 en función del puerto de embarque:

Id	Embarked
1	C
2	S
3	C
4	Q

Id	C	Q	S
1	1	0	0
2	0	0	1
3	1	0	0
4	0	1	0

Usando Pandas, existe la función `get_dummies`. Esta devuelve un `DataFrame` que debe concatenarse con el dataset inicial. Además, la columna duplicada original a menudo se borrará.

Este procedimiento puede aplicarse a la variable «`título`» del dataset Titanic. El prefijo se utiliza entonces para identificar las columnas:

```
title_df = pd.get_dummies(titanic_df['title'], prefix='t')
new_df = pd.concat([titanic_df, title_df], axis=1)
new_df.drop(columns='title', inplace=True)
```

Observación

La limpieza de datos demuestra aquí su utilidad. Gracias a la fusión de categorías menos frecuentes, ya no hay decenas de nuevas variables creadas por la cuantificación, sino solo las principales y la columna «Other», sin las cuales los algoritmos de Machine Learning ya no podrían funcionar.

La cuestión de la posible fusión de categorías debe plantearse en cuanto el número de categorías creadas supere la decena. Por ejemplo, cuando se trabaja con localidades, puede ser interesante fusionarlas según su población: megalópolis, grandes ciudades, ciudades medianas, pequeñas ciudades, zonas rurales. Según los casos, también es posible agruparlos por regiones o departamentos, por PIB local en el caso de los ingresos, por número de centros sanitarios, por índice de criminalidad, etc.

Crear tantas variables nuevas como categorías haya no es necesariamente útil. De hecho, a menos que falten datos, siempre se puede encontrar la última columna: si todas las demás categorías son 0, entonces la última es 1. Así, en el caso del puerto de embarque, si las columnas C y Q son 0, entonces la columna S contendrá el valor 1.

Para el sexo de los pasajeros del Titanic, solo hay dos valores posibles en el dataset. Por tanto, no tiene sentido crear una columna «hombre» y otra «mujer». La función `get_dummies` tiene un parámetro `drop_first` que especifica si se debe descartar una columna (la primera). Por ejemplo, el siguiente código permite tener solo una columna con valor 0 ó 1 en lugar de los valores originales de `female` y `male`:

```
sex_df = pd.get_dummies(titanic_df['Sex'], prefix='Sex',
drop_first=True)
new_df = pd.concat([titanic_df, sex_df], axis=1)
new_df.drop(columns='Sex', inplace=True)
```

Tampoco en este caso hay una regla fija sobre si eliminar o no la primera o la última columna. Con dos condiciones, la columna se eliminará casi siempre. Con un gran número de opciones, se suele eliminar la columna «Other».

7. Datos particulares

En la Ciencia de Datos, hay dos tipos de datos que suelen ser particulares en su proceso:

- **Fechas** en sentido amplio, que pueden corresponder a fechas (del día), a la hora o a la combinación fecha + hora. Estas variables pueden verse, según el caso, como datos numéricos, por ejemplo, una marca de tiempo, o como datos categoriales ordenados con un valor por día.
- **Textos**, que no corresponden a valores precisos en una lista predefinida. Se trata de variables categoriales no ordenadas, que tienen tantos valores como registros (o casi).

Estos dos formatos suelen requerir un tratamiento especial durante la fase de preparación de los datos.

7.1 Preparar las fechas

Las fechas pueden estar en múltiples formatos, y Pandas ofrece una serie de utilidades para trabajar con ellas. Esto simplifica las operaciones diarias.

Para ilustrar estas posibilidades, cargaremos el dataset «acc-2018», que contiene la lista de accidentes de tráfico de 2018. El dataset original, procedente de data.gouv.fr, contiene numerosas variables que aquí se han simplificado para conservar únicamente las siguientes:

- `Num_Acc`: el número de accidente.
- `año, mes, día`: el día del accidente, en tres columnas numéricas.
- `hrmn`: la hora del accidente en forma de número entero (por ejemplo, 1505 significa 15:05, 425 significa 4:25).
- `lat / long`: latitud y longitud del accidente.
- `dep`: el departamento del accidente multiplicado por 10 para incluir Córcega (así, 590 indica el departamento 59 y, para Córcega, 201 representa Córcega del Sur y 202 Alta Córcega).

Para cargar el dataset, que utiliza punto y coma como separadores, utilice el siguiente comando:

```
acc_df = pd.read_csv('acc-2018.csv', sep=';')
```

7.1.1 El formato datetime64

Para gestionar las fechas, deben almacenarse en una única variable (en formato datetime64 utilizando la biblioteca Pandas).

Los conjuntos de datos contienen a menudo campos disjuntos, como es el caso de la base de datos de accidentes. Primero hay que unir cada parte de la fecha y, a continuación, convertir el conjunto al formato correcto.

Usando Pandas, esto se puede hacer en dos líneas: la primera consiste en crear un nuevo campo que contenga las variables `día`, `mes` y `año` separadas por '-' y la segunda consiste en convertir las fechas creadas al formato correcto:

```
acc_df['date'] = acc_df['día'].astype('str') + '-' +
acc_df['month'].astype('str') + '-' + acc_df['año'].astype('str')
acc_df['date'] = pd.to_datetime(acc_df['date'], dayfirst=True)
```

Si la fecha ya está presente en el dataset, se reconocerá en la carga como un objeto (lo que en la práctica significa una cadena de caracteres) y se tendrá que utilizar `pd.to_datetime` para convertirla.

Observación

Pandas maneja muy bien la gran mayoría de formatos de fecha, con o sin la hora. La detección del formato es automática. Sin embargo, a veces el formato no se interpreta correctamente. La función de conversión tiene varios parámetros para ayudar en este caso, como `dayfirst`, que diferencia entre los formatos `dd-mm-yy` y `yy-mm-dd`).

Esta conversión también se puede hacer con un día y una hora. Aquí solo se tiene que añadir la extracción de la hora y los minutos, a continuación, adjuntar todo y solicitar la conversión:

```
acc_df['hora'] = acc_df['hrmn'] // 100 # división entera
acc_df['min'] = acc_df['hrmn'] % 100 # resto de la división

acc_df['datetime'] = acc_df['día'].astype('str') + '-' +
acc_df['mes'].astype('str') + '-' + acc_df['año'].astype('str')
acc_df['datetime'] += '-' + acc_df['hora'].astype('str') + ':' +
acc_df['min'].astype('str')

acc_df['datetime'] = pd.to_datetime(acc_df['datetime'],
dayfirst=True)
```

El formato que se conservará tras la conversión no es el indicado, sino un formato interno de Python. Por ejemplo, si la primera fecha proporcionada antes de la conversión es `'24-01-18-15:5'`, la fecha obtenida será `'2018-01-24 15:05:00'`.

La función `pd.to_datetime` también puede reconocerlas directamente y construir una fecha, siempre que las columnas se llamen «year», «month», «day» o su variante en plural: entonces ya no es necesaria la concatenación manual. Así, tras renombrar las columnas y cambiar la fecha de 18 a 2018, la conversión se obtiene mediante:

```
acc_df.rename(columns={'año':'year', 'mes':'month',
'día':'day'}, inplace=True)
acc_df['year'] = 2000 + acc_df['year']
acc_df['date2'] = pd.to_datetime(acc_df[['year', 'month',
'day']], errors='coerce')
```

Observación

A veces también es útil devolver todas las fechas a UTC en lugar de mantenerlas en su zona horaria. Pandas proporciona varias funciones para trabajar con zonas horarias, si es necesario, que empiezan `por tz_` como `tz_localize`.

7.1.2 Extraer componentes

Una vez que la fecha tiene el formato adecuado, se pueden extraer sus componentes. En la mayoría de los algoritmos de Aprendizaje Automático, se tendrá que extraer el día de la semana (de lunes a domingo), el número de la semana (de 1 a 52), etc.

Esta extracción tiene dos grandes ventajas:

- El cambio de una variable categorial con 365 valores anuales potenciales a una variable categorial con menos valores (por ejemplo, 7 para los días de la semana), lo que facilita su procesamiento.
- Añadir significado a la variable: en la mayoría de los casos de uso, la fecha como tal no es importante. Lo que importa es, por ejemplo, si el acontecimiento tiene lugar entre semana o durante el fin de semana, por la tarde o durante el día, en agosto o en enero... Los componentes no solo son suficientes, sino también mucho más sencillos para la modelización, que descubrirá que los domingos tienen comportamientos similares. En la fecha bruta, hay que reconocer que el mismo patrón se repite cada 7 días.

Pandas proporciona toda una colección de componentes a los que se puede acceder simplemente con dt.*nombre_del_componente*. Así que es posible hacer:

```
acc_df['día_año'] = acc_df['date'].dt.dayofyear
acc_df['día_semana'] = acc_df['date'].dt.dayofweek
acc_df['trimestre'] = acc_df['date'].dt.quarter
acc_df['semana'] = acc_df['date'].dt.isocalendar().week
```

Un análisis del dataset de accidentes por día de la semana muestra, por ejemplo, que el día menos propenso a los accidentes es el domingo, y el más propenso, el viernes. Esto puede explicarse por la disminución del tráfico los domingos y el gran número de personas que se van de fin de semana o de vacaciones los viernes por la noche. Por trimestres, destaca que el primero es el menos propenso a los accidentes: en invierno hay menos tráfico que el resto del año, lo que explica al menos en parte el descenso.

7.1.3 Gestionar diferencias

A veces es necesario calcular la diferencia entre dos fechas, por ejemplo, entre una fecha de pedido y una fecha de entrega, o calcular una fecha aplicando un desfase. Por ejemplo, puede que se desee calcular una fecha de pedido + 5 días, que luego se podrá comparar con una fecha de entrega real para comprobar qué pedidos se han entregado en más o menos de 5 días, y si se han cumplido los compromisos.

La librería Pandas hace fácil añadir o quitar una duración de una fecha usando `pd.Timedelta`. Todo lo que se tiene que hacer es especificar la duración deseada (desde nanosegundos hasta varios años) como parámetro(s) y añadirla o restarla a una variable `datetime64`.

El día anterior a la fecha de un accidente puede obtenerse usando:

```
acc_df['datetime'] - pd.Timedelta(days=1)
```

También es posible aplicar desfases que respeten determinadas reglas de calendario (por ejemplo, añadir 2 días laborables). En este caso, ya no se utilizan las clases `pd.Timedelta`, sino las clases `DateOffset`.

Para conocer el plazo de envío de un parte conjunto de accidente, se pueden sumar 5 días hábiles a la fecha del accidente. `BDay` es la clase que representa los días laborables para Día Hábil (*Business Day*).

```
acc_df['lim_constat'] = acc_df['datetime'] + 5 * pd.offsets.BDay()
```

Las diferencias entre dos fechas se calculan restando las fechas. Por ejemplo, para saber cuántos días han transcurrido realmente entre la fecha del accidente y la fecha límite de envío del parte de accidente, basta con usar:

```
acc_df['duración_real'] = acc_df['lim_parte'] - acc_df['datetime']
```

7.2 Preparar cadenas de caracteres

Las cadenas de caracteres suelen utilizarse poco en Data Science porque son complejas de procesar.

Cuando solo pueden adoptar unos pocos valores diferentes, son variables categoriales clásicas. Pero cuando cada valor es diferente de los demás, o casi, las hace más complejas de procesar.

Más que la propia etiqueta, que a menudo se borrará, suele ser útil extraer cierta información del contenido de las variables, buscando la presencia de determinadas cadenas o patrones o extrayendo una zona concreta.

Por ejemplo, en el dataset Titanic, se podrían procesar dos campos:

- El nombre del pasajero, que contiene su título, por ejemplo «Braund, Sr. Owen Harris» con el título «Sr.».
- El número de camarote, que se compone de una letra que indica la cubierta (A es la cubierta superior, para paseos, y G la cubierta inferior, justo encima de la maquinaria) y luego el número del camarote en el piso. Así, C85 corresponde a un camarote de la tercera cubierta, numerado 85.

Observación

El Data Scientist no tiene realmente elección sobre el formato de las columnas que recibe. La cubierta/camarote deberían haberse separado directamente cuando se diseñó la base de datos de origen, pero éste no es el caso. Por lo tanto, es importante saber cómo trabajar con datos que no cumplen las buenas prácticas de diseño de bases de datos. Lo mismo ocurre con la columna que contiene el apellido, el título u honorífico y el nombre del pasajero.

También es posible imaginar que se compruebe si los apellidos influyen en la supervivencia o si, por ejemplo, los camarotes con número par (a un lado del pasillo) tienen más posibilidades de sobrevivir que los impares. También en este caso, esta información puede obtenerse preparando las cadenas de texto.

Observación

Los nombres de columna se tratan como cadenas. Por lo tanto, todas las operaciones siguientes pueden aplicarse a etiquetas de características simplemente sustituyendo el nombre del atributo (como `dataset['attribut']`) por `dataset.columns`.

7.2.1 Preparar las cadenas

A menudo es necesario preparar las cadenas de caracteres antes de realizar cualquier acción sobre ellas. Esto incluye generalmente:

- Convertir todo el texto en minúsculas (o mayúsculas).
- Eliminar espacios a la izquierda o a la derecha del texto.
- Sustituir ciertos caracteres, como los símbolos diacríticos (acentos y otros), que siempre son complicados de gestionar.

Gracias a este preprocesamiento, será más fácil procesar las cadenas, eliminando casos particulares.

Usando Pandas, esto se puede hacer gracias a los métodos del atributo `str` de una serie. En general, se han implementado todos los métodos de cadena clásicos de Python, con los mismos nombres y parámetros.

Para poner en minúsculas una columna entera, como los nombres de los pasajeros del dataset Titanic, se puede usar:

```
titanic_df['Name_lower'] = titanic_df['Name'].str.lower()
```

Las funciones para cambiar a mayúsculas y borrar espacios son `upper` y `strip` respectivamente, con sus variantes `lstrip` y `rstrip` para suprimir espacios solo a la izquierda o a la derecha.

Para la sustitución, puede utilizar `replace`. Sin embargo, esta función utiliza expresiones regulares de forma predefinida (lo que significa que es necesario escapar caracteres como *, $...).

Se pueden eliminar las comas de la columna creada con los nombres en minúsculas usando:

```
titanic_df['Name_lower'] =
titanic_df['Name_lower'].str.replace(',', '')
```

Por supuesto, es posible encadenar las operaciones, de modo que las dos etapas puedan realizarse en una sola línea:

```
titanic_df['Name_lower'] =
titanic_df['Name'].str.lower().str.replace(',', '')
```

Observación

Hay muchas funciones, como el cálculo de tamaño (`len`), pruebas de contenido de cadenas (`isupper, islower...`), etc. La documentación de Pandas está muy bien hecha y permite encontrar la función requerida con bastante rapidez.

7.2.2 Buscar en cadenas

En lugar de manipular toda la cadena, a menudo se busca la presencia de una subcadena o un patrón concreto.

También en este caso, Pandas ofrece toda una serie de funciones que generalmente se nombran de la misma forma que su equivalente en una cadena de Python.

Podemos mencionar las siguientes funciones (tenga en cuenta que toman expresiones regulares como parámetros):

- `contains`: indica si una cadena contiene una subcadena o una expresión regular.
- `count`: cuenta el número de ocurrencias de un patrón en cada cadena de la serie.
- `startswith / endswith`: indica si una cadena empieza (o termina) con la subcadena.
- `findall`: devuelve todas las apariciones de una subcadena en cada registro.
- `match`: indica si los valores coinciden con un patrón (expresión regular).
- `find (rfind)`: devuelve el índice de la primera aparición de una subcadena en los valores (o -1 si no se encuentra la subcadena). En el caso de `rfind`, la búsqueda se realiza desde la derecha (es decir, la última aparición).
- `index (rindex)`: al igual que `find` (o `rfind`), busca la primera aparición de una subcadena y devuelve su índice. La diferencia radica en el caso de que no se encuentre la cadena: `find` devuelve -1 mientras que la función index devuelve un error.

En el caso del dataset Titanic, para averiguar si el título de la persona es «Mr.», utilice el siguiente código:

```
titanic_df['isMr'] = titanic_df['Name'].str.contains('Mr.',
regex=False)
```

7.2.3 Extraer subcadenas

Es frecuente querer extraer partes de una cadena. Pandas ofrece toda una serie de funciones para cortar cadenas o extraer partes de ellas:

- `slice`: permite extraer una subcadena indicando sus índices inicial y final, y utilizar números negativos para empezar por el final.
- `extract / extractall`: extrae subcadenas utilizando expresiones regulares. La función `extract` solo extrae la primera coincidencia, mientras que la función `extractall` las extrae todas (una línea por extracción).

- `split / rsplit`: divide una cadena utilizando un separador proporcionado (o una expresión regular) y devuelve una matriz de subcadenas. Se puede especificar un número máximo de divisiones. `rsplit` toma la cadena de la derecha, lo que equivale a mantener las últimas X divisiones.
- `partition / rpartition`: separa una cadena alrededor de un separador (desde la derecha para `rpartition`). Se devuelven tres columnas: para la parte anterior al separador, para el separador y para la parte posterior.

En el dataset Titanic, para extraer la cubierta del número de camarote, basta con recuperar el primer carácter mediante `slice`:

```
titanic_df['deck'] = titanic_df['Cabin'].str.slice(stop=1)
```

Del mismo modo, para extraer el título de los pasajeros, teniendo en cuenta que los nombres siempre tienen la forma: «Apellidos, título, nombres (complementos)», es posible dividir en la coma y/o el punto (usando `split`), luego conservar la parte que nos interesa y, por último, suprimir los espacios superfluos (`strip`):

```
titanic_df['title'] =
titanic_df['Name'].str.split('[,|.]').str[1].str.strip()
```

Por lo tanto, la mayoría de los pretratamientos deseados pueden realizarse directamente.

7.2.4 Otros métodos

Es posible que se desee aplicar otros métodos para preparar cadenas o utilizar API externas, por ejemplo, para averiguar si una cadena es positiva, negativa o neutra.

En este caso, siempre se puede utilizar `apply` con una función que indique el tratamiento que debe hacerse de la cadena. La función creada recibirá como parámetro una línea del dataset y deberá devolver lo que sea útil/interesante, según el caso.

Por ejemplo, para extraer el título, se puede usar:

```
def get_title(passenger):
  name = passenger['Name']
  title = name.split(',')[1].split('.')[0].strip()
  return title
titanic_df['title'] = titanic_df.apply(get_title, axis=1)
```

Observación

Sin embargo, el método `apply` es mucho más lento que los métodos integrados en Pandas. En el dataset Titanic, por ejemplo, hay una relación de alrededor de 1 a 3 entre los dos métodos, lo que tiene un impacto potencialmente significativo en grandes conjuntos de datos. En un MacBook Pro, las funciones Pandas integradas dan un tiempo de ejecución de 7 ms, frente a los 20 ms que se tarda con `apply`.

8. Automatizar la preparación

8.1 Crear pipelines de tratamiento

En una fase de preparación de datos, es importante poder probar varias preparaciones para distintas variables. Del mismo modo, es necesario crear varios modelos que pueden tener diferentes restricciones en cuanto al formato de entrada. Se trata de fases muy iterativas.

Usar Pandas y Jupyter ahorra tiempo y es una combinación práctica, siempre que se lleve un registro del trabajo realizado y de las distintas iteraciones en un gestor de versiones como git.

Una vez creado e implantado el modelo, habrá que suministrarle datos reales, en tiempo real o por medio de batch (lotes). Pero estos datos también tendrán que ser preprocesados, ya que tendrán que estar en el mismo formato que los datos de entrenamiento utilizados para crear el modelo.

Observación

Por ejemplo, si una de las transformaciones consiste en sustituir los valores faltantes por la media de los datos de entrenamiento, necesitamos poder acceder a este valor.

Se trata del pipeline (canal o tubería) de preparación: la secuencia de todos los pasos necesarios para pasar de un archivo en bruto (o de un único dato en bruto en tiempo real) al formato esperado por el modelo.

Esta canalización garantizará que todos los datos pasen por las mismas etapas y puedan supervisarse. De este modo, el modelo en producción será utilizable y ofrecerá resultados coherentes.

8.2 Parámetros de las operaciones y código Pandas

Algunos pasos no dependen de los datos utilizados, como cambiar el texto a minúsculas, convertir un número a otro formato, etc. Pero hay varios pasos que dependen en gran medida del dataset de entrenamiento, como la normalización, que requiere conocer, según el tipo elegido. el mínimo y el máximo, la media y la desviación estándar, o el primer y el tercer cuartil.

En el caso de la normalización min-max, el 0 debe corresponder a los datos de entrenamiento mínimos. Si los datos de entrenamiento están entre 27 y 53, por ejemplo, entonces 0 debe corresponder a 27. Al aplicar el modelo a otro dataset (ya sea el dataset de prueba o los datos reales), 27 debe transformarse en 0. Así, con datos reales cuyo mínimo es 23, este debe corresponder a un número negativo.

No solo es necesario conservar los pasos que hay que seguir para pasar de los datos brutos a los datos de entrada del modelo, sino también los valores utilizados para determinados tratamientos (como mín. y máx.).

La mayor parte del procesamiento aplicado tiene parámetros que dependen del dataset de entrenamiento. Es posible utilizar funciones de Pandas sustituyendo los parámetros por constantes que se pueden suministrar directamente en el código o en un archivo de configuración, pero a lo largo del tiempo su mantenimiento será difícil.

8.3 Pipelines usando Scikit-learn

Existe toda una gestión de pipelines en Scikit-learn. Se trata de una sucesión de etapas llamadas `Transformer`, encadenadas sobre el dataset.

8.3.1 Crear un transformer

Cada `Transformer` tiene al menos tres métodos:

- `init`: es el constructor del `Transformer`, que puede contener parámetros que se necesitarán más adelante.
- `fit`: cuando se llama al `Transformer` sobre los datos de entrenamiento. A continuación, se pueden calcular los parámetros necesarios, almacenándolos en atributos.
- `transform`: cuando se llama al `Transformer` sobre datos de prueba o reales. Este utilizará entonces los parámetros calculados de antemano (con `fit`) para aplicar las transformaciones correctas.

Tomemos el ejemplo de la normalización min-max:

- `init` creará las variables `min` y `max` (vacías).
- `fit` calculará los dos valores en el conjunto de entrenamiento y los almacenará.
- `transform` utilizará los valores min y max almacenados para aplicarlos a los nuevos datos.

Observación

Muchos `Transformers` también tienen un método `fit_transform` que se utiliza para calcular los parámetros para `fit` y luego realizar la transformación. Se trata de un atajo útil para los datos de entrenamiento. Sin embargo, este método no es obligatorio.

Se puede crear un `Transformer` propio con bastante facilidad. En el caso de la normalización min-max, el código podría ser:

```
import pandas as pd
import numpy as np
from sklearn.base import BaseEstimator, TransformerMixin
from sklearn.pipeline import Pipeline
```

```
class CustomMinMax(BaseEstimator, TransformerMixin):
    # Constructor: inicializar los atributos
    def __init__(self):
        self.min_val = np.NaN
        self.max_val = np.NaN

    # Fit: calcular valores min/max
    def fit(self, X, y=None):
        self.min_val = X.min()
        self.max_val = X.max()
        return self

    # Transform: aplicar la normalisación
    def transform(self, X, y=None):
        X_scaled = (X - self.min_val) / (self.max_val -
self.min_val)
        return X_scaled
```

Observación

Este código no comprueba el tipo de datos y, por lo tanto, no es fiable. Se utiliza principalmente para ilustrar cómo se codifica un `Transformer`.

8.3.2 Uso de transformer

Se pueden codificar `Transformer` propios o utilizar los implementados directamente en Scikit-learn. En la gran mayoría de los casos, el procesamiento necesario ya existe y, por lo tanto, es raro que se tenga que codificar un `Transformer` concreto.

La normalización min-max codificada anteriormente corresponde en la práctica al `Transformer MinMaxScaler`.

Para poder usar pipelines se requiere seguir tres pasos:

- Construir el pipeline indicando todos los pasos a seguir (en orden) mediante una matriz de duplas (`nombre, constructor`). Se pueden pasar parámetros al constructor.
- Calcular todas las variables necesarias llamando a `fit` en el pipeline con el dataset de entrenamiento como parámetro.
- Aplicar el pipeline a los datos deseados (datos de prueba o datos reales).

Para ilustrarlo, primero separaremos el dataset Titanic en dos subconjuntos: `train` y `test` (entrenamiento y prueba). Para simplificar, tomaremos las primeras 500 filas para el entrenamiento y el resto para las pruebas:

```
train = titanic_df[:500]
test = titanic_df[500:]
```

La creación de pipeline que requiere nuestra normalización se escribe como:

```
pipeline = Pipeline([('scaler', CustomMinMax())])
```

Los parámetros se calculan sobre el dataset de entrenamiento:

```
pipeline.fit(train[['Age', 'Fare']])
```

Observación

Solo se conservan los valores numéricos para que podamos aplicar nuestro `Transformer`.

Por último, el pipeline se aplica a los datos de prueba mediante:

```
norm = pipeline.transform(test[['Age', 'Fare']])
```

La utilidad de un pipeline es evidente cuando es necesario encadenar diferentes `Transformer`. Este es un proceso que normalizará los datos, sustituirá los datos faltantes por la media y los dividirá en cinco categorías, todo en un único pipeline:

```
numeric_pipeline = Pipeline([('minmaxscaler', MinMaxScaler()),
                             ('imputer', SimpleImputer(strategy='mean')),
                             ('discretizer', KBinsDiscretizer(n_bins=5,
encode='ordinal', strategy='quantile'))])
numeric_pipeline.fit(train[{'Age', 'Fare'}])
new_df = numeric_pipeline.transform(test[{'Age', 'Fare'}])
```

Se puede acceder a los atributos del `transformer` una vez que se ha llamado al método `fit`. Aquí se muestran los valores min y max utilizados por el `MinMaxScaler` (con un valor por columna en el dataset):

```
print(numeric_pipeline.steps[0][1].data_min_,
      numeric_pipeline.steps[0][1].data_max_)

> [0.   0.75] [512.3292  71.    ]
```

8.3.3 Desventajas de Scikit-learn

Hay algunos inconvenientes en el uso de Scikit-learn, por lo que muchos Científicos de Datos prefieren empezar a trabajar con Pandas y solo cambiar a Scikit-learn (y pipelines) cuando se ha producido un modelo satisfactorio.

Esto se debe a que Scikit trabaja sobre matrices numpy. Esto significa que toda la superposición de Pandas `DataFrame` se pierde, en particular los nombres de las columnas. Por lo tanto, ya no es posible llamar a una columna por su nombre, sino solo por su orden.

Muy a menudo, durante la fase de creación del modelo (que es muy iterativa), pueden introducirse cambios en el proceso. Por ejemplo, una variable categorial puede modificarse para fusionar modalidades, seguida de cuantificación, lo que cambia el número de columnas. En ese caso, el uso de los números de columna ya no será correcto. Lo mismo ocurrirá si se suprime una columna.

Es más, si el `Transformer` no existe y dependiendo de lo que se necesite hacer, puede ser más complejo de codificar que utilizar un método `apply` en un `DataFrame`.

Por lo tanto, el uso de Scikit-learn en la fase de preparación de datos no es necesariamente prioritario y su utilización deberá evaluarse en función del proyecto.

8.4 Otras posibilidades

Scikit-learn no es la única opción para crear pipelines. Pandas tiene una función integrada para encadenar procesos. Sin embargo, a diferencia de Scikit, no existe la noción `fit` para calcular parámetros en un dataset y aplicarlos a otro.

Cada vez son más las bibliotecas que permiten combinar lo mejor de ambos mundos: almacenar datos en formato `DataFrame` y enlazar etapas como en Scikit-learn. Este es el caso de `pdpipe`, por ejemplo. Tiene la ventaja añadida de poder utilizar directamente las clases `Transformer` de Scikit-learn y funciones diseñadas para llamadas a través de la función `apply` de Pandas.

Capítulo 6
Modelizar y evaluar

1. Fase de modeling

La fase de **Modeling** es la continuación de la fase de Data Preparation. Consiste en crear uno o varios modelos para llevar a cabo la tarea determinada en Business Understanding.

Estos modelos deberán mejorarse, perfeccionarse, evaluarse y compararse, de modo que durante la fase de evaluación solo se propongan los que mejor se adapten al contexto empresarial.

Esta modelización puede dar lugar a modificaciones de los datos, ya sea en términos de formato, unidad o tipo. Estas modificaciones obligan a volver a la fase de preparar los datos, y estas iteraciones pueden tener lugar varias veces al día.

De hecho, algunos algoritmos imponen fuertes restricciones a los datos aceptados como entrada. Además, añadir o modificar datos a veces puede mejorar los resultados. Es el caso, por ejemplo, de la normalización.

En la práctica, es a partir de la fase de modelado cuando más se utilizará la biblioteca Scikit-learn. Toma el relevo de Pandas, que se utilizaba para cargar, analizar y preparar los datos.

Scikit-learn es una biblioteca muy completa, con muchos algoritmos y también muchas métricas o funciones para preparar datos. Además, cada método tiene muchos parámetros.

La presentación de este libro no es en absoluto exhaustiva. La documentación completa sobre la librería puede consultarse en:
https://scikit-learn.org/stable/

2. Crear un conjunto de validación

En la fase de Data Preparation se crearon dos subconjuntos:

- El dataset **train** (de entrenamiento) utilizado para crear los modelos.
- El dataset **test** (de prueba) sirve para validar su adaptación al caso real y evaluarlos.

Para la gran mayoría de algoritmos, es necesario determinar una serie de hiperparámetros. Éstos sirven para dirigir y controlar el proceso de aprendizaje. En función de los valores elegidos, adaptados o no, los resultados pueden variar de un modelo muy eficiente a un modelo completamente inutilizable.

El dataset test no puede utilizarse para evaluar qué parámetros son los mejores, ya que de lo contrario habría un fuerte sesgo en la evaluación.

Por lo tanto, se necesita un tercer dataset: el **conjunto de validación**. Así, el conjunto train se separará en un conjunto que se utilizará realmente para el entrenamiento y otro que se utilizará para determinar los parámetros.

Normalmente, se utilizará un 10% de los datos originales para la validación. Sin embargo, al igual que en la creación del conjunto test, cuantos más datos haya disponibles, menor será el porcentaje para el conjunto de validación.

Una variante de la creación de un conjunto de validación se denomina «**validación cruzada**» (*cross validation*). Consiste en crear varias separaciones de Aprendizaje - Validación, y analizar la media de los resultados obtenidos. De este modo, es posible tener una visión más clara y menos aleatoria de los resultados de un modelo con un conjunto determinado de hiperparámetros. Este es actualmente el enfoque recomendado.

Las dos formas principales de validación cruzada son:

- **K-fold** (K-dobleces): la muestra se divide en K conjuntos. Cada conjunto se utiliza sucesivamente como conjunto de validación, y los K-1 conjuntos restantes como conjunto de entrenamiento. La puntuación del modelo se obtiene promediando los resultados. Para K=5, los datos se dividen en cinco subconjuntos:

Doblez 1	Validación	Aprendizaje	Aprendizaje	Aprendizaje	Aprendizaje
Doblez 2	Aprendizaje	Validación	Aprendizaje	Aprendizaje	Aprendizaje
Doblez 3	Aprendizaje	Aprendizaje	Validación	Aprendizaje	Aprendizaje
Doblez 4	Aprendizaje	Aprendizaje	Aprendizaje	Validación	Aprendizaje
Doblez 5	Aprendizaje	Aprendizaje	Aprendizaje	Aprendizaje	Validación

- **Leave-one-out** (**LOOCV**; dejar uno afuera): se elimina un único dato del conjunto de entrenamiento para probar la validación. A continuación, el entrenamiento se repite tantas veces como el número de datos proporcionados, excluyendo uno cada vez. Se trata de un caso extremo de K-fold, donde K es el número de conjuntos de datos disponibles.

La validación cruzada K-fold es la más común. Como requiere mucho tiempo (hay que volver a entrenar K veces), los valores más comunes de K son 3, 5 y 10. Generalmente este se elige cuando se crea el modelo, mientras que el conjunto de validación fijo se decide cuando se preparan los datos.

Observación

Para el resto de este libro, se utilizará la validación cruzada en K-Fold.

3. Preparar el dataset

Los datasets Iris, Titanic y Boston se utilizarán en los siguientes capítulos. Así que se deben cargar y ajustar en el formato correcto para poder modelarlos.

Observación

Los preparativos vistos en el capítulo anterior se simplificarán al mínimo para crear los modelos. En consecuencia, no se optimizarán los resultados.

Scikit-learn solo acepta parámetros numéricos para los diferentes algoritmos de Machine Learning. Por lo tanto, todas las variables categoriales deben cuantificarse.

Los datos no se normalizarán previamente. De hecho, algunos algoritmos no lo necesitan y se conservarán los datos brutos. Sin embargo, no debería haber más datos faltantes, que deberían eliminarse o imputarse.

3.1 Dataset Iris

Este dataset es bastante sencillo, ya que solo contiene variables numéricas y ningún dato faltante. Como no tiene un conjunto de prueba, tenemos que crear uno.

Su preparación completa es, por tanto, la siguiente:

```
import pandas as pd
from sklearn.model_selection import train_test_split

# Carga
iris_df = pd.read_csv("iris.csv")

# Separar entrenamiento - prueba
y = iris_df['class']
X = iris_df.drop(labels='class', axis=1)
train_X_iris, test_X_iris, train_y_iris, test_y_iris =
train_test_split(X, y, train_size=0.8, test_size=0.2,
random_state=42)
```

3.2 Dataset Titanic

La preparación del dataset Titanic es más compleja. Contiene un conjunto test, pero este no tiene la variable objetivo ('`Survived`' (sobrevivió)), por lo que no puede utilizarse. Entonces, será necesario crear un nuevo conjunto test.

Además de cargar y separar el dataset en train-test, se llevarán a cabo los siguientes preparativos:

- `PassengerId`: se eliminará este campo.
- `Name`: este campo se suprimirá, a pesar de que en el capítulo sobre la preparación de datos se indica el uso potencial del título del pasajero (Mr., Sir...).
- `Sex`: este campo se cuantificará, pero en una sola columna.
- `Age`: debido a la falta de datos, es necesario realizar imputaciones. En este caso, se utilizará como valor la edad media del conjunto de entrenamiento.
- `SibSp` y `Parch`: estos campos se agruparán en uno solo (`FamilyNb`) que indica el número de personas de una misma familia. Se ha crea otro campo, `Alone`, que indica las personas que viajan solas.
- `Ticket`: esta variable se suprimirá, ya que no tiene valor intrínseco.
- `Cabin`: debido al gran número de valores que faltan, se eliminará esta variable.
- `Embarked`: en este campo faltan algunos valores. Al tratarse de una variable categorial, se cuantificará. Además, los valores que faltan se utilizarán como nueva categoría.

Solo la imputación de la edad requiere crear un tratamiento en Scikit-learn, por lo que las demás preparaciones se harán en Pandas usando todos los datos. De hecho, los demás tratamientos serán idénticos en su efecto sobre el conjunto ya sea de aprendizaje o de test.

Observación

Para la imputación, un análisis de los datos que faltan en el archivo de prueba proporcionado muestra que falta un precio. En realidad, nada indica que solo falte la edad. Para compensar la posibilidad de que falten otros datos, se imputarán todas las variables. Por lo tanto, habrá un valor medio por columna y, en caso de que falte un valor en el dataset, se utilizará este valor.

El código de preparación usado es el siguiente:

```
import pandas as pd
from sklearn.model_selection import train_test_split
from sklearn.impute import SimpleImputer

# Carga de datos
titanic_df = pd.read_csv("titanic_train.csv")

# Crear nuevas columnas
titanic_df['FamilyNb'] = titanic_df['SibSp'] + titanic_df['Parch']
titanic_df['Alone'] = (titanic_df['FamilyNb'] == 0)

# Cuantificar Sex + Embarked
sex_df = pd.get_dummies(titanic_df['Sex'], prefix='sex',
drop_first=True)
embarked_df = pd.get_dummies(titanic_df['Embarked'],
prefix='embarked', dummy_na=True)
titanic_df = pd.concat([titanic_df, embarked_df, sex_df], axis=1)

# Suprimir columnas sin uso
titanic_df.drop(['PassengerId', 'Name', 'Ticket', 'Cabin',
'SibSp', 'Parch', 'Sex', 'Embarked'], axis=1, inplace=True)

# Separar en train-test
y = titanic_df['Survived']
X = titanic_df.drop(['Survived'], axis=1)
train_X_titanic, test_X_titanic, train_y_titanic, test_y_titanic =
train_test_split(X, y, train_size=0.8, test_size=0.2, random_state=42)

# Imputar datos faltantes
col_names = train_X_titanic.columns
titanic_imputer = SimpleImputer(strategy='mean')
titanic_imputer.fit(train_X_titanic)
train_X_titanic = titanic_imputer.transform(train_X_titanic)
test_X_titanic = titanic_imputer.transform(test_X_titanic)

# /!\ : Debido a su paso por Scikit, los datasets son
ahora ¡numpy.array y no DataFrame Pandas!
# Es necesario recrear el DataFrame para mantener los nombres de las columnas
train_X_titanic = pd.DataFrame(data=train_X_titanic, columns=col_names)
test_X_titanic = pd.DataFrame(data=test_X_titanic, columns=col_names)
```

Tras la preparación, he aquí las primeras líneas del dataset de entrenamiento (`train_X_titanic`):

	Pclass	Age	Fare	FamilyNb	Alone	embarked_C	embarked_Q	embarked_S	embarked_nan	sex_male
0	1.0	45.5	28.5000	0.0	1.0	0.0	0.0	1.0	0.0	1.0
1	2.0	23.0	13.0000	0.0	1.0	0.0	0.0	1.0	0.0	1.0
2	3.0	32.0	7.9250	0.0	1.0	0.0	0.0	1.0	0.0	1.0
3	3.0	26.0	7.8542	1.0	0.0	0.0	0.0	1.0	0.0	1.0
4	3.0	6.0	31.2750	6.0	0.0	0.0	0.0	1.0	0.0	0.0

3.3 Dataset Boston

Al igual que el dataset de Iris, el de Boston solo contiene datos numéricos y ningún dato faltante.

Una vez cargados, la única preparación necesaria es separar los conjuntos train y test.

Se preparan del siguiente modo:

```
import pandas as pd
from sklearn.model_selection import train_test_split

# Cargar datos
names=['CRIM', 'ZN', 'INDUS', 'CHAS', 'NOX', 'RM', 'AGE', 'DIS',
'RAD', 'TAX', 'PTRATIO', 'B', 'LSTAT', 'MEDV']
boston_df = pd.read_fwf("boston.txt", skiprows=22, header=None,
names=names)

# Separar train - test
y = boston_df['MEDV']
X = boston_df.drop(labels='MEDV', axis=1)
train_X_boston, test_X_boston, train_y_boston, test_y_boston =
train_test_split(X, y, train_size=0.8, test_size=0.2,
random_state=42)
```

Estas preparaciones estarán disponibles como funciones en capítulos posteriores, pero es perfectamente posible utilizar estos códigos tal cual.

Observación

Como Scikit-learn es una biblioteca muy completa, pero también potencialmente de gran tamaño, la práctica habitual es importar solo lo necesario, de ahí el uso de `from` en lugar de un simple `import`.

4. Crear modelos

4.1 Proceso iterativo

Una vez listos los datos, hay que crear los modelos. En la práctica, se trata de un proceso altamente iterativo con el siguiente ciclo:

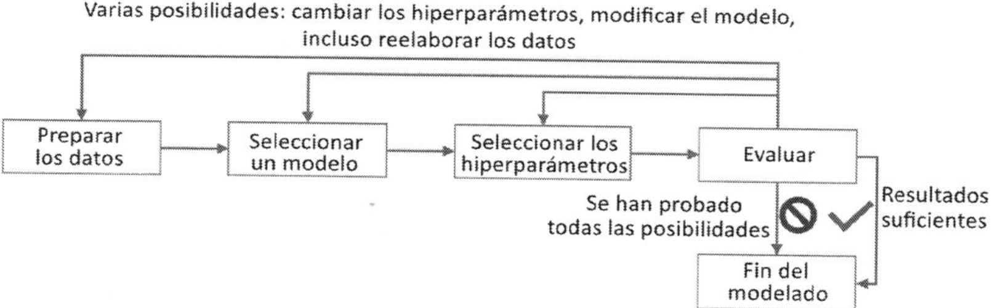

Dentro de una iteración CRISP-DM, esta fase normalmente se detendrá por falta de tiempo. Sin embargo, tendrá un impacto importante en la continuación o no de otras iteraciones:

- Si los resultados son suficientemente buenos, la fase siguiente a la evaluación será la implementación (puesta en marcha).
- Si a pesar de todas las pruebas, los resultados siguen siendo insuficientes y el proyecto se interrumpe, de acuerdo con el cliente. Esto puede ocurrir si los datos suministrados no son de suficiente calidad o cantidad, o si son irrelevantes para la tarea en cuestión. Otra causa para detener el proyecto puede ser la falta de un algoritmo de alto rendimiento para esta tarea en el estado de la tecnología punta. En algunos casos, pararlo puede ser simplemente una pausa, ya que pueden desarrollarse nuevos algoritmos o recopilarse nuevos datos.

En todos los demás casos, se realizará una iteración adicional, modificando:

- Los hiperparámetros del modelo actual, especialmente si los resultados parecen prometedores.
- El modelo elegido, si parece que no va a dar buenos resultados. En función de la evaluación, puede elegirse un modelo más o menos complejo.
- Modificar o añadir pasos en la preparación de los datos, por ejemplo para transformar datos numéricos en variables categoriales o viceversa, o calculando nuevas variables a partir de las anteriores.

4.2 Crear un modelo en Scikit-learn

La creación de un modelo en Scikit-learn es muy sencilla y consta de tres pasos:

- Crear el modelo, instanciando un algoritmo (llamado `estimator`) y especificando los hiperparámetros elegidos.
- Aprendizaje, mediante el método `fit`, proporcionándole los datos de los parámetros
- Inferencia mediante el método `predict`

Así pues, el uso de un árbol de decisión en el dataset Iris se realiza mediante estas tres líneas de código:

```
from sklearn.tree import DecisionTreeClassifier

tree_classifier = DecisionTreeClassifier(max_depth=3, random_state=42)
tree_classifier.fit(train_X_iris, train_y_iris)
pred_y_iris = tree_classifier.predict(test_X_iris)
```

Observación

Los capítulos siguientes presentan los algoritmos para las principales tareas de Machine Learning.

4.3 Evaluar un modelo

Una vez creado el modelo y realizadas las inferencias, puede procederse a su evaluación. Para ello pueden utilizarse varios indicadores, la mayoría de los cuales dependen de la tarea elegida.

En ambos casos, el funcionamiento de las métricas sigue siendo el mismo: basta con llamar a la métrica deseada con los resultados reales y los resultados esperados como parámetros.

En el dataset Iris, se puede solicitar la precisión del modelo creado anteriormente:

```
from sklearn.metrics import accuracy_score

accuracy_score(test_y_iris, pred_y_iris)

> 1.0
```

Observación

Las distintas métricas y sus ventajas e inconvenientes se describen con detalle en los siguientes capítulos.

4.4 Validación cruzada

En este caso, se ha utilizado todo el conjunto de entrenamiento para preparar el modelo, y los resultados se ofrecen en el conjunto de prueba. Sin embargo, esto no permite optimizar los hiperparámetros, ya que no existe un conjunto de validación.

Para utilizar la validación cruzada, Scikit-learn ofrece varias clases y métodos. Todo lo que se tiene que hacer es proporcionar el algoritmo elegido, y el método se encargará de crear los diferentes grupos de datos, llamar al método `fit` en el conjunto de entrenamiento y `predict` en el conjunto de validación para cada fold.

En el dataset Iris, por tanto, es posible utilizar la validación cruzada quíntuple del siguiente modo:

```
from sklearn.model_selection import cross_validate
from sklearn.tree import DecisionTreeClassifier

tree_classifier = DecisionTreeClassifier(max_depth=3, random_state=42)
scores = cross_validate(tree_classifier, train_X_iris,
train_y_iris, cv=5,
scoring=['accuracy', 'f1_macro'])
```

A continuación, se visualizan los resultados accediendo a los distintos resultados devueltos:

```
print(scores['test_accuracy'])
```

Observación

De forma predefinida, el método `cross_validate` garantiza que la separación de folds sea estratificada en el caso de una variable objetivo categorial.

4.5 Guardar y cargar un modelo

Una vez creado un buen modelo, hay que guardarlo para poder implantarlo en el entorno de producción.

Aunque el despliegue no es responsabilidad del Data Scientist (sino más bien de los Data Engineers o de los ML Engineers), es sin embargo su trabajo guardar su modelo en un estado que sea fácil de usar y desplegar.

Scikit-learn utiliza un proceso específico de Python: `pickle`. Esto implica serializar un objeto, guardarlo y luego deserializarlo cuando se cargue.

La copia de seguridad se realiza en un archivo con la extensión que elija el usuario:

```
import pickle

filename = 'mymodel_pickle.bak'
pickle.dump(tree_classifier, open(filename, 'wb'))
```

Observación

La función `open` se utiliza para manipular archivos. Sin embargo, existen varios modos de apertura: w significa que es para escribir (`write`), r que es solo para leer (`read`) y b es un marcador adicional específico para archivos binarios. Es muy posible, sobre todo en los sistemas Unix, tener derecho a leer un archivo, pero no a escribir en él. Por lo tanto, es una buena práctica solicitar los derechos mínimos cuando se abre el archivo.

El archivo creado contendrá toda la información necesaria para recrear tanto su estructura como los parámetros requeridos. Por lo que su tamaño depende del modelo y de su complejidad.

Para recuperar el modelo en otro código Python, basta con cargarlo desde el archivo:

```
old_model = pickle.load(open(filename, 'rb'))
```

Una alternativa a `pickle` es `joblib`. Esta librería se encarga de abrir y cerrar el archivo y solo toma el nombre del archivo como parámetro. Además, al estar derivada de `Scipy`, mejora el almacenamiento de tablas de parámetros y, por tanto, es más eficiente para modelos complejos.

Observación

La librería `joblib` fue creada para crear pipelines (conductos, tuberías) en Python. Su capacidad para guardar y cargar objetos es solo una pequeña parte de lo que puede hacer.

Se utiliza de la siguiente forma:

```
import joblib
filename = 'mymodel_joblib.bak'
joblib.dump(tree_classifier, filename)
old_model = joblib.load(filename)
```

Sea cual sea la librería que se elija, aquí hay algunos puntos a tener en cuenta:

- La serialización depende de la versión de Python que se elija. Por lo tanto, es importante tener la misma versión para guardar y recargar el modelo.
- La versión de la librería utilizada para guardar el modelo debe ser la misma que la utilizada para leerlo. Además, al estar basadas en otras librerías como NumPy o Scipy, sus versiones también deben ser idénticas.

- Desaconsejamos encarecidamente cargar un modelo desde una fuente no fiable, ya que puede haber código malicioso oculto en su interior.
- Por otro lado, es recomendable guardar no solo el modelo, sino todo lo que conlleva recrearlo: los datos iniciales, el procesamiento realizado, el código Python utilizado, los distintos parámetros (del modelo, la validación cruzada y la optimización de parámetros) y los resultados obtenidos en los distintos conjuntos de datos. Esto no solo es importante para la sostenibilidad del proyecto, sino que también puede ser necesario como parte de la AI Act (normativa europea sobre Inteligencia Artificial), que entrará en vigor entre 2024 y 2026.

Observación

En el caso del Deep Learning, a menudo se utilizarán bibliotecas específicas. Cada una puede ofrecer su propio formato de almacenamiento. Sin embargo, existe un formato estándar para redes neuronales: ONNX. Esto permite entrenar un modelo con una librería (como TensorFlow) y luego ejecutarlo con otra (como MXNet).

5. Puesta a punto de los modelos (fine-tuning)

5.1 Optimizar los hiperparámetros

La optimización de hiperparámetros consiste en crear varias sesiones de entrenamiento utilizando el mismo algoritmo, pero con diferentes hiperparámetros.

En función de los valores elegidos, algunos modelos pueden estar muy bien adaptados y ser, por tanto, eficientes o, por el contrario, inutilizables. Además, en el caso de los algoritmos con varios hiperparámetros, estos suelen estar vinculados, y cambiar uno de ellos puede requerir cambiar todos los demás.

En teoría, tendríamos que probar todos los conjuntos posibles de hiperparámetros. En la práctica, esta búsqueda exhaustiva es imposible.

Las principales estrategias son:

- búsqueda en una rejilla (**grid search**): para cada hiperparámetro, se proporciona un número determinado de valores, y la búsqueda probará todas las combinaciones posibles;
- búsqueda aleatoria (**random search**): solo se probará un subconjunto de las combinaciones posibles. La búsqueda aleatoria puede tomar sus valores de listas suministradas o seleccionándolos de intervalos continuos;
- búsqueda por gradiente (**gradient-based optimization**): en función de los resultados obtenidos en diferentes conjuntos, la búsqueda se guiará en la dirección del gradiente hacia la optimización de la métrica elegida.

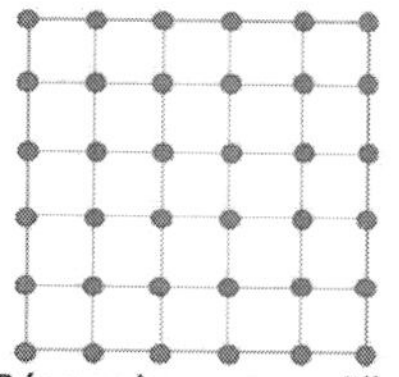
Búsqueda en una rejilla

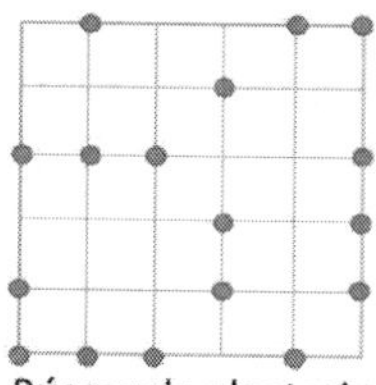
Búsqueda aleatoria

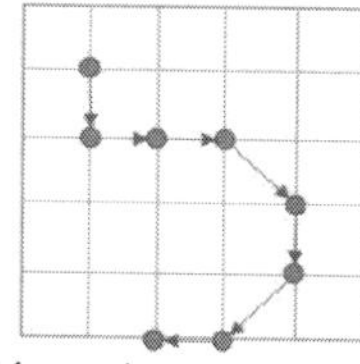
Búsqueda por gradiente

5.2 Aplicar en Scikit-learn

Solo los dos primeros tipos de búsqueda existen en Scikit-learn. El método debe entonces ser suministrado con el `estimator` utilizado, los hiperparámetros con los valores o distribuciones, y la métrica (s) para ser optimizado.

En ambos casos, el primer paso consiste en definir una lista de parámetros que se va a optimizar y las opciones para elegirlos. En el caso de una búsqueda por rejilla, solo se utilizan listas de valores. En el caso de una búsqueda aleatoria, también es posible utilizar una distribución: exponencial, gamma, uniforme o entera.

Para el árbol de decisión creado para el dataset Iris, se pueden definir los siguientes parámetros para la búsqueda por rejilla:

```
params = {'max_depth':[3, 5, 7],
          'splitter':['best', 'random'],
          'min_samples_split':[2, 5]}
```

En el caso de una búsqueda aleatoria, el único cambio se produce en la profundidad máxima. Esto se debe a que se trata de una distribución uniforme sobre números enteros, que pueden tomar cualquier valor entre 3 y 7, ambos inclusive:

```
import scipy

params = {'max_depth': scipy.stats.randint(3, 8), # 8 no incluido
          'splitter': ['best', 'random'],
          'min_samples_split': [2, 5]}
```

En ambos casos, es necesario crear el estimador y, a continuación, realizar la búsqueda. Para ello se aplica la validación cruzada. Por último, hay que llamar al método fit de la búsqueda.

Para una búsqueda en rejilla, esto da:

```
from sklearn.model_selection import GridSearchCV

tree_classifier = DecisionTreeClassifier(random_state=42)
grid_classifier = GridSearchCV(tree_classifier,
param_grid=params, scoring='accuracy', cv=5)

grid_classifier.fit(train_X_iris, train_y_iris)
```

El código es casi idéntico para una búsqueda aleatoria (las diferencias están en negritas):

```
from sklearn.model_selection import RandomizedSearchCV

tree_classifier = DecisionTreeClassifier(random_state=42)
random_classifier = RandomizedSearchCV(tree_classifier,
param_distributions=params, scoring='accuracy', cv=5, n_iter=6)

random_classifier.fit(train_X_iris, train_y_iris)
```

Una vez finalizado el aprendizaje, es posible obtener diversos datos sobre la búsqueda realizada, como las puntuaciones de las distintas posibilidades probadas.

Los dos atributos más útiles son `best_estimator_`, que recupera el mejor modelo y el conjunto de parámetros utilizados, y `best_score_`, que proporciona la puntuación asociada.

Los valores que dieron los mejores resultados en la búsqueda por cuadrícula se muestran en negrita:

```
grid_classifier.best_estimator_

> DecisionTreeClassifier(class_weight=None, criterion='gini',
max_depth=3,
            max_features=None, max_leaf_nodes=None,
            min_impurity_decrease=0.0, min_impurity_split=None,
            min_samples_leaf=1, min_samples_split=2,
            min_weight_fraction_leaf=0.0, presort=False,
random_state=42,
            splitter='random')
```

La precisión obtenida es entonces del 95%:

```
grid_classifier.best_score_

> 0.95
```

A continuación, el mejor modelo puede utilizarse en datos diferentes o en los mismos datos, pero para obtener otras métricas.

5.3 Sobreajuste y subajuste

Los algoritmos utilizan los datos que se les suministran para optimizar la métrica elegida (que depende de la tarea).

De este modo, los modelos pueden corresponder mejor o peor a los datos utilizados para el entrenamiento. El conjunto de validación se utiliza para probar los modelos con datos que no se han visto. De este modo, es posible estimar la capacidad de **generalización** del modelo.

Si un modelo es muy bueno con los datos de entrenamiento, pero funciona mal con los datos de validación, es que está en **sobreajuste** (*over-fitting*).

Si, por el contrario, un modelo no funciona bien ni en el conjunto de aprendizaje ni en el conjunto de validación, es señal de que no se está produciendo ningún aprendizaje. Es lo que se denomina un **subajuste** (*under-fitting*).

En el siguiente diagrama, la curva en líneas continuas debe predecirse. En caso de subajuste, el modelo produce una función demasiado simple (en este caso, una parábola, en líneas discontinuas). Por el contrario, en caso de sobreajuste (línea de puntos), la función es demasiado compleja: se adapta a los puntos de aprendizaje pero no permite la generalización, y muchas predicciones serán erróneas.

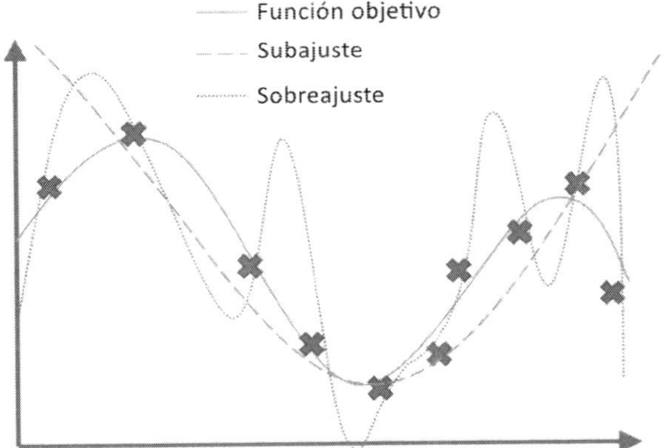

En general, los modelos muy simples no tienen la complejidad necesaria para aprender los datos con demasiada precisión. Por tanto, no están sujetos a mucho sobreajuste, pero en problemas complejos estarán en subajuste.

Por el contrario, un modelo complejo con muchos parámetros será capaz de aprender la complejidad de una tarea y, por tanto, estará en subajuste con poca frecuencia. Pero en problemas sencillos, irá a sobreajute casi siempre.

Una estrategia habitual en el Machine Learning es empezar utilizando modelos sencillos con pocos parámetros. Si su aprendizaje es insuficiente y la optimización de los hiperparámetros no mejora los resultados, se pasa a un modelo más complejo. Así, los modelos con más parámetros se probarán en último lugar: es el caso del Machine Learning, que puede tener hasta varios millones de parámetros, o incluso miles de millones en el caso de los modelos de IA Generativa, por ejemplo. GPT3, por ejemplo, tiene 175.000 millones de parámetros, y GPT4 seguramente tiene un billón (aunque OpenAI no ha confirmado oficialmente esta cifra). Nada que ver con los modelos de Machine Learning más sencillos.

Este equilibrio entre no aprender y aprender demasiado también se denomina compensación entre sesgo y varianza. El error en el conjunto de aprendizaje se denomina **sesgo**. El error entre el conjunto de aprendizaje y el conjunto de validación se denomina **varianza**. En general, a medida que disminuye el sesgo de un modelo, aumenta la varianza, de ahí la noción de compromiso.

6. Métodos de ensamble

En la actualidad, los mejores resultados en los retos rara vez se obtienen utilizando un único modelo. Los mejores resultados se obtienen utilizando varios modelos, que se combinan y/o compensan entre sí.

Con varios modelos diferentes, los errores de uno en particular pueden ser compensados por los demás modelos. Además, el resultado suele estar menos sujeto a sobreajuste, ya que la media de varios modelos suavizará las predicciones.

Existen tres enfoques para combinar varios modelos:

- Bagging
- Boosting
- Stacking

6.1 Bagging

El término **bagging** procede de los términos «**B**oostrap **Agg**regat**ing**» (agregación de ensambles). Consiste en agregar modelos, cada uno de los cuales se ha creado sobre un subconjunto de los datos.

A partir del dataset de entrenamiento, se crearán aleatoriamente varios subconjuntos de datos. Se trata de un sorteo aleatorio restaurando el dataset después de cada tirada, por lo que los mismos datos pueden encontrarse en varios subconjuntos. Por el contrario, no es necesario que todos los datos hayan sido seleccionados al menos una vez.

■ Observación

En estadística, el bootstrap es una técnica que consiste en tomar aleatoriamente subconjuntos de datos, con restauración.

Se creará un modelo simplificado para cada subdataset. Tendrá menos parámetros que un modelo del mismo tipo creado para todo el dataset. Por ejemplo, para un árbol de decisión, será menos profundo o tendrá menos hojas.

Una vez creados todos los modelos, se pueden hacer inferencias: se calculará la predicción de cada modelo y luego se agregará en una única predicción. En el caso de la regresión, suele tratarse de una media, ponderada o no. En el caso de la clasificación, será generalmente un voto mayoritario.

El esquema general de bagging es el siguiente, con los datos seleccionados en oscuro (y los no seleccionados en gris claro):

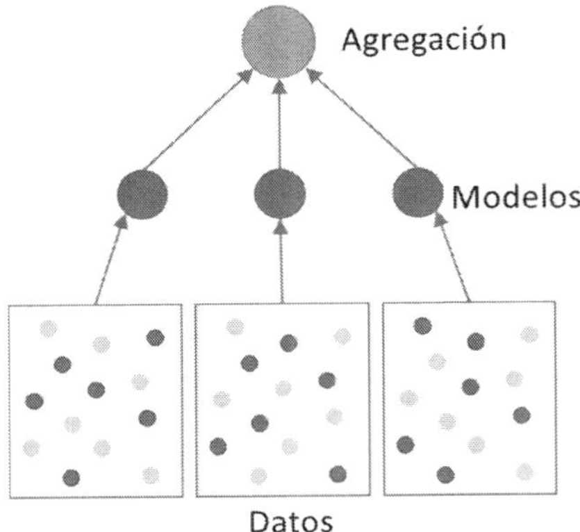

■ Observación

*Una variante conocida como **feature sampling** (muestreo de características) corresponde a los modelos obtenidos no seleccionando un subconjunto de los datos, sino un subconjunto de las variables disponibles.*

6.2 Boosting

El **boosting** (impulsar) retoma la idea del bagging, es decir, la creación de varios modelos simples a partir de un subdataset.

La diferencia radica en el método utilizado para crear estos subconjuntos. En lugar de un sorteo aleatorio uniforme, cada dato tendrá una probabilidad de ser elegido, que dependerá de las predicciones obtenidas por los modelos ya creados. Cuantos más errores cometan los modelos anteriores en la predicción de este dato, más probabilidades tendrá de ser seleccionado al azar en el siguiente subconjunto.

Cada subconjunto contendrá principalmente datos para los que los modelos existentes no dan predicciones correctas. El modelo o modelos siguientes podrán entonces ajustar esta predicción centrándose en ellos.

Observación

Una variante consiste en seleccionar los datos de forma aleatoria, pero asociando un mayor peso en la decisión final a los modelos que predicen bien los datos «difíciles», es decir, los que regularmente se predicen mal.

Esto significa que la creación de modelos ya no puede equipararse del mismo modo que el bagging, pero los resultados son, en general, mucho mejores.

El diagrama de boosting es el siguiente: el tamaño de los datos representa su probabilidad de ser seleccionados para crear el modelo. Por tanto, cada modelo influye indirectamente en el siguiente.

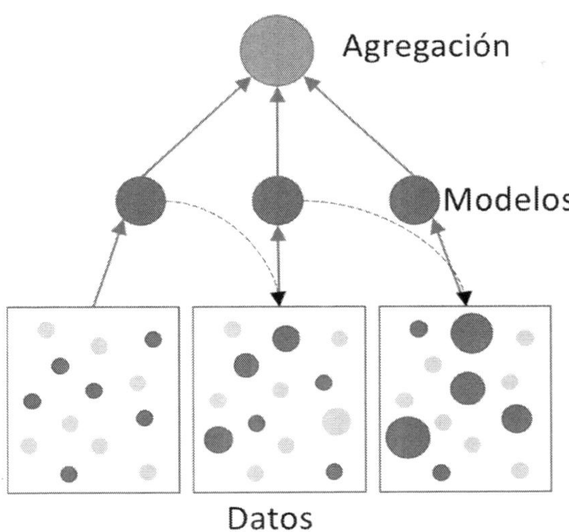

6.3 Stacking

Bagging y boosting utilizan modelos del mismo tipo. El **stacking** (apilado) implica el uso de modelos de diferentes algoritmos.

El stacking permite utilizar los puntos fuertes de varios algoritmos, cada uno con sus propias ventajas. En general, el número de modelos sigue siendo bajo y se crean sobre la totalidad de los datos. Como los algoritmos son diferentes, también lo son las predicciones realizadas.

Para elegir qué predicción devolver, se suele utilizar un metamodelo: este modelo toma como entrada las distintas predicciones y elabora una nueva. Se trata, pues, de un método jerárquico.

El stacking permite crear capas de modelos y, aunque por lo general solo hay dos capas (modelos y un metamodelo), nada impide crear estructuras más complejas.

El diagrama para un stacking simple con tres modelos diferentes y un meta-modelo es el siguiente:

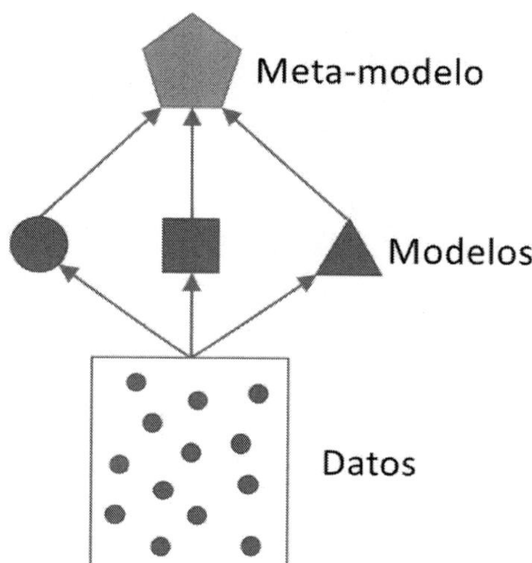

Capítulo 7 Algoritmos de clasificación

1. La tarea de clasificar

1.1 Definición

Junto con la regresión, la tarea de clasificación es una de las dos principales tareas de Machine Learning en el aprendizaje supervisado.

Se trata de asociar una etiqueta (*label*) a cada dato a partir de un conjunto de etiquetas (o categorías) posibles. En los casos más sencillos, solo hay dos categorías: se trata de una **clasificación binaria** o binomial. En los demás casos, se trata de una **clasificación** multiclase.

Las categorías deben determinarse antes de que se produzca cualquier forma de aprendizaje. Además, todos los datos utilizados para el aprendizaje deben tener ya una etiqueta, de modo que pueda conocerse la respuesta esperada: un aprendizaje supervisado.

En la gran mayoría de los casos, cada imagen estará asociada a una clase, pero hay algunos casos especiales, como:

- **Detección de objetos**: el objetivo no es determinar la clase de una imagen en su conjunto, sino reconocer los distintos objetos presentes y sus posiciones respectivas.
- **Segmentación** de imágenes: caso particular de la detección, consiste en indicar a qué clase pertenece cada píxel. Los píxeles de la misma clase se asocian generalmente al mismo color.

Estos casos especiales no se tratan en este capítulo.

1.2 Ejemplos de casos prácticos

Aunque el ejemplo más común en la literatura es determinar si una imagen contiene un gato o un perro, la clasificación se utiliza en muchas áreas más realistas y útiles de la vida cotidiana:

- En la industria, puede utilizarse para determinar si un producto tiene defectos o no, o si hay que cambiar una pieza (mantenimiento predictivo).
- En los sitios de los comerciantes, se puede asociar automáticamente una categoría a un producto basándose en su descripción, o determinar si un producto es fraudulento.
- En seguridad, puede utilizarse para determinar si hay fraude, si un correo electrónico es spam o si un sitio es potencialmente peligroso.
- Con los objetos conectados, se puede determinar si el elemento vigilado se encuentra en estado normal o no y, en consecuencia, si es necesario intervenir o si existe el riesgo de un problema futuro, como una avalancha en ciernes.
- Y así sucesivamente.

Así pues, muchos problemas pueden reducirse a un problema de clasificación.

1.3 Preparar específicamente los datos

La tarea de clasificación no impone ninguna restricción a las variables explicativas, aunque algunos algoritmos pueden tener restricciones adicionales.

Por otra parte, la variable objetivo, que corresponde a la clase que debe predecirse, debe ser necesariamente una variable categorial (ordinal o nominal). Además, en la práctica, el número de clases debe seguir siendo pequeño en comparación con el número de ejemplos. Como la clasificación se basará en estadísticas sobre datos existentes, es importante que haya muchos ejemplos de cada clase.

Sin embargo, no existe ninguna regla que permita conocer de antemano el número ideal de casos por clase. Dependerá mucho del algoritmo, de la proximidad de los datos de una misma clase y de la distancia entre los datos asociados a clases diferentes.

Existen muchos algoritmos de clasificación en Machine Learning, solo se presentarán los principales. Tampoco corresponden a la lista exhaustiva de los disponibles en la biblioteca Scikit-learn. Tampoco se detallará la lista de parámetros posibles, ya que puede ser muy larga y compleja. La documentación completa de la biblioteca se encuentra en:
https://scikit-learn.org/stable/user_guide.html

2. Evaluar los modelos

Antes de ver cómo funcionan los principales algoritmos, es importante entender cómo se evaluarán los modelos. Esta evaluación no depende de los algoritmos elegidos.

La evaluación se llevará a cabo en el conjunto de validación cuando se elijan los hiperparámetros y/o el modelo, y en el conjunto test al final del proceso, cuando se haya determinado el mejor modelo o modelos.

El conjunto de aprendizaje también se evalúa periódicamente. Aunque el objetivo de esta evaluación no es decidirse por un modelo, permite comprobar si se ha producido el aprendizaje y si hay un sobreajuste.

Con Scikit-learn, el proceso será siempre el mismo:

- Crear un modelo especificando los parámetros deseados. En el caso de la clasificación, la clase será un `classifier` (en el ejemplo, es un `TreeClassifier`, es decir, un árbol de decisión).
- Realizar el entrenamiento utilizando `fit`, proporcionándole los datos de entrenamiento X e Y (es posible utilizar la validación cruzada o la optimización de hiperparámetros, como se ha visto en el capítulo anterior).
- Predecir los resultados en el dataset deseado utilizando `predict`.
- Llamar a las distintas métricas deseadas presentes en `sklearn.metrics`, con los resultados esperados y los datos predichos como parámetros.

En términos de código, se parece a esto (aquí en el dataset Iris):

```
import sklearn.metrics
from sklearn.tree import DecisionTreeClassifier
import prepare

# Cargar datos (ver archivo prepare.py)
train_X, test_X, train_y, test_y = prepare.prepare_iris()

# Crear un modelo
classifier = DecisionTreeClassifier(max_depth=2, random_state=42)

# Fit del modelo
classifier.fit(train_X, train_y)

# Predicciones
pred_y = classifier.predict(test_X)

# Evaluar
print(sklearn.metrics.confusion_matrix(test_y, pred_y))
print(sklearn.metrics.accuracy_score(test_y, pred_y))
```

El resultado será el siguiente, correspondiente a las dos métricas solicitadas (matriz de confusión y accuracy (precisión)):

```
[[10  0  0]
 [ 0  8  1]
 [ 0  0 11]]
0.9666666666666667
```

Observación

Para simplificar el ejemplo, los resultados se calculan directamente sobre el conjunto test. El capítulo anterior sobre modelización muestra cómo crear un conjunto de validación o realizar una validación cruzada. Para la validación cruzada, el parámetro `scoring` se utiliza para indicar el indicador o indicadores deseados.

2.1 Matrices de confusión

En la tarea de clasificación, la matriz de confusión es el principal indicador de la calidad de un modelo. Se trata de una tabla de doble entrada que relaciona las clases reales con las clases predichas por el modelo.

Se utiliza como base para todos los cálculos de indicadores.

En Scikit-learn, se obtiene utilizando `confusion_matrix`:

```
sklearn.metrics.confusion_matrix(test_y, pred_y)

> array([[10,  0,  0],
         [ 0,  8,  1],
         [ 0,  0, 11]])
```

2.1.1 EL caso de la Clasificación binaria

En el caso de una clasificación binaria, la matriz de confusión es una tabla de celdas 2x2 más las celdas de totales.

En el dataset del Titanic, esto podría dar la siguiente matriz (probando con 125 pasajeros):

	Pred. Muertos	Pred. Sobrev.	TOTAL
Real Muertos	70	10	80
Real Sobrev.	15	30	45
TOTAL	85	40	125

De 125 pasajeros, 80 murieron y 45 sobrevivieron. Sin embargo, el modelo probado solo predijo que 30 de los 45 pasajeros sobrevivirían. Para los otros 15, predijo su muerte.

En el caso general, la matriz tiene este aspecto:

	Pred. 0	Pred. 1	TOTAL
Real 0	Verd. Neg. (VN)	Falso Pos. (FP)	xxx
Real 1	Falso Neg. (FN)	Verd. Pos. (VP)	xxx
TOTAL	xxx	xxx	#obs

Hay cuatro celdas diferentes:

- **Verdaderos positivos (VP)**: pertenecen a la clase «positivo» o 1 y han sido pronosticados como tales.
- **Verdaderos negativos (VN)**: pertenecen a la clase «negativa» o 0 y se han predicho como tales.
- **Falsos positivos (FP)**: pertenecen a la clase negativa, pero se predijo que estaban en la clase positiva. Se trata de errores.
- **Falsos negativos (FN)**: pertenecen a la clase positiva, pero se predijo que estaban en la clase negativa. Se trata de errores.

Observación

La elección de la clase positiva o negativa en una clasificación binaria depende sobre todo del ámbito y del uso que se hará del modelo. La clase positiva es la que debe detectarse, y la clase negativa su opuesta. En el ámbito médico, la clase positiva suele ser «<Enfermo» y la negativa «Sano».

Los falsos positivos también se conocen como «**errores de tipo I**» y los falsos negativos como «**errores de tipo II**». En general, un error de tipo I es menos grave que un error de tipo II.

En la búsqueda de una enfermedad, por ejemplo, el error de tipo I corresponde a pacientes sanos a los que el modelo habría dado por enfermos. Pruebas adicionales permitirán detectar este error (si el tratamiento es grave), o se podrá tratar a pacientes cuando no sea necesario (si el tratamiento es preventivo, leve y no tiene efectos secundarios). El error de tipo II corresponde a los pacientes que están enfermos, pero no han sido detectados.

En consecuencia, no recibirán tratamiento para la enfermedad que padecen, lo que puede tener consecuencias muy graves.

A la hora de buscar defectos, suele ser menos grave detectar objetos sin problemas que suministrar un producto defectuoso al cliente. En el primer caso, un responsable de calidad puede descubrirlo y devolver el producto a la cadena o, en el peor de los casos, el producto se tirará o reciclará. En el segundo caso, el cliente puede quejarse y la imagen de la marca puede resentirse.

2.1.2 Clasificación multiclase

En el caso de una clasificación multiclase, es perfectamente posible crear una matriz de confusión. Entonces tendrá tantas filas y columnas como clases haya disponibles.

Por tanto, el dataset Iris puede utilizarse para elaborar un modelo que ofrezca estos resultados:

	Pred. Setosa	Pred. Virginica	Pred. Versicolor	TOTAL
Real Setosa	30	3	5	38
Real Virginica	8	25	10	43
Real Versicolor	10	2	20	32
TOTAL	48	30	35	113

Esta matriz puede leerse del mismo modo que las clasificaciones binarias. En este ejemplo, 8 iris de la clase Virginica fueron clasificados como Setosa y 25 fueron bien reconocidos de los 43 de esta clase.

Algunos indicadores pueden calcularse utilizando toda la matriz. Para otros, será necesario crear **tablas de confusión** a partir de la matriz. Estas corresponden a agregaciones de los datos de modo que solo haya dos clases: la clase de interés y una clase «Otros». Por lo tanto, hay tantas tablas de confusión como clases.

La tabla de confusión de la clase Virginica es, por tanto:

	Pred. Otra	Pred. Virginica	TOTAL
Real Otra	65	5	70
Real Virginica	18	25	43
TOTAL	83	30	113

¡Atención! Ahora solo hay una casilla que representa únicamente las respuestas correctas: la de la Virginica predicha como tal. De hecho, la casilla en la intersección de «Otra» real y «Otra» predicha contiene la suma:

- Setosa se predijo como tal (justo)
- Versicolor prevista como tal (justo)
- Setosa predicha como Versicolor (falso)
- Versicolor predicha como Setosa (falso)

Por lo tanto, ya no es posible conocer el número de respuestas correctas en el modelo para estas clases ni para el total.

A continuación, se calculan los indicadores para cada clase utilizando la tabla correspondiente.

2.2 Indicadores derivados de la matriz de confusión

Comparar dos modelos a través de su matriz de confusión es complejo. En efecto, dada la multiplicidad de cifras, es difícil determinar si un modelo es más adecuado que otro y si sus resultados son suficientes para su implantación.

De esta matriz se derivan una serie de indicadores.

En lo sucesivo, se utilizarán las siguientes convenciones:

- VP: número de verdaderos positivos
- VN: número de verdaderos negativos
- FP: número de falsos positivos
- FN: número de falsos negativos
- Total: número total de casos (es decir, VP + VN + FP + FN)

En el caso de clasificaciones multiclase, se especificará si los cálculos deben realizarse sobre la matriz de confusión o sobre las tablas de confusión derivadas.

2.2.1 Accuracy

La ***accuracy*** (exactitud o precisión) es el primer indicador derivado de esta matriz. Consiste en observar la proporción de predicciones que son correctas.

Observación

Como «precisión» (una de las traducciones de accuracy) también corresponde a otro indicador, aquí se mantendrá su denominación inglesa («accuracy») o exactitud.

Su fórmula es, por tanto, para una clasificación binaria:

$$Accuracy\ (exactitud) = \frac{VP}{VP+FP}$$

En el caso de las clasificaciones multiclase, la accuracy se calcula como la suma de buenas predicciones (en la diagonal de la matriz de confusión) dividida por el número de casos.

Usando Scikit-learn, la métrica que se debe usar es

```
sklearn.metrics.accuracy_score:

sklearn.metrics.accuracy_score(test_y, pred_y) > 0.9666666666666667
```

Este indicador debe maximizarse. Su valor está siempre comprendido entre 0 y 1, oscilando entre una predicción inexacta y una completamente exacta.

Sin embargo, no hay ninguna regla sobre la calidad de un modelo en relación con la accuracy. En algunos casos empresariales, una precisión del 60% significa grandes ganancias potenciales, por ejemplo, cuando se trata de conservar clientes que pueden aportar muchas ventas. En otros casos, hay que buscar una accuracy lo más cercana posible al 100%, como en el caso de un coche autónomo que no debe cometer ningún error al detectar peatones.

Sin embargo, la accuracy tiene tres grandes defectos:

- En primer lugar, no da ninguna información sobre el tipo de errores cometidos. Como los errores de tipo I (falsos positivos) y los de tipo II (falsos negativos) no suelen tener el mismo impacto, es vital no limitarse a este indicador.
- En segundo lugar, cuando las clases están desequilibradas, la accuracy no es muy informativa. En el caso de la detección de fallos con solo un 1% de piezas defectuosas, una precisión del 99% puede indicar que el modelo considera que todas las piezas son correctas, o que detecta algunos de los fallos.
- En tercer lugar, una accuracy del 100% en la validación casi nunca es el objetivo. Con la experiencia, los Data Scientists saben que un modelo que parece funcionar muy bien a menudo esconde fallos. Quizá haya habido sobreajuste, quizá los datos de validación sean demasiado parecidos al conjunto de entrenamiento, quizá haya información no deseada que indique la clase (como el índice si los datos están ordenados).

2.2.2 Sensibilidad y precisión

Como la accuracy no distingue entre los tipos de errores cometidos, a menudo se complementa con estos dos indicadores: *Sensibilidad* (*recall*) y precisión.

La **sensibilidad** es la proporción de la clase positiva que se predice bien (entre 0 y 1). Su fórmula es:

$$Sensibilidad = \frac{VP}{VP+FN}$$

Por tanto, una sensibilidad elevada indica que se han detectado casi todos los casos de la clase positiva, es decir, que se ha clasificado como tal a una proporción muy elevada de pacientes realmente enfermos. Cuanto mayor sea la sensibilidad, menores serán los errores de tipo II, que suelen ser los más graves.

La **precisión** es la proporción de verdaderos positivos en el número total de positivos detectados (también entre 0 y 1). Su fórmula es:

$$Precisión = \frac{VP}{VP+FP}$$

Permite analizar qué proporción de los casos identificados como positivos por el modelo lo son realmente. Esto permite estimar el número de errores de tipo I (falsos positivos).

En función del problema de la empresa, uno de los dos indicadores tendrá más impacto que el otro. Por tanto, puede merecer la pena elegir un modelo no en función de su accuracy, sino de su sensibilidad y/o precisión.

En el caso de una clasificación multiclase, la sensibilidad y la precisión se calculan para cada clase utilizando la tabla de confusión correspondiente. La sensibilidad y la precisión globales corresponden a su media sobre todas las clases.

Para un problema binario, las métricas de Scikit-learn son `recall_score` y `precision_score`.

En el caso de una clasificación multiclase, estas llamadas generan excepciones. En este caso, se debe elegir cómo se calculará la media para cada clase con el fin de devolver un único valor (parámetro `average`). Las posibilidades son:

- `binary`: solo funciona para la clasificación binaria (métricas `recall_score` y `precision_score` vistas anteriormente).
- `micro`: calcula la métrica a nivel global, tomando el número total de falsos positivos y falsos negativos.
- `macro`: realiza el cálculo para cada clase y luego calcula la media aritmética de los valores.
- `weighted`: la media de los indicadores de cada clase se pondera para respetar la importancia relativa de las clases (una clase con el doble de ejemplos tendrá, por tanto, un indicador ponderado por 2).
- `samples`: calcula las métricas para cada instancia y luego las promedia. Solo se aplica a clasificaciones multietiqueta.

Se puede disponer de estos indicadores en Iris con las siguientes llamadas:

```
# Recall y Precision
sklearn.metrics.recall_score(test_y, pred_y, average='macro')

> 0.9629629629629629

sklearn.metrics.precision_score(test_y, pred_y, average='macro')

> 0.9722222222222222
```

Para obtener sensibilidades y precisiones de **cada clase**, es posible utilizar `None` como opción media. En este caso, las funciones devuelven una matriz de valores:

```
sklearn.metrics.recall_score(test_y, pred_y, average=None)

> array([1.        , 0.88888889, 1.        ])

sklearn.metrics.precision_score(test_y, pred_y, average=None)

> array([1.        , 1.        , 0.91666667])
```

También se puede utilizar la métrica `classification_report` para obtener un informe que contenga (entre otras cosas) los dos indicadores de cada clase, así como diferentes medias de estos indicadores para el dataset completo:

```
# Recall et Precision en multi-classes
print(sklearn.metrics.classification_report(test_y, pred_y))

>                  precision    recall  f1-score   support

     Iris-setosa       1.00      1.00      1.00        10
 Iris-versicolor       1.00      0.89      0.94         9
  Iris-virginica       0.92      1.00      0.96        11

       micro avg       0.97      0.97      0.97        30
       macro avg       0.97      0.96      0.97        30
    weighted avg       0.97      0.97      0.97        30
```

Observación

El método `classification_report` *está diseñado para mostrarse mediante* `print` *y, por lo tanto, tiene un diseño de página. Para obtener solo los valores en una matriz de modo que los resultados se puedan utilizar en código, se debe utilizar el método* `precision_recall_fscore_support`*.*

2.2.3 F1-score

Este indicador se basa en los dos anteriores. El objetivo de **F1-score** (puntuación F1) es proporcionar un único indicador que tenga en cuenta la sensibilidad y la precisión, sin caer en las trampas de la exactitud.

Su definición es la media armónica de la precisión y la sensibilidad. En la práctica, se obtiene la siguiente fórmula:

$$F_1 = \frac{2 * precisión * sensibilidad}{precisión + sensibilidad}$$

Observación

La media armónica es ideal entre índices, como en este caso. Se define matemáticamente como «la inversa de la media aritmética de la inversa de las tasas». Es uno de los muchos cálculos posibles de una media, aunque en el lenguaje cotidiano el término se utiliza más a menudo para referirse a la media aritmética.

Su valor varía de 0 a 1. Una puntuación de 1 indica un 100% de precisión y sensibilidad (*recall*).

Para la clasificación multiclase, la puntuación F1 puede calcularse para cada clase o para todas las clases, dependiendo de si se calcula a partir de las sensibilidades y precisiones para cada clase o para todo el dataset.

Al igual que con sensibilidad y precisión, el F1-score se obtiene usando Scikit-learn especificando cómo se calcula la media si hay más de dos clases. El método es `f1_score`:

```
sklearn.metrics.f1_score(test_y, pred_y, average="macro")

> 0. 9658994032395567
```

Como los errores de tipo I y de tipo II no suelen tener el mismo impacto, es posible calcular **F_β-score** con el valor de β correspondiente al coste relativo de los errores de tipo II en comparación con los de tipo I. El símbolo β se sustituye en la práctica por el valor relativo de recall sobre precisión.

La puntuación F1 es un caso especial en el que la sensibilidad y la precisión tienen la misma importancia. Un F_2–score indica que la sensibilidad tiene el doble de impacto que la precisión o, dicho de otro modo, que un error de tipo II es el doble de costoso que un error de tipo I.

Su fórmula general es la siguiente :

$$F_\beta = \frac{(1+\beta^2)*precisión*sensibilidad}{(\beta^2*precisión)+sensibilidad}$$

Sin embargo, reducir los dos indicadores de precisión y sensibilidad a uno no tiene ventajas, sino que se pierde parte de la información.

Por lo tanto, el uso de F1-score no está universalmente aceptado, aunque todos los paquetes de software lo incluyen en los indicadores tradicionales.

Scikit-learn también proporciona el cálculo de F_β:

```
sklearn.metrics.fbeta_score(test_y, pred_y, beta=2,
average="macro")

> 0.9637445887445888
```

2.2.4 Sensibilidad y especificidad

La sensibilidad y la especificidad también se conocen como «valor predictivo positivo» y «valor predictivo negativo».

Estos dos indicadores se utilizan casi exclusivamente en la clasificación binaria y, en general, en el campo de la medicina.

La **sensibilidad**evalúa la capacidad del modelo para predecir una clase positiva cuando realmente es así. En medicina, esto significa garantizar la detección del mayor número posible de pacientes. Por tanto, solo se evalúa en la población realmente positiva (o enferma).

Su fórmula es:

$$Sensibilidad = \frac{VP}{VP+FN}$$

Observación

La sensibilidad es igual al recall, tienen la misma fórmula de cálculo, pero se complementan con un indicador diferente.

La **especificidad**, por su parte, mide la capacidad del modelo para dar un resultado negativo para la clase negativa. En medicina, se utiliza para garantizar que no se detecten erróneamente pacientes enfermos en la población sana. Su evaluación se refiere únicamente a la clase negativa, y su fórmula es:

$$Especifidad = \frac{VN}{VN+FP}$$

Observación

La especificidad se reduce a calcular el recall de la clase negativa.

Un modelo completamente aleatorio tendrá una suma de sensibilidad + especificidad de 1. Por lo tanto, es importante comparar los dos índices para asegurarse de que el modelo es correcto.

Si uno de los dos indicadores de un modelo es bajo, el resultado correspondiente no es fiable:

- Una sensibilidad baja no permite tomar una decisión sobre un resultado positivo.
- Una especificidad baja no permite tomar una decisión sobre un resultado negativo.

En medicina, esto es muy importante, porque dependiendo de la prueba, se puede estar casi seguro de estar enfermo (alta sensibilidad) o de no tener una enfermedad (alta especificidad), pero puede ocurrir que no sea posible tomar una decisión en el caso contrario.

Por ejemplo, una prueba de embarazo de venta libre realizada antes de que se retrase la menstruación tendrá una sensibilidad elevada, pero una especificidad menor: un resultado positivo indica casi con toda seguridad que hay embarazo, pero un resultado negativo no significa que no lo haya. Por lo tanto, es aconsejable repetir la prueba en una fecha posterior.

Scikit-learn no dispone de un método directamente vinculado a estos indicadores. Pero como los dos indicadores corresponden al recall de la clase positiva para la sensibilidad y de la clase negativa para la especificidad, los métodos que indican el recall de cada clase permiten obtenerlos indirectamente.

Observación

Existen otros indicadores que pueden calcularse a partir de la matriz de confusión, pero no se tratarán aquí porque rara vez se utilizan en la práctica.

2.3 Curva ROC y AUC

La curva ROC (*Receiver Operating Characteristic*; Característica Operativa del Receptor) y el AUC (*Area Under Curve*;Área Bajo la Curva) son dos indicadores que pueden utilizarse para analizar un modelo y, en particular, su umbral de detección.

2.3.1 Predicción y probabilidad

En muchos modelos, el resultado previsto no es solo la clase, sino una probabilidad asociada. En el Titanic, por ejemplo, un modelo podría predecir el siguiente resultado para un pasajero:

```
{Supervivencia: 76%, Muerte: 24%}
```

En general, para crear la matriz de confusión y evaluar el modelo, se utiliza un umbral de 0,5: cualquier predicción por encima de este se considerará positiva; negativa si está por debajo.

Pero a la hora de desplegar el modelo, y en función de los errores que se quieran minimizar (falsos positivos o falsos negativos), puede merecer la pena elegir un umbral diferente.

Usando Scikit-learn, el método `predict` solo devuelve la predicción para cada elemento de datos. Sin embargo, para varios algoritmos de aprendizaje existe un método `predict_proba` que devuelve no la clase; sino las probabilidades para cada clase:

```
pred_y_prob = classifier.predict_proba(test_X)
```

2.3.2 Tasas de verdaderos y falsos positivos

Se utilizan dos indicadores para trazar la curva ROC:

- La tasa de verdaderos positivos (TVP)
- La tasa de falsos positivos (TFP)

La **tasa de verdaderos positivos** es la proporción de verdaderos positivos de todos los datos positivos. Por lo tanto, es otro nombre para el recall o la sensibilidad.

La **tasa de falsos positivos** es la proporción de falsos positivos entre todos los negativos. Por lo tanto, se calcula como 1 - especificidad.

2.3.3 Curva ROC

Para trazar la curva ROC, es necesario recuperar las predicciones y las probabilidades asociadas para cada dato.

El límite para decidir qué clase elegir variará entonces de 0 a 1. En el caso de una predicción sobre el Titanic, utilizando el ejemplo anterior:

```
{Supervivencia: 76%, Muerte: 24%}
```

Con un paso de 0,05 para el límite, y para todos los umbrales de supervivencia comprendidos entre 0,00 y 0,75, se considerará que el pasajero ha sobrevivido. A partir de 0,80, se considerará que el pasajero pereció en el naufragio.

En cada etapa seleccionada, se calculan los indicadores TVP y TFP.

La **curva ROC** consiste en trazar todos estos indicadores juntos, con TFP en el eje de abscisas y TVP en el eje de ordenadas. A continuación, se conectan los puntos.

Por lo general, se parece a una curva de este tipo:

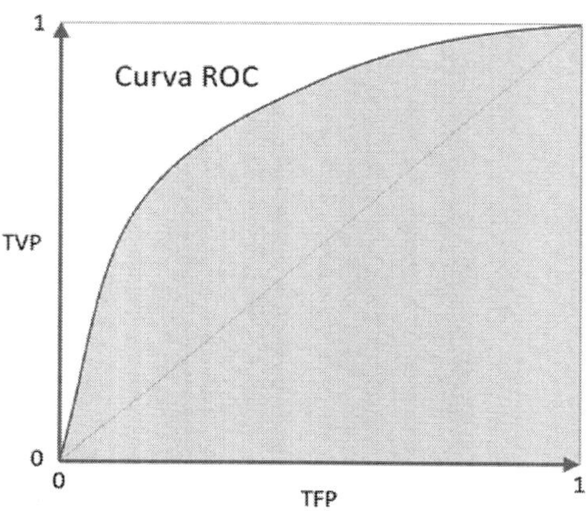

Con un umbral de 0, todos los datos se clasifican como positivos. Por tanto, el TVP es 1 porque todos los datos positivos se estiman bien en la clase positiva. Pero los datos negativos también se predicen en la clase positiva, lo que da un TFP de 1 (sensibilidad cero).

Por el contrario, con un umbral de 1, ningún dato es positivo, por lo que el TVP es cero. Como se prevé que todos los datos sean negativos, no hay falsos positivos, y el TFP también es cero.

Así, la curva ROC siempre une los puntos O (0,0) e I (1,1). Además, debe estar por encima de la línea (OI) porque esta línea representa una extracción aleatoria de la clase.

Lo ideal es que la curva ROC se eleve lo más rápidamente posible para dar una TVP alta con un TFP bajo, y que el área bajo la curva llene casi por completo el gráfico.

Gracias a esta curva, es fácil comparar dos modelos para determinar el mejor: aquel cuya curva ROC está muy por encima del otro. Si las curvas se cruzan, todo dependerá de los errores menos graves y de los umbrales elegidos, pero el punto más cercano a (0,1) será el más interesante (es decir, la esquina superior izquierda).

Actualmente, la curva ROC está limitada a las clasificaciones binarias dentro de la biblioteca Scikit-learn. En el caso de una clasificación multiclase, las categorías deben agruparse previamente para volver al caso de una clasificación binaria.

La función `roc_curve` se utiliza para obtener diferentes puntos de la curva con el límite utilizado. La función `plot_roc_curve` se usa para trazar la curva ROC.

Como se limita a la clasificación binaria, aquí se aplica a un árbol de decisión obtenido a partir del dataset Titanic. El primer paso consiste en entrenar un modelo:

```
classifier_titanic = DecisionTreeClassifier(max_depth=2,
random_state=42)
classifier_titanic.fit(train_X_titanic, train_y_titanic)
pred_y_titanic_prob =
classifier_titanic.predict_proba(test_X_titanic)
pred_y_titanic = classifier_titanic.predict(test_X_titanic)
```

A continuación, es posible consultar los puntos de la curva. El resultado contiene tres vectores: la tasa de falsos positivos (eje x), la tasa de verdaderos positivos (eje y) y el límite utilizado para obtener este punto (el infinito representa la ausencia de predicciones).

```
sklearn.metrics.roc_curve(test_y_titanic, pred_y_titanic_prob[:,1])

> (array([0.        , 0.03809524, 0.04761905, 0.17142857, 1.        ]),
   array([0.        , 0.48648649, 0.5       , 0.71621622, 1.        ]),
   array([       inf, 0.96153846, 0.68181818, 0.48695652, 0.16179775]))
```

El primer punto es bueno (0,0) y el último (1,1), con 3 puntos intermedios.

La curva ROC obtenida es la siguiente

```
sklearn.metrics.RocCurveDisplay.from_predictions(test_y_titanic,
pred_y_titanic_prob[:,1])
```

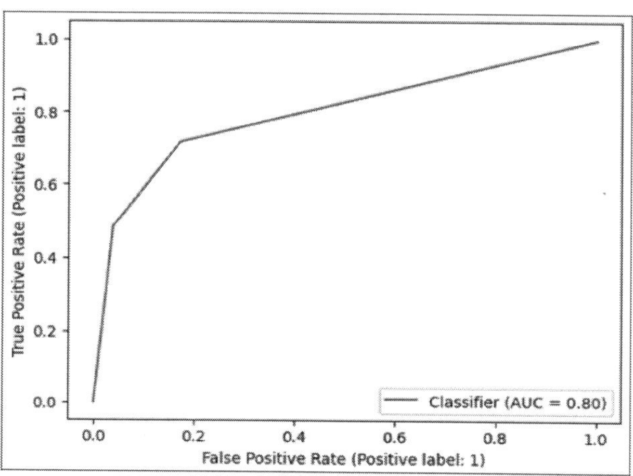

2.3.4 Área Bajo la Curva (AUC)

La curva ROC es difícil de resumir. El **área bajo la curva** o AUC corresponde, como su nombre indica, al área de la parte comprendida entre el eje x y la curva. Este indicador es, pues, independiente de los umbrales elegidos para la clasificación.

En el caso ideal, el AUC es 1. En un caso puramente aleatorio, el AUC es 0,5. Por tanto, en general hay que buscar un valor más cercano a 1 que a 0,5 para considerar útil un modelo.

Observación

En determinados casos empresariales, un área de 0,6 ya puede ser muy interesante. El objetivo no siempre es tener 1 o 0,99, igual que con la accuracy.

En el caso de Titanic, el área bajo la curva se muestra en el gráfico de la curva ROC (gráfico anterior). Para mayor precisión, es posible solicitar únicamente su valor utilizando la métrica `roc_auc_score`:

```
sklearn.metrics.roc_auc_score(test_y_titanic,
pred_y_titanic_prob[:,1])

> 0.8002574002574002
```

Desde la versión 0.22, es posible solicitar el área bajo la curva para clasificaciones multiclase, aunque no se pueda acceder a la curva ROC. En este caso, es necesario especificar la media elegida y rellenar el parámetro multi_class indicando cómo deben crearse las curvas. En consecuencia, se puede solicitar el AUC para el árbol de decisión creado sobre el dataset Iris:

```
sklearn.metrics.roc_auc_score(test_y, pred_y_prob,
average='macro', multi_class='ovr')

> 0.9815278938085955
```

2.4 Elegir los indicadores de evaluación

Para cada problema, e incluso antes de crear los modelos, es importante determinar qué indicadores se utilizarán. Además, en colaboración con los expertos de la empresa, hay que definir los umbrales que deben alcanzarse. Así será más fácil juzgar si los resultados obtenidos corresponden a los objetivos deseados.

Un error frecuente es realizar la modelización antes de haber elegido el indicador o indicadores. Los Data Scientists pueden entonces optimizar los modelos en función de los criterios de evaluación que hayan elegido. Pueden obtener muy buenas puntuaciones, pero en la práctica el proyecto puede no ser utilizable.

De hecho, en el contexto de la detección de enfermedades, si se optimiza la exactitud, se corre el riesgo de que la sensibilidad y la precisión sean pobres. Un experto en la materia podría haber señalado que lo que tiene sentido en este caso concreto es la sensibilidad, lo que permitiría a todo el equipo obtener mejores modelos.

3. Árboles de decisión y algoritmos derivados

Los árboles de decisión se encuentran entre los algoritmos de Machine Learning más sencillos. Sin embargo, pueden ser muy potentes, especialmente cuando se utilizan junto con métodos de agrupación. De hecho, no es raro ver estos algoritmos en los primeros puestos de las clasificaciones de los retos Kaggle.

Observación

Kaggle es un sitio que presenta retos de Machine Learning, ideal para practicar, descubrir técnicas y aprender de los mejores en este campo.

3.1 Árboles de decisión

El árbol de decisión es, como su nombre indica, un árbol en sentido matemático, es decir, un conjunto de nodos unidos por ramas y que conducen a hojas.

En cada nodo, hay que realizar una prueba sobre el valor de una variable. Según el caso, es necesario entonces descender a uno de los nodos hijos. El proceso se repite hasta llegar a un nodo sin descendientes, que entonces se denomina hoja.

Indica la clase de datos procesados tras la clasificación.

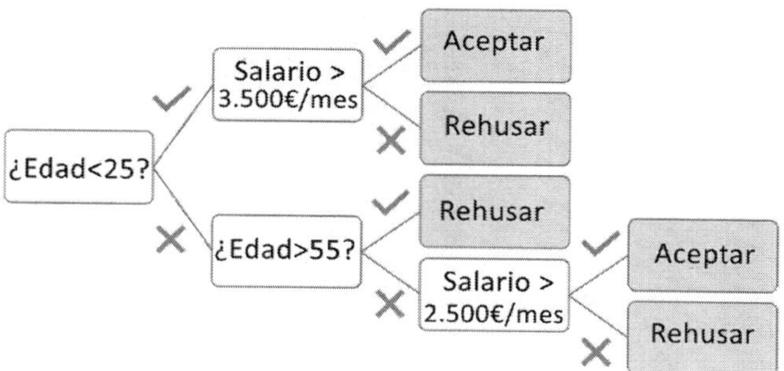

He aquí un ejemplo de árbol que podría utilizarse para indicar si se puede conceder o no un crédito a una persona. El árbol muestra que el primer criterio a tener en cuenta es la edad del solicitante. Si la persona tiene más de 25 años, debe seguirse la rama más baja.

Tomemos el registro de Alice (Edad = 34 años, Salario = 3000 euros/mes). El árbol indica que su crédito será aceptado porque:

- no tiene menos de 25 años,
- no tiene más de 55 años,
- su salario es superior a 2.500 euros al mes.

No existe uno, sino varios algoritmos para obtener árboles de decisión. Varían en cuanto al resultado y a la forma de construir el árbol: ID3, C4.5, C5.0, CART, CHAID, etc. Sin embargo, sus principios fundamentales siguen siendo los mismos.

Observación

El algoritmo implementado en Scikit-learn es CART, que es una versión mejorada de C4.5. Nota: el algoritmo C5.0 está sujeto a una licencia de propiedad intelectual y, por lo tanto, no suele incluirse en el software.

3.1.1 Salir del árbol

Algunos algoritmos solo dan una clase (como el árbol anterior), mientras que otros dan probabilidades asociadas a cada hoja.

Para calcular las probabilidades de las hojas, el algoritmo clasifica todos los registros del dataset de entrenamiento. Para cada hoja, se utiliza la proporción de cada categoría.

En el caso de una hoja correspondiente a ocho registros de clase 1 y dos de clase 2, en lugar de indicar simplemente «Clase 1», el algoritmo proporcionará un porcentaje del 80% para la clase 1 y del 20% para la clase 2.

Observación

Scikit-learn permite elegir la clase con mayor probabilidad mediante `predict` *o las probabilidades de cada clase mediante* `predict_proba`*. Esta función es similar para casi todos los algoritmos de la biblioteca.*

3.1.2 Elegir el punto de corte

Para construir el árbol, el algoritmo debe elegir qué variable se utilizará a continuación y qué valor se utilizará como punto de corte.

El principio general consiste en elegir un punto de corte que haga que cada hoja sea «más pura»: debe estar compuesta en su mayor parte por una sola clase.

Esta impureza puede medirse de dos maneras:

- Gini: este indicador calcula el porcentaje de clasificaciones falsas en caso de elección de la clase mayoritaria para todos los datos. El objetivo es llegar a un valor lo más próximo posible a 0, lo que significa que todos los datos están en la clase mayoritaria y que, por tanto, no hay errores. Su valor máximo es 0,5 en clasificación binaria, lo que corresponde a dos clases presentes en igual número, es decir, impureza «total».
- Entropía: el cálculo es un poco más complejo que el de Gini y, en consecuencia, más exigente. Se trata de calcular el log2 de las probabilidades. La principal diferencia con Gini es que la entropía se sitúa entre 0 (nodo puro) y 1 (nodo completamente impuro).

Una vez elegida la medida de impureza, se calculará la ganancia para cada posible ruptura. Esto se utiliza para comparar la impureza del nodo padre con la impureza de sus descendientes. La variable con la mayor ganancia se elige como punto de corte.

Para las variables numéricas, el algoritmo elige previamente los puntos de corte. Para las variables categoriales, cada valor es un punto de corte. Si el dataset contiene muchas variables, el número de pruebas que hay que realizar en cada etapa puede ser muy grande. Por lo tanto, suele haber dos estrategias: «mejor» (*best*) indica que se prueban todos los puntos de corte y se retiene el mejor, y «aleatorio» (*random*) cuando solo unos pocos puntos de corte elegidos al azar son puntos de corte potenciales.

Observación

En la implementación de Scikit-learn, estos dos parámetros se eligen mediante el `criterion` (`gini` o `entropy`) y `splitter`(`best` o `random`). En el caso de un divisor aleatorio, se elige un punto de corte al azar para cada variable en lugar de todos los puntos de corte potenciales.

3.1.3 Criterios de parada

El algoritmo debe detenerse en un nivel determinado. Sin más información, termina cuando cada hoja es pura o contiene un solo registro. Esto conduce generalmente a niveles muy altos de sobreajuste.

Se pueden utilizar y combinar varios criterios. El nombre del atributo en Scikit-learn se muestra entre paréntesis.

- Profundidad máxima (`max_depth`): indica el número máximo de opciones que separan el nodo raíz de las hojas. Este parámetro evita tener árboles demasiado complejos y grandes.
- Número mínimo de registros de un nodo para cortarlo (`min_samples_split`): el nodo se convierte en hoja si su número de registros es inferior a este umbral, lo que detiene las ramas poco pobladas.
- Número mínimo de registros en una hoja (`min_samples_leaf`): si un corte conduce a una hoja con menos registros que este número, el corte se anula y el nodo se convierte en una hoja. Existe una versión ponderada (`min_weight_fraction_leaf`) que resulta útil si algunos registros deben ser más importantes que otros.
- Número máximo de características que se deben tener en cuenta para cada posible corte (`max_features`).
- Número máximo de hojas (`max_leaf_nodes`) para todo el árbol.
- Ganancia mínima para realizar un corte `(min_impurity_drecrease)`.
- Impureza mínima para realizar un corte (`min_impurity_split`).

Por lo tanto, es necesario elegir qué criterio o criterios de parada darán los mejores resultados para un dataset determinado. El objetivo de cada criterio es limitar el tamaño del árbol y, así, hacerlo menos sensible al sobreajuste.

Sin embargo, si estos criterios son demasiado estrictos, el árbol no será eficiente porque no podrá aprender los datos. Se recomienda encarecidamente optimizar los hiperparámetros.

Observación

En el caso de la clasificación multiclase, es necesario tener al menos tantas hojas como clases. En el caso de Iris, por ejemplo, se necesitan al menos tres hojas, es decir, una profundidad de 2. Esto no es suficiente para obtener buenos resultados, pero matemáticamente ningún modelo podría ser más sencillo.

El código para crear un árbol es el siguiente, adaptado con los hiperparámetros correctos:

```
from sklearn.tree import DecisionTreeClassifier

tree_classifier = DecisionTreeClassifier(max_depth=3, random_state=42)
tree_classifier.fit(train_X, train_y)
```

3.1.4 Usar el árbol

Los árboles tienen la ventaja de ser sencillos de crear, fáciles de entender y fáciles de implementar. De hecho, una vez creado el modelo, no es necesario exportarlo para reutilizarlo en Scikit-learn. Sin embargo, el uso de la biblioteca tiene sus ventajas, como la facilidad con la que se puede actualizar, pero en entornos más limitados (IoT, por ejemplo), puede merecer la pena codificarlo directamente en Python.

Para ello, el árbol puede exportarse en formato Graphviz (archivo .dot). Para facilitar la lectura, los nombres de las clases y los atributos se pasan como parámetros:

```
from sklearn.tree import export_graphviz
# Exportar a archivos dot (con formato)
class_names = ['Setosa','Versicolor','Virginica']
feature_names = ['sepal_length', 'sepal_width', 'petal_length',
'petal_width']
export_graphviz(tree_classifier, out_file='images/tree_iris.dot',
class_names=class_names, feature_names=feature_names,
rounded=True, filled=True)
```

Este formato rara vez se puede leer directamente. La utilidad `dot` puede utilizarse para convertir imágenes a formatos más comunes como PNG. Solo puede ejecutarse desde la línea de comandos. Dentro de Jupyter, simplemente anteponga ! a la llamada para indicar que se trata de un comando del sistema:

```
!dot -Tpng images/tree_iris.dot -o images/tree_iris.png -Gdpi=600
```

Observación

`Graphviz` debe instalarse previamente, ya que no es solo una biblioteca de Python, sino también un utilitario. La instalación depende del sistema operativo de la máquina. Más información en el sitio web oficial: https://graphviz.org/download/

La imagen resultante puede abrirse o visualizarse directamente desde Jupyter:

```
from IPython.display import Image
Image(filename = 'images/tree_iris.png')
```

El árbol obtenido en este caso es el siguiente:

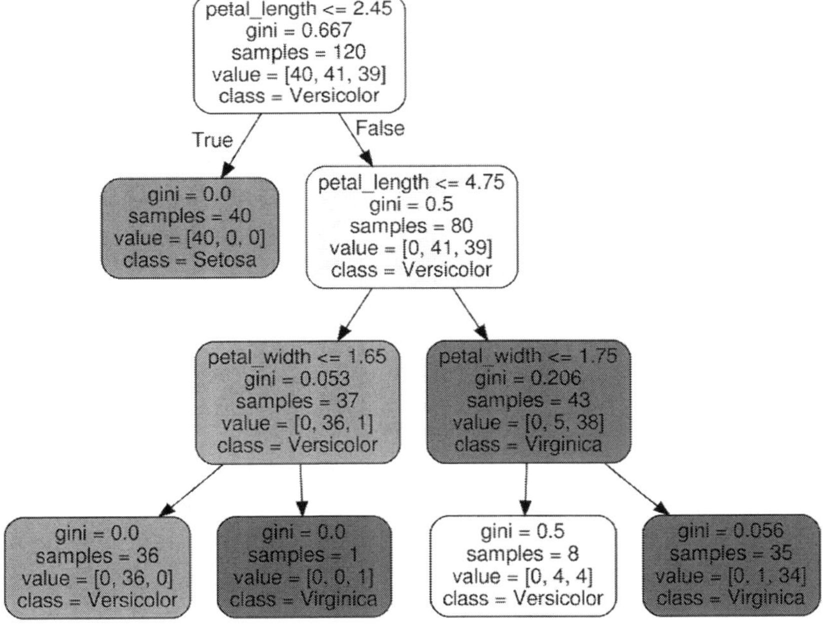

Observación

También es posible navegar por el árbol directamente en el código. Sin embargo, esto requiere un procesamiento más complejo que la exportación gráfica. El árbol es accesible a través del atributo `tree_` del clasificador.

Este árbol puede implementarse de la siguiente manera (sin optimización):

```
def predict_iris(element):
    if element['petal_length'] <= 2.45:
        return 'Setosa'
    else:
        if element['petal_length'] <= 4.75:
            if element['petal_width'] <= 1.65:
                return 'Versicolor'
            else:
                return 'Virginica'
        else:
            if element['petal_width'] <= 1.75:
                return 'Versicolor'
            else:
                return 'Virginica'
```

El método `apply` se utiliza para llamar a esta función en todos los registros de un dataset:

```
test_X.apply(predict_iris, axis=1)
```

Sin embargo, el código podría optimizarse agrupando las pruebas para cada categoría.

Además, en lugar de devolver una clase, es posible devolver la probabilidad utilizando la información `value` proporcionada en el árbol.

Así, la primera hoja que devuelve `Setosa` tiene un `valor` de `[40, 0, 0]`, lo que indica una clase pura. Su predicción es `[1, 0, 0]`: la probabilidad de tener la primera clase es del 100%. La última hoja tiene un value de `[0, 1, 34]`. Por tanto, devuelve la clase mayoritaria `Virginica`, pero sus probabilidades son `[0, 0,03, 0,97]`.

En consecuencia, el código de predicción con probabilidades se convierte en:

```
def predict_proba_iris(element):
    if element['petal_length'] <= 2.45:
        return [1,0,0]
    else:
        if element['petal_length'] <= 4.75:
            if element['petal_width'] <= 1.65:
                return [0,1,0]
            else:
```

```
                return [0,0,1]
        else:
            if element['petal_width'] <= 1.75:
                return [0,0.5,0.5]
            else:
                return [0,0.03,0.97]
```

Observación

El modelo creado es una secuencia de «`if`» anidados, que no es más que programación convencional. El uso del Machine Learning aquí reside en el proceso de aprendizaje, es decir, la creación del árbol: elección de variables y puntos de corte en cada etapa. Se trata, pues, de Machine Learning (y, por tanto, de IA), aunque el resultado parezca simplista.

En el caso de árboles complejos, con hojas múltiples y muchos nodos, es posible obtener la importancia relativa de cada variable utilizando el atributo `feature_importances_`:

```
tree_classifier.feature_importances_

> array([0. , 0. , 0.93462632, 0.06537368])
```

La longitud de los pétalos (tercera variable) es, pues, la variable principal en la decisión, ya que representa el 93% de la elección. El 7% restante se basó en el ancho de los pétalos (cuarta variable). El tamaño del sépalo no tuvo ninguna importancia, ya que no se utilizó en absoluto.

Estos indicadores pueden utilizarse para comprobar si la importancia relativa de las variables parece correcta.

3.2 Random Forests

Los árboles de decisión tienen muchas ventajas, pero a menudo son demasiado simples para resolver problemas complejos con buenos resultados.

Los *random forests* (bosques aleatorios) son un método de ensamblaje de tipo «Bagging». El principio consiste en crear múltiples árboles a partir de subconjuntos de datos. Estos árboles pueden crearse en paralelo si la máquina lo permite, lo que ahorra tiempo.

Además, gracias al número de árboles (llamados estimadores), se compensan los posibles errores de un solo árbol.

Durante la predicción, se promedian las predicciones de cada árbol. A continuación, el bosque devuelve la clase mayoritaria (`predict`) o las probabilidades asociadas a cada clase (`predict_proba`).

En la biblioteca Scikit-learn, la clase `RandomForestClassifier` se puede utilizar para crear un bosque, entrenarlo y hacer predicciones o calcular métricas. Toma los mismos parámetros que los árboles de decisión, más el número de estimadores (`n_estimators`).

En Iris, que es un dataset muy simple, el sobreajustese produce muy rápidamente. En Titanic, es posible pasar del 80% al 83% de accuracy, pasando de un solo árbol a 50 árboles:

```
from sklearn.ensemble import RandomForestClassifier

random_forest = RandomForestClassifier(n_estimators=50,
max_depth=5, random_state=42)
random_forest.fit(train_X_titanic, train_y_titanic)
pred_y_titanic = random_forest.predict(test_X_titanic)
print(sklearn.metrics.classification_report(test_y_titanic,
pred_y_titanic))

>              precision    recall  f1-score   support

           0       0.81      0.92      0.86       105
           1       0.86      0.69      0.77        74

    accuracy                           0.83       179
   macro avg       0.84      0.81      0.81       179
weighted avg       0.83      0.83      0.82       179
```

Observación

La ganancia debe sopesarse con la complejidad añadida (en este caso, es incluso diez veces mayor). Si es absolutamente necesario maximizar el indicador, es útil probar los bosques cuando los árboles, incluso tras la optimización de los hiperparámetros, no dan una completa satisfacción.

Se puede acceder a cada árbol del bosque a través de su atributo estimators_. La importancia relativa de las variables se obtiene mediante feature_importances_:

```
random_forest.feature_importances_
> array([1.26261269e-01, 1.23934471e-01, 1.60958020e-01,
7,53215459e-02, 1,75550425e-02, 1,53014429e-02, 7,99326901e-03,
2,29281216e-02, 2,99572976e-04, 4,49447246e-01])
```

En el caso del Titanic, la supervivencia está fuertemente ligada a la última variable (casi el 45% de la decisión final). Esta corresponde al sexo del pasajero.

3.3 XGBoost (eXtreme Gradient Boosting)

XGBoost (Impulso de gradiente extremo) es uno de los algoritmos más populares utilizados por los científicos de datos en datos numéricos. Se trata de un método de ensamblaje de tipo «Boosting».

Al igual que con los bosques aleatorios, el objetivo es crear múltiples árboles. Sin embargo, estos árboles se crearán secuencialmente: cada dato de entrenamiento tendrá una probabilidad de ser elegido para el siguiente árbol, que dependerá de los árboles anteriores. Por tanto, los datos mal clasificados tendrán más probabilidades de ser elegidos.

Aunque la librería Scikit-learn contiene varios algoritmos de boosting, no contiene XGBoost (aunque sí una variante de este llamada GradientBoostingClassifier). Existe una biblioteca totalmente compatible con la API de Scikit-learn, que es la que se utilizará.

La creación de un XGBClassifier se hace de la misma manera que en Scikit-learn. Los parámetros también son bastante transparentes, aunque XGBoost tiene muchos otros. La documentación está disponible en:
https://xgboost.readthedocs.io/en/latest/

Para realizar boosting, el método de selección de datos debe especificarse como descendiente de gradiente (gradient_based). Además, aunque los modelos subyacentes son árboles de forma predefinida, es posible elegir otros estimadores como funciones lineales.

El código para crear, entrenar y evaluar un modelo en el dataset Titanic es el siguiente:

```
import xgboost

xgboost_titanic = xgboost.XGBClassifier(max_depth=5,
subsample=0.7, sampling_method='uniform', seed=42,
n_estimators=20, eval_metric='logloss')

xgboost_titanic.fit(train_X_titanic, train_y_titanic)
pred_y_titanic = xgboost_titanic.predict(test_X_titanic)
print(sklearn.metrics.classification_report(test_y_titanic,
pred_y_titanic))

>               precision    recall  f1-score   support

           0       0.84      0.90      0.87       105
           1       0.85      0.76      0.80        74

    accuracy                           0.84       179
   macro avg       0.84      0.83      0.84       179
weighted avg       0.84      0.84      0.84       179
```

Observación

Mientras que el bosque aleatorio tenía una exactitud del 83%, aquí es del 84% con XGBoost: los resultados son mejores (con 20 árboles en lugar de 50), pero el algoritmo sigue estando potencialmente en sobreajuste. También en este caso hay un equilibrio entre rendimiento y complejidad.

La importancia relativa de las variables también puede obtenerse mediante `feature_importances_`:

```
xgboost_titanic.feature_importances_

> array([0.21764998, 0.06100832, 0.05263618, 0.06796728, 0.        ,
       0.03746828, 0.01742227, 0.07605986, 0.        ,
0.46978784],
      dtype=float32)
```

En este caso, dos variables destacan como explicativas de la supervivencia: la clase billete (primera variable, con un 22%) y el sexo del pasajero (última variable, con un 47%).

4. K-Nearest Neighbors

Los KNN (*K-Nearest Neighbors* o K vecinos más cercanos) es un método especial que no crea un modelo como tal: el dataset de entrenamiento constituye el modelo. Este algoritmo se conoce como no paramétrico.

Cada dato se clasifica en función de los K datos más próximos en el espacio de variables. K es, por tanto, uno de los hiperparámetros que hay que determinar.

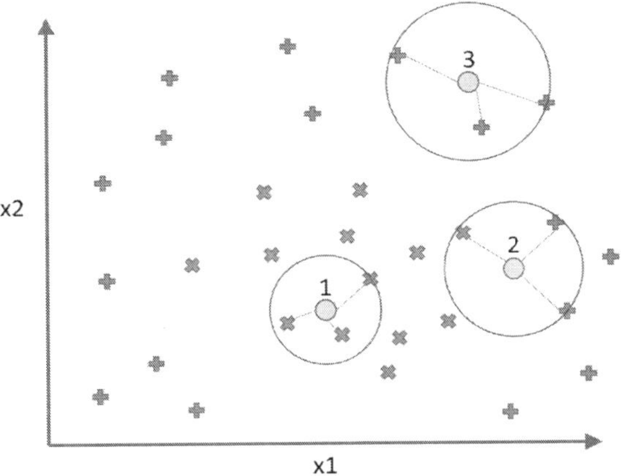

En el ejemplo de la gráfica anterior, dos clases están representadas por signos más (+) y los signos de cruz (X). Hay que predecir tres datos (círculos) y K se ha fijado en 3:

- Círculo 1: los tres vecinos más próximos son X, por lo que el dato 1 se clasificará como X.
- Círculo 2: los tres vecinos se dividen en dos + y una X, por lo que los datos se clasifican por mayoría como +.
- Círculo 3: los tres vecinos son +, los datos se clasifican como +.

Si K es demasiado bajo, se seleccionarán pocos vecinos y el algoritmo será muy sensible a los casos especiales (sobreajuste). En cambio, si K es demasiado grande, los límites entre clases tenderán a desaparecer. Por convención, se elige K=5 de forma predeterminada antes de la optimización de los hiperparámetros, y se evitan los números pares porque pueden llevar a igualdades más fácilmente.

Observación

KNN es un algoritmo ***determinista****: como las distancias no varían con el tiempo, todas las sesiones de entrenamiento sobre el mismo dataset proporcionan los mismos resultados. No hay ninguna semilla aleatoria que proporcionar al utilizarlo.*

El cálculo de las distancias es muy sensible a la amplitud de cada variable. Por lo tanto, es casi imprescindible normalizar los datos de entrada. Son posibles distintas normalizaciones, que pueden adaptarse a cada caso, pero debe utilizarse el mismo algoritmo para todas las variables.

Scikit-learn ofrece la clase `KNeighborsClassifier`. Se puede utilizar dentro de un proceso: normalización de datos y, a continuación, KNN.

El código para el dataset Titanic es el siguiente:

```
from sklearn.neighbors import KNeighborsClassifier
from sklearn.pipeline import Pipeline
from sklearn.preprocessing import StandardScaler

knn = KNeighborsClassifier(n_neighbors=3)
pipeline = Pipeline([
    ('stand', StandardScaler()),
    ('knn', knn)])

pipeline.fit(train_X_titanic, train_y_titanic)
pred_y_titanic = pipeline.predict(test_X_titanic)
print(sklearn.metrics.classification_report(test_y_titanic,
pred_y_titanic))

>               precision    recall  f1-score   support

           0       0.82      0.87      0.84       105
           1       0.79      0.73      0.76        74

    accuracy                           0.81       179
   macro avg       0.81      0.80      0.80       179
weighted avg       0.81      0.81      0.81       179
```

Observación

Sin normalización, en lugar de una exactitud del 81%, con los mismos parámetros, es solo del 72%. La normalización ahorra un 9%, lo que demuestra su utilidad.

Además del número de vecinos (K), KNN tiene otros parámetros, dos de los cuales permiten elegir cómo se calcula la distancia: `metric` y `p` (parámetro utilizado para calcular las distancias si la métrica es «`Minkowski`»). Es importante probar las distintas posibilidades al optimizar los hiperparámetros.

De forma predefinida, el algoritmo KNN no tiene un buen desempeño en inferencias, porque para cada nuevo dato que se va a predecir es necesario calcular la distancia a todos los datos de entrenamiento. Por tanto, existen optimizaciones que separarán el espacio, y las distancias solo se calcularán con datos de la misma zona que los nuevos datos. En la biblioteca Scikit-learn, el parámetro `algorithm` se utiliza para elegir esta estrategia de atravesar el espacio.

5. Logistic Regression

A pesar de su nombre, la regresión logística (*logistic regression*) es una técnica de clasificación, no de regresión. En el caso de la clasificación multiclase, se dice que es politómica.

5.1 Regresión logística binaria

La regresión logística funciona en dos etapas:

- Crear una función lineal para las variables, que asocia los números positivos con los datos de la clase positiva y los valores negativos con los datos de la clase negativa.
- Aplicar la función logística al resultado obtenido para reducir la salida a un valor entre 0 y 1.

La función lineal puede escribirse como $c = a_0 + a_1x_1 + a_2x_2 + a_3x_3 + a_4x_4 + \ldots$.

La función logística puede escribirse como: $y = \frac{e^c}{1 - e^c}$.

Para todos los valores negativos de c, y será inferior a 0,5 y, por tanto, se predecirá la clase negativa. Por el contrario, para los números positivos, se predice la clase positiva:

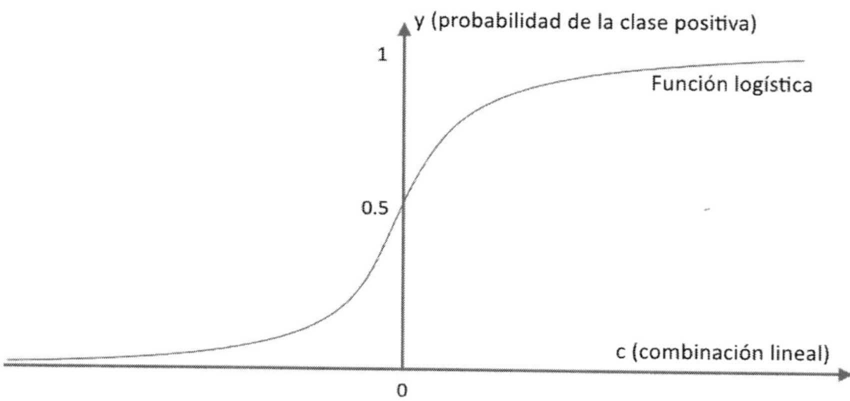

La regresión logística es fácil de configurar. El proceso de aprendizaje consiste en determinar los coeficientes de la función lineal. Para ello pueden utilizarse varias estrategias, denominadas «solucionadores» (*solvers*). Son iterativos y utilizan distintos algoritmos para intentar converger hacia el óptimo, es decir, el mejor conjunto de parámetros. Es habitual probar varios de ellos para obtener los mejores resultados.

También tiene la ventaja de ser fácil de entender. Cualquier variable con un coeficiente positivo indica una correlación positiva hacia la clase positiva. Un coeficiente negativo indica una correlación negativa.

Como los coeficientes también dependen de la escala de los datos de entrada, se recomienda encarecidamente utilizar la regresión logística después de normalizar las variables. Los coeficientes son entonces también comparables: la relación entre dos coeficientes da la importancia relativa de uno sobre el otro.

Por ejemplo, consideremos una regresión logística sobre tres variables y la función lineal:

```
c = 3x1 + 2x2 - x3
```

Las ponderaciones dadas a las variables son 3 para la variable x1, 2 para la variable x2 y -1 para la variable x3. Suponiendo la normalización de las variables, la variable x1 tiene el mayor impacto (tres veces más que x3), y cuanto mayor sea su peso, mayor será la probabilidad de estar en la clase positiva. Por el contrario, la variable x3 tiene un efecto negativo sobre esta probabilidad.

5.2 Regresión logística politómica

La regresión logística multiclase se conoce como politómica.

En este caso, ya no se trata de crear una única combinación lineal para separar las clases binarias. Se hará una combinación para cada clase, que dará la probabilidad de estar en una clase determinada.

A la salida del algoritmo, se realiza una normalización para que la suma de las probabilidades sea 1 (generalmente denominada softmax).

Así que ya no hay una sola combinación, sino tantas como clases, lo que significa que el número de parámetros que hay que determinar es:

```
Nb_param = (Nb_variables + 1) * Nb_classes
```

Con solo tres clases en lugar de las dos utilizadas en la clasificación binaria, el número de parámetros que hay que determinar se triplica.

El resto del algoritmo permanece inalterado.

5.3 Aplicar usando Scikit-learn

En la biblioteca Scikit-learn, el `classifier` que se debe usar es `LogisticRegression`. Este se encuentra dentro de los modelos lineales (`sklearn.linear_model`).

En el caso de la regresión logística binaria, el código es el siguiente. Este utiliza la normalización de la entrada a través de un pipeline, como para el algoritmo KNN. El solucionador elegido es `liblinear`, ideal para datasets pequeños.

```
from sklearn.linear_model import LogisticRegression
from sklearn.pipeline import Pipeline
from sklearn.preprocessing import StandardScaler

logreg = LogisticRegression(random_state=42, solver='liblinear',
max_iter=10)

pipeline = Pipeline([
    ('stand', StandardScaler()),
    ('logreg', logreg)])

pipeline.fit(train_X_titanic, train_y_titanic)
pred_y_titanic = pipeline.predict(test_X_titanic)

print(sklearn.metrics.classification_report(test_y_titanic,
pred_y_titanic))

>               precision    recall  f1-score   support

           0       0.81      0.87      0.84       105
           1       0.79      0.72      0.75        74

    accuracy                           0.80       179
   macro avg       0.80      0.79      0.80       179
weighted avg       0.80      0.80      0.80       179
```

A continuación, se pueden obtener los coeficientes y el valor de la intersección:

```
print(logreg.coef_)
print(logreg.intercept_)

> [[-0.74065442 -0.39281092  0.11353837 -0.62381435 -0.32269746
0.06880076
   0.01713152 -0.09330874  0.19136785 -1.25106406]]
  [-0.66741867]
```

La primera y la última variable son las más importantes en términos absolutos y ambas son negativas: son las dos variables más importantes que conducen a la muerte de un pasajero (predicción = 0). Se trata de la clase (primer parámetro) y el género (último parámetro).

Así, ser hombre o ir en 2ª/3ª clase aumenta el riesgo de muerte. De hecho, fueron las mujeres de 1ª clase las que más sobrevivieron al naufragio.

La intersección con el eje es negativa, lo que indica que la probabilidad de supervivencia es globalmente negativa: perecieron más personas de las que sobrevivieron.

En el caso de la regresión logística politómica en el dataset Iris, el código para utilizarla es exactamente el mismo:

```
logreg = LogisticRegression(random_state=42, solver='liblinear',
max_iter=10)

pipeline = Pipeline([
    ('stand', StandardScaler()),
    ('logreg', logreg)])

pipeline.fit(train_X, train_y)
pred_y = pipeline.predict(test_X)

print(sklearn.metrics.classification_report(test_y, pred_y))

>                  precision    recall  f1-score   support

    Iris-setosa         1.00      1.00      1.00        10
Iris-versicolor         1.00      0.89      0.94         9
 Iris-virginica         0.92      1.00      0.96        11

       accuracy                             0.97        30
      macro avg         0.97      0.96      0.97        30
   weighted avg         0.97      0.97      0.97        30
```

La diferencia radica principalmente en los coeficientes:

```
print(logreg.coef_)
print(logreg.intercept_)

> [[-0.7787064   1.34546676 -1.59847746 -1.43604027]
   [ 0.24414829 -1.25257732  0.54882312 -0.70980573]
   [ 0.01928877 -0.21163709  1.7376178   2.39173304]]
  [-1.4852419  -0.84433083 -2.54452684]
```

Existen tres conjuntos de coeficientes e intersecciones que permiten reconstruir por orden las combinaciones lineales de los Iris Setosa, Versicolor y Virginica. Es posible comparar las clases y observar que, para la clase Virginica, el último parámetro es el más importante: el ancho de los pétalos. Así pues, la clase Virginica tiene los pétalos más grandes del dataset.

Observación

Pueden utilizarse numerosos parámetros para mejorar los resultados, como la elección del solucionador, la regularización o el número de iteraciones. Consulte la documentación para obtener una visión completa.

6. Naive Bayes

6.1 Principio general

La clasificación bayesiana ingenua (*Naive Bayes*) toma su nombre de sus dos características principales:

- Utiliza probabilidades condicionales (teorema de Bayes).
- Hace una suposición denominada «ingenua» (*naive*), es decir, que las variables no están correlacionadas entre sí.

Esta técnica es fácil de utilizar y da buenos resultados de clasificación.

Las probabilidades condicionales corresponden al cálculo de P(B|A), la probabilidad de tener el suceso B sabiendo A. Por ejemplo, P(«Paraguas»|«Lluvia») indica la probabilidad de llevar un paraguas sabiendo que está lloviendo.

En el caso de la clasificación, lo que hay que determinar es la probabilidad de pertenecer a cada clase en función de las entradas. Esto se denomina P(y|X), es decir, la probabilidad de la clase y conociendo las entradas X.

Gracias al teorema de Bayes y al supuesto de que las variables son independientes entre sí, es posible calcular dicha probabilidad a partir de las probabilidades siguientes:

- La probabilidad de y para el conjunto de la población (que generalmente corresponde a la proporción de datos de entrenamiento en la clase **y**). Es lo que se conoce como **a priori**.
- La probabilidad de una característica para una clase determinada, que también puede verse como la proporción de cada valor de una variable para una clase determinada, por ejemplo, la proporción de individuos de 1ª clase que sobrevivieron. Esto se conoce como **verosimilitud**.
- La probabilidad de tener las entradas X, es decir, la probabilidad de tener un caso así, se obtiene generalmente multiplicando las probabilidades de cada una de sus características en el conjunto de la población. Se conoce como **evidencia**.

La probabilidad de pertenecer a una clase determinada (también denominada **posterior** o **a posteriori**) se calcula mediante la fórmula:

$$a\ posteriori = \frac{a\ priori \times verosimilitud}{evidencia}$$

Observación

Las clasificaciones bayesianas ingenuas no utilizan el azar. Es una técnica determinista, que siempre da el mismo resultado para el mismo dataset. Por lo tanto, no existe el parámetro `random_seed`.

6.2 Calcular diferentes probabilidades

Es bastante fácil calcular probabilidades para variables categoriales, como el sexo del individuo. Para variables continuas, como la edad de los pasajeros, es más complejo calcular la probabilidad de tener 5 años o la probabilidad de tener 5 años sabiendo que el pasajero sobrevivió (verosimilitud y evidencia).

Existen varios algoritmos de tipo Naive Bayes, en función de las suposiciones que se hagan sobre las distribuciones de cada uno de los parámetros:

- **Categorial**: cada valor debe codificarse en una categoría, y las probabilidades se calculan categoría por categoría. Por ejemplo, se considerará que una edad de 5 años pertenece a la clase [0, 10] años, y se calculará una probabilidad para esta clase. Ésta es una solución ideal si la mayoría de las variables son realmente categorías con pocos valores posibles.
- **Gaussiana**: se supone que cada valor sigue una distribución gaussiana. A continuación, se realiza un cálculo para estimar la media y la desviación típica de la distribución y deducir la probabilidad de un valor determinado (por ejemplo, 5 años). Este método se aplica bien cuando las distribuciones se aproximan a la gaussiana, lo que se determina durante la fase de análisis de los datos.
- **Bernouilli**: se utiliza cuando cada variable es binaria. A continuación, se calcula la probabilidad de tener o no tener una variable determinada.

Observación

Existen otras versiones más específicas para el tratamiento de textos en lenguaje natural.

Los datasets rara vez pertenecen a una única categoría de datos, sino que suelen tener una mezcla de variables categoriales (binarios o no) y continuas. Sin embargo, el algoritmo se elige para todas las variables. Por lo tanto, es necesario preparar previamente los datos: cuantificar o, por el contrario, discretizar las variables.

6.3 Aplicar usando Scikit-learn

Hay varios `classifiers` en la biblioteca Scikit-learn en `Sklearn.naive_bayes`: `CategoricalNB`, `GaussianNB`, `BernoulliNB`, `ComplementNB` y `MultinomialNB`. Todos ellos se utilizan de la misma manera.

El dataset Iris presenta variables numéricas que se aproximan a la distribución gaussiana. Por tanto, `GaussianNB` parece la más adecuada y no requiere ningún tratamiento previo:

```
from sklearn.naive_bayes import GaussianNB

naive_bayes = GaussianNB()

naive_bayes.fit(train_X, train_y)
pred_y = naive_bayes.predict(test_X)

print(sklearn.metrics.classification_report(test_y, pred_y))

>                  precision    recall  f1-score   support

    Iris-setosa       1.00      1.00      1.00        10
Iris-versicolor       1.00      1.00      1.00         9
 Iris-virginica       1.00      1.00      1.00        11

       accuracy                           1.00        30
      macro avg       1.00      1.00      1.00        30
   weighted avg       1.00      1.00      1.00        30
```

En el caso del dataset Titanic, varias variables son categoriales. En este caso, la versión `CategoricalNB` parece la más adecuada. Sin embargo, el dataset tiene dos variables numéricas que deben transformarse discretizándolas.

La transformación aplicada es `KBinsDiscretizer`. Como solo debe aplicarse a determinadas columnas, debe incluirse en otro `Transformer`: `ColumnTransformer`. Este se utiliza para seleccionar columnas en un pipeline para procesarlas de forma diferenciada.

```
from sklearn.naive_bayes import CategoricalNB
from sklearn.preprocessing import KBinsDiscretizer
from sklearn.compose import ColumnTransformer

naive_bayes = CategoricalNB()

ct = ColumnTransformer([('discretization',
KBinsDiscretizer(n_bins=6, encode='ordinal',
strategy='quantile'), [1,2])], remainder='passthrough')

pipeline = Pipeline([
    ('transform', ct),
    ('naivebayes', naive_bayes)])

pipeline.fit(train_X_titanic, train_y_titanic)
pred_y_titanic = pipeline.predict(test_X_titanic)
```

```
print(sklearn.metrics.classification_report(test_y_titanic,
pred_y_titanic))
```

```
>               precision    recall  f1-score   support

           0       0.78      0.78      0.78       105
           1       0.69      0.69      0.69        74

    accuracy                           0.74       179
   macro avg       0.74      0.74      0.74       179
weighted avg       0.74      0.74      0.74       179
```

Para realizar los distintos cálculos, el algoritmo realiza recuentos. Se puede acceder a ellos a través de varios atributos:

- `category_count_`: para cada clase y para cada variable, da el número correspondiente de datos de entrenamiento.
- `class_count_`: número de datos de cada clase.
- `class_log_prior_`: probabilidad (log) para cada clase.
- `feature_log_prob_`: probabilidad (log) para cada variable.

Los Naive Bayes, aunque sencillos en su funcionamiento, pueden resultar muy potentes.

7. Support Vector Machine

7.1 Presentación general

Las **Máquinas de Vectores de Soporte** (**SVM** *Support Vector Machine*) son un conjunto de técnicas que generalizan los clasificadores lineales.

Combinan dos principios diferentes que, en conjunto, darán a las SVM toda su potencia.

7.1.1 Margen y soporte vectorial

En primer lugar, en el caso de un problema de clasificación linealmente separable, existe un número infinito de hiperplanos que pueden separar el espacio en dos. Intuitivamente, cuanto más alejado esté un límite de los puntos situados a ambos lados, más probable es que se generalicen bien nuevos puntos.

Así, en el ejemplo siguiente, las líneas finas son límites potenciales, pero permanecen cerca de ciertos puntos. En cambio, la línea más gruesa está lo más alejada posible de los distintos puntos, y sería un mejor clasificador.

Observación

En los ejemplos siguientes, utilizaremos solo ejemplos bidimensionales para mayor claridad. En la práctica, los problemas suelen tener muchas dimensiones. Por tanto, ya no se tratará de una línea divisoria, sino de un hiperplano, lo cual es una generalización matemática.

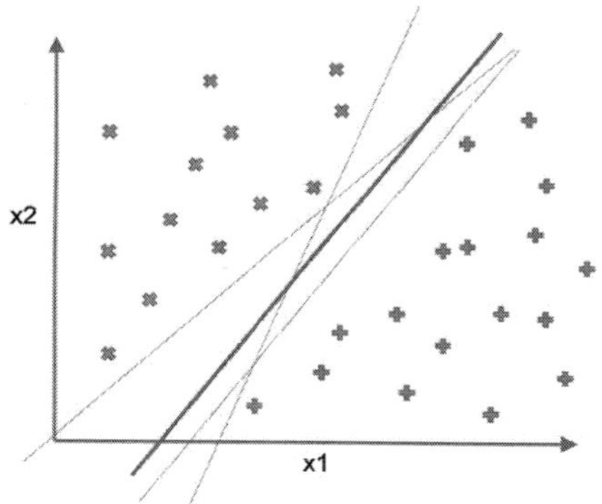

El margen de cada lado corresponde a la distancia entre la línea y el punto más cercano de cada clase. El primer punto del dataset que define el límite del margen se denomina «vector de soporte» (*support vector*) (de ahí el nombre SVM) y es el único que se debe conservar.

Otro nombre para SVM es separador de margen amplio, en referencia a esta búsqueda del margen máximo.

En el ejemplo, el margen se muestra como un rectángulo claro y los soportes están encerrados en un círculo:

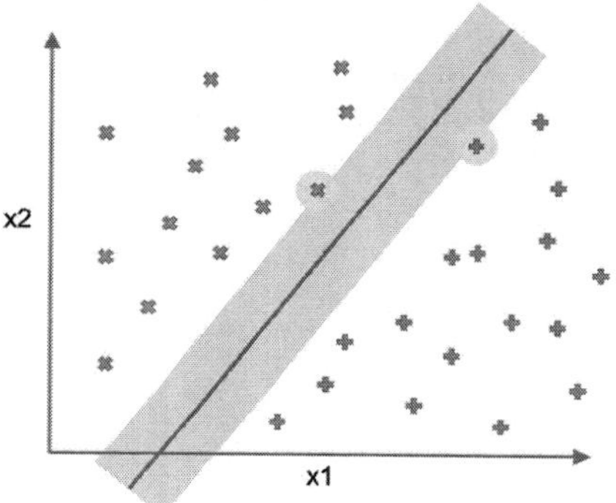

Obviamente, un clasificador de este tipo rara vez es posible, ya que los límites suelen ser menos definidos de lo que son en este caso. Por lo tanto, existe un parámetro C que puede utilizarse para influir en el error aceptable al crear la separación, añadiendo una penalización a cada dato mal clasificado.

Cuanto menor sea la C, mayor será el error (la penalización sobre los errores es baja) pero mayor será el margen, lo que conduce a una mejor generalización. Por el contrario, una C grande significará una mejor clasificación en el conjunto de entrenamiento (debido a las grandes penalizaciones) pero un margen menor y, así, un mayor riesgo de generalización deficiente.

La elección de C depende en gran medida del problema y debe optimizarse, ya que es el principal hiperparámetro de las SVM.

7.1.2 Kernels

Por desgracia, la mayoría de los problemas no son linealmente separables. Por tanto, no existe un hiperplano que permita clasificar los datos de forma aceptable.

Aquí es donde entra en juego la segunda característica de las SVM: los *kernels* (núcleos). Estos se utilizan para crear nuevas dimensiones utilizando una función de las entradas, por ejemplo, las potencias de cada entrada, los productos de cada par de entradas, etc.

Matemáticamente, se ha demostrado que cuanto mayor es el número de dimensiones, mayor es la probabilidad de que el problema sea linealmente separable en alguna de ellas. En el extremo, en dimensiones infinitas, cualquier problema es linealmente separable.

Al añadir dimensiones al problema inicial, los kernels tienen muchas posibilidades de hacerlo linealmente separable (más o menos errores), lo que permite utilizar márgenes y vectores de soporte.

Observación

En realidad, la función kernel no se aplica a cada punto individualmente, sino a cada par de puntos, lo que reduce enormemente el número de cálculos que hay que realizar y permite añadir hasta un número infinito de dimensiones.

Generalmente se utilizan varios núcleos: lineal, sigmoideo, polinómico y gaussiano (RBF).

El uso de kernels permite resolver problemas que no son linealmente separables en su formulación inicial.

7.1.3 Ventajas

Las SVM se utilizan mucho en muchos campos, sobre todo en biología. Ofrecen una serie de ventajas.

En primer lugar, no están limitadas por el número de dimensiones, por lo que es posible utilizarlas cuando los datos tienen muchas características. No es necesario tener más ejemplos que dimensiones, a diferencia de otras técnicas de Machine Learning.

Además, gracias a los núcleos, requieren muy poca capacidad de cálculo y, a diferencia de las KNN, no ocupan mucho espacio al guardarlas. Esto significa que pueden utilizarse en muchos casos en los que los recursos son limitados, y son buenos competidores de las redes neuronales (que suelen ser más ávidas para obtener resultados a veces equivalentes).

Por último, son fáciles de utilizar, gracias a los kernels ofrecidos de forma predefinida en la mayoría de las bibliotecas, incluida Scikit-learn, y al reducido número de hiperparámetros que hay que optimizar.

7.2 Aplicar usando Scikit-learn

En Scikit-learn, los SVM utilizados en clasificación están disponibles en varias clases: `SVC` (caso general), `NuSVC` (variante del primero), `LinearSVC` (en el caso de kernels lineales, más optimizados que el caso general). Los parámetros pueden variar ligeramente de una clase a otra.

En todos los casos, y como todos los demás `classifiers`, toman como parámetros las entradas X y las salidas esperadas y. Es preferible estandarizar o normalizar los datos antes del entrenamiento, para evitar distorsiones del espacio en determinadas dimensiones.

En los ejemplos siguientes se utilizarán SVM con un conducto (pipeline) de normalización. Los parámetros principales son:

- `C`: el parámetro de regularización utilizado para influir en la relación error/margen, que debe ser positivo (valor 1 predefinido).
- `kernel`: el tipo de núcleo que se va a utilizar. Están disponibles los tipos `linear`, `poli`, `rbf` y `sigmoid`, y es posible definir el propio mediante `precomputed`.
- `probability`: si es necesario obtener no solo la clase sino también la probabilidad asociada, este parámetro debe fijarse en True. En este caso, el algoritmo ya no es determinista y entonces es posible añadir una semilla para el generador aleatorio.

El código es el siguiente:

```
from sklearn.svm import SVC
from sklearn.pipeline import Pipeline

svm = SVC(random_state=42, kernel='rbf', probability=True)

pipeline = Pipeline([
    ('stand', StandardScaler()),
    ('svm', svm)])

pipeline.fit(train_X_titanic, train_y_titanic)
pred_y_titanic = pipeline.predict(test_X_titanic)

print(sklearn.metrics.classification_report(test_y_titanic,
pred_y_titanic))

>             precision    recall  f1-score   support

           0       0.81      0.89      0.85       105
           1       0.81      0.70      0.75        74

    accuracy                           0.81       179
   macro avg       0.81      0.79      0.80       179
weighted avg       0.81      0.81      0.81       179
```

En este problema, SVM ofrece resultados excelentes, mejores que los de otros algoritmos vistos anteriormente.

Para la clasificación multiclase, basta con añadir el parámetro decision_function_shape que indique si se deben ejecutar modelos para cada par de clases ('ovo' para *One-Versus-One ; Uno contra Uno*) o un modelo por clase ('ovr' para *One-Versus-Rest ; Uno contra Resto*). La primera opción es más exigente, pero da mejores resultados.

El siguiente código se utiliza para aplicar una SVM multiclase al dataset Iris:

```
svm = SVC(random_state=42, kernel='rbf', probability=True,
decision_function_shape='ovr')

pipeline = Pipeline([
    ('stand', StandardScaler()),
    ('svm', svm)])

pipeline.fit(train_X, train_y)
pred_y = pipeline.predict(test_X)

print(sklearn.metrics.classification_report(test_y, pred_y))

>                   precision    recall  f1-score   support

    Iris-setosa       1.00      1.00      1.00        10
Iris-versicolor       1.00      1.00      1.00         9
 Iris-virginica       1.00      1.00      1.00        11

       accuracy                           1.00        30
      macro avg       1.00      1.00      1.00        30
   weighted avg       1.00      1.00      1.00        30
```

Una vez finalizada la formación, se dispone de información diversa:

- classes_: muestra las clases previstas (y su orden).
- coef_: solo en el caso de un núcleo lineal, da los coeficientes asociados a cada dimensión.
- support_: indica los índices de puntos de aprendizaje utilizados como soporte.
- Support_vectors_: contiene los puntos de aprendizaje utilizados como apoyos.
- n_support_: indica el número de puntos de apoyo asociados a cada clase. Cuanto más complejas de separar sean las clases, mayor será el número de apoyos.

Capítulo 8
Algoritmos de regresión

1. La tarea de regresión

1.1 Definición

Junto con la clasificación, la tarea de **regresión** es una de las dos principales tareas de Machine Learning en el aprendizaje supervisado.

La regresión consiste en asociar un valor numérico (variable objetivo) a un conjunto de variables explicativas. A diferencia de la clasificación, en la que el valor predicho solo puede adoptar determinados valores (las categorías), en este caso se trata de una variable continua.

La mayoría de los algoritmos no tienen noción de los límites, y el valor previsto puede abarcar todos los valores posibles. Por lo tanto, a menudo es necesario un postprocesamiento para devolver el valor al rango posible (por ejemplo, entre 0 y 20 si se trata de una nota).

Observación

Atención: la regresión se utiliza para encontrar una correlación entre las variables explicativas y la variable objetivo. Esta correlación no debe confundirse con la causalidad. Por ejemplo, una correlación encontrada entre la capacidad de memoria y el número de dientes no significa que la pérdida de dientes sea la causa de la disminución de la memoria: puede haber otra razón no presente en los datos (como la edad).

1.2 Ejemplos de casos prácticos

La regresión se utiliza en muchos casos potenciales:

- Predecir el precio de un producto o servicio en función de sus características, como el precio de un piso en función de su tamaño, ubicación, número de habitaciones, etc.
- Evaluar los riesgos de un acontecimiento en relación con otros acontecimientos o informaciones.
- Estimar la calidad de un producto a partir de los datos físicos del proceso (temperatura, presión, humedad, etc.).
- Hacer mantenimiento predictivo estimando el nivel de desgaste de una pieza mecánica de una máquina (generalmente mediante sensores en la pieza: vibración, posición, etc.).

Por tanto, muchos problemas pueden reducirse a un problema de regresión.

1.3 Preparar específicamente los datos

La tarea de regresión debe predecir una variable continua. Es posible utilizarla para predecir una variable discreta, añadiendo un posprocesamiento.

En la mayoría de los algoritmos, el objetivo será encontrar una función que permita pasar de las variables explicativas a las variables objetivo. Es necesario poder aplicar fórmulas a las distintas variables, por lo que las variables categoriales deben transformarse en variables numéricas, por ejemplo, mediante cuantificación.

En cambio, las variables numéricas deberán normalizarse para evitar sesgar los resultados dando más importancia a una variable que a otra.

Existen muchos algoritmos de regresión en Machine Learning, solo se presentarán los principales. Tampoco corresponden a la lista exhaustiva de los disponibles en la biblioteca Scikit-learn, al igual que la lista de parámetros posibles, que no se detallará. La documentación completa de la librería se encuentra en: https://scikit-learn.org/stable/user_guide.html

2. Entrenar y evaluar modelos

Antes incluso de ver cómo funcionan los principales algoritmos, es importante entender cómo se evaluarán los modelos, ya que la evaluación no depende del algoritmo.

La evaluación se llevará a cabo en el conjunto de validación cuando se elijan los hiperparámetros y/o el modelo, y en el conjunto de prueba al final del proceso, cuando se haya determinado el mejor modelo o modelos.

El conjunto de aprendizaje también se evalúa periódicamente. Aunque el objetivo de esta evaluación no es decidirse por un modelo, sino permitir comprobar si se ha producido el aprendizaje y si hay sobreajuste.

Con Scikit-learn, el proceso será siempre el mismo:

- Crear un modelo especificando los parámetros deseados. En el caso de la regresión, la clase será `Regressor` (en el ejemplo, es un `DecisionTreeRegressor`, es decir, un árbol de decisión adaptado a la regresión).
- Realizar el aprendizaje gracias `fit`, proporcionándole los datos de aprendizaje X e y.
- Predecir los resultados en el dataset deseado utilizando `predict` (a partir de X datos, obtener los datos predichos).
- Llamar a las distintas métricas deseadas (presentes en `sklearn.metrics`) usando como parámetros los resultados esperados y los datos predichos).

Observación

Las funciones y el proceso son los mismos que para la clasificación, con la diferencia de la preparación de los datos y el algoritmo utilizado. Del mismo modo, las métricas son diferentes porque dependen de la tarea en cuestión.

En términos de código, tiene el siguiente aspecto (usando el dataset de Boston):

```
import prepare
import sklearn.metrics
from sklearn.tree import DecisionTreeRegressor

# Cargando los datos
train_X, test_X, train_y, test_y = prepare.prepare_boston()
names = ['CRIM', 'ZN', 'INDUS', 'CHAS', 'NOX', 'RM', 'AGE', 'DIS',
'RAD', 'TAX', 'PTRATIO', 'B', 'LSTAT', 'MEDV']

# Crear un modelo
regressor = DecisionTreeRegressor(max_depth=5, random_state=42)

# Fit del modelo
regressor.fit(train_X, train_y)

# Predicciones
pred_y = regressor.predict(test_X)

# Evaluación
print(sklearn.metrics.explained_variance_score(test_y, pred_y))
```

El resultado será entonces el siguiente, correspondiente a la métrica solicitada (varianza explicada):

```
0.8819874799612748
```

Observación

Para simplificar el ejemplo, los resultados se calculan directamente sobre el conjunto test. El capítulo Modelizar y evaluar describe cómo crear un conjunto de validación o realizar una validación cruzada. Para la validación cruzada, el parámetro `scoring` *se utiliza para indicar el indicador o indicadores deseados.*

2.1 Noción de error

El papel de los modelos es encontrar una función matemática que transforme las entradas en un valor lo más cercano posible al objetivo.

En la práctica, suele ser imposible encontrar una función que realice una transformación perfecta. Por lo tanto, habrá errores. Los algoritmos intentarán dejar errores en ambas direcciones (predicciones demasiado altas o demasiado bajas) de forma equilibrada.

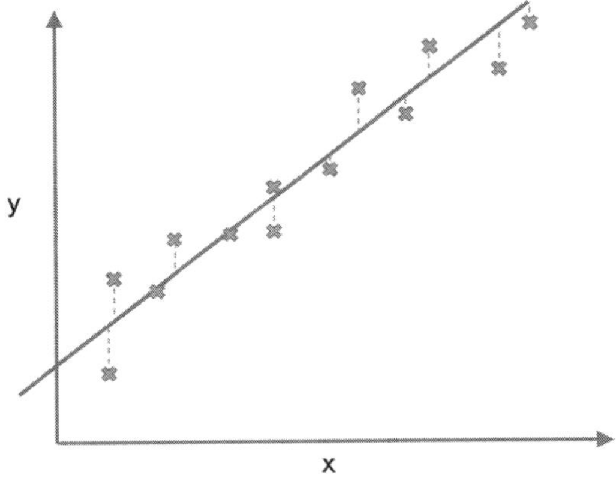

En el diagrama anterior, la línea recta pasa «en medio» de los puntos. Desde un punto de vista matemático, el **error** se define como:

```
error = valor real - valor previsto
```

El valor objetivo real se denota como y, el valor predicho como $\hat{y}$.

Si la predicción está por encima del valor real, el error es negativo. Si la predicción está por debajo, el error es positivo.

Por tanto, la línea se define de forma que la suma de los errores positivos se anule con la suma de los errores negativos: $\sum(y - \hat{y}) = 0$.

Consideremos tres modelos entrenados con los datos anteriores: un modelo lineal A, un modelo polinómico B y otro lineal C.

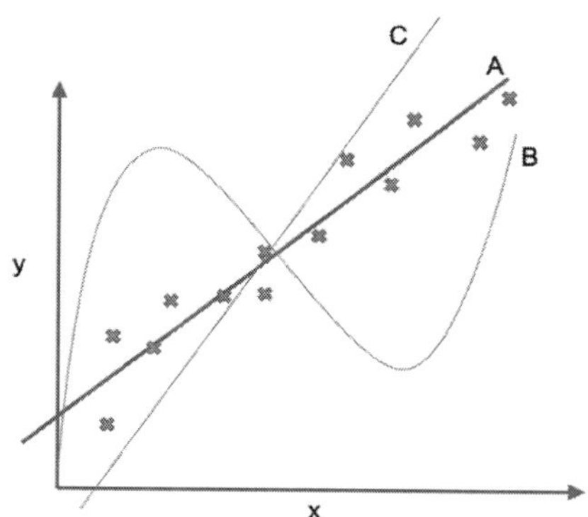

Los tres modelos tienen una suma cero de errores, mientras que los modelos B y C son visiblemente peores que el modelo A. Por tanto, no es posible compararlos basándose únicamente en esta información.

En consecuencia, son necesarios otros indicadores distintos del error.

2.2 Indicadores derivados de la medición de errores

Si la suma de errores no puede utilizarse, se han creado varios indicadores para medir errores y comparar modelos.

Sin embargo, un solo indicador rara vez es suficiente y suele ser necesario combinar varios de ellos para obtener una imagen clara de los resultados de un modelo.

2.2.1 Error absoluto medio

El primer indicador posible es utilizar el valor absoluto en lugar del error. De este modo, los errores negativos ya no anulan los positivos.

Para evitar la sensibilidad al tamaño del dataset, la suma se divide entre el número de observaciones.

El error absoluto medio o MAE (*Mean Absolute Error*) se calcula de la siguiente manera: $MAE = \frac{1}{N}\sum|y - \hat{y}|$.

En Scikit-learn, este indicador está disponible en las métricas:

```
# Error absoluto medio
sklearn.metrics.mean_absolute_error(test_y, pred_y)
```

También es posible calcular el Error Absoluto de la Mediana (MedAE; *Median Absolute Error*), que tiene las mismas características que el anterior:

```
# Error Absoluto de la Mediana
sklearn.metrics.median_absolute_error(test_y, pred_y)
```

Una ventaja del MAE es que está en la misma unidad que la variable a predecir.

2.2.2 Error cuadrático medio

El principio del MAE es hacer que todos los errores sean positivos para poder sumarlos.

Otra forma de obtener el mismo efecto es tomar el cuadrado de los errores en lugar del propio error al hacer la sumatoria. Además, esto tiene otra ventaja: los errores fuertes tendrán un impacto mucho mayor en el resultado final.

El *error* cuadrático medio (ECM) es, por tanto, la media de los errores al cuadrado: $MSE = \frac{1}{N}\sum(y - \hat{y})^2$.

En Scikit-learn, el MSE también está disponible en las métricas:

```
# Error cuadrático medio
sklearn.metrics.mean_squared_error(test_y, pred_y)
```

El MSE también puede entenderse como la varianza de los errores, que indica la dispersión de los mismos.

El inconveniente, sin embargo, es que la unidad de este indicador corresponde a la unidad de la variable objetivo al cuadrado, lo que dificulta su interpretación.

2.2.3 Raíz del error cuadrático medio

El MSE no está en la unidad de la variable objetivo, lo que dificulta su comprensión y comparación con valores reales.

Por lo tanto, es posible tomar la raíz de este error al cuadrado para obtener un indicador en la unidad de la variable objetivo.

Así, la raíz del error cuadrático medio (*RMSE; Root Mean Squared Error*) es simplemente la raíz del MSE:

$$RMSE = \sqrt{MSE} = \sqrt{\frac{1}{N}\sum(y - \hat{y})^2}$$

Esto está presente en Scikit-learn pero a través de un parámetro MSE que indica que no queremos el cuadrado (sino su raíz):

```
# Raíz del erreor cuadrático medio
sklearn.metrics.mean_squared_error(test_y, pred_y,
squared=False)
```

El RMSE puede entenderse como la desviación estándar de los errores, lo que tiene sentido si siguen una curva gaussiana (o en forma de campana).

2.2.4 Coeficiente de determinación y varianza explicativa

Un modelo de regresión ingenuo consistiría en predecir el valor medio de la variable objetivo, sean cuales sean los valores de las variables explicativas.

Si la variable objetivo fuera constante, el modelo sería perfecto, pero nunca es así.

El objetivo de los distintos modelos es, por tanto, predecir la varianza de los datos (es decir, su dispersión en torno a la media) con la mayor exactitud posible, prediciendo valores que se aproximen lo más posible a los valores reales, en lugar de un simple valor medio.

Un modelo que prediga toda la varianza del dataset de entrenamiento sería perfecto, aunque presente un alto riesgo de sobreajuste. En el dataset de validación, la varianza explicada debe ser máxima, lo que significa que el error es mínimo.

Para calcular la parte de la varianza determinada por el modelo creado, pueden utilizarse dos indicadores: el **coeficiente de determinación** (R^2) y la *puntuación de la varianza explicada* (EVS; *Explained Variance Score*).

Estas dos puntuaciones están muy próximas y, en el caso de que el error medio sea cero, son incluso iguales. Su valor máximo es 1, pero pueden ser negativos si el modelo obtiene peores resultados que la predicción media.

Esta es su formulación:

$$R^2 = 1 - \frac{\sum(y - \hat{y})^2}{\sum(y - \bar{y})^2} \qquad EVS = 1 - \frac{Var\{y - \hat{y}\}}{Var\{y\}}$$

A primera vista, estos indicadores son fáciles de entender, ya que el porcentaje debería ser cercano al 100%. Por ejemplo, un EVS de 0,9 indica que el 90% de la varianza se explica, lo que rápidamente se interpreta como que «el 10% de los errores permanecen»" o que «el 90% de los valores son correctos». Sin embargo, este enfoque simplificado del indicador es erróneo y debe tratarse con cautela, sobre todo al hablar de la evaluación de modelos con los clientes.

Además, son sensibles a la varianza del dataset original. Por lo tanto, no se pueden comparar modelos creados a partir de conjuntos de datos distintos (ni por lo tanto, con distribuciones de variables diferentes).

Scikit-learn ofrece ambos indicadores:

```
# Varianza explicada
sklearn.metrics.explained_variance_score(test_y, pred_y)
```

```
# Coeficiente de determinación (R2)
sklearn.metrics.r2_score(test_y, pred_y)
```

Observación

El coeficiente de correlación de Pearson *es la raíz de R^2. La letra R en la notación procede, por tanto, de la correlación, tradicionalmente anotada con esta letra.*

2.2.5 Otros indicadores

Existen muchos otros indicadores. En general, si se prefiere el RMSE, es importante analizar varios indicadores para comprender mejor el modelo.

Estos son algunos de los indicadores más utilizados.

Error máximo

El error máximo es simplemente el mayor error cometido en el dataset. Esto puede tener sentido si las consecuencias del error pueden ser importantes para garantizar que los resultados se considerarán aceptables.

```
# Error máximo
sklearn.metrics.max_error(test_y, pred_y)
```

Error absoluto medio porcentual

El error absoluto medio porcentual (*Mean Absolute Percentage Error* o MAPE) consiste en reducir el error a un porcentaje del valor que se quiere predecir, promediando a la salida del cálculo. Si la variable objetivo incluye tanto valores pequeños como grandes, este indicador es ideal: los errores cometidos en los valores pequeños (que también suelen ser pequeños) se tendrán en cuenta porque la tasa de error es independiente de la amplitud.

```
# Error absoluto medio porcentual
sklearn.metrics.mean_absolute_percentage_error(test_y, pred_y)
```

Error logarítmico cuadrático medio

El error logarítmico cuadrático medio (EMCV; *Mean Squared Logarithm Error*) utiliza el logaritmo para ser insensible a la escala de la variable objetivo. Este indicador es especialmente adecuado si la variable objetivo sigue una tendencia exponencial.

```
# Error logarítmico cuadrático medio
sklearn.metrics.mean_squared_log_error(test_y, pred_y)
```

2.3 Elegir los indicadores de evaluación

El indicador más utilizado es el RMSE, pero dista mucho de ser el único posible.

Es vital poder evaluar los resultados, por lo que es importante reflexionar detenidamente sobre los indicadores que se van a utilizar antes de modelizar. En concreto, dependiendo de los requisitos y de la distribución de la variable objetivo, determinados indicadores pueden ser más apropiados.

En todos los casos, cuando se facilitan métricas a los clientes del modelo para su evaluación, es vital asegurarse de que el cliente las entiende correctamente. Algunas, como la varianza explicada o el RMSE, suelen inducir al error.

Si se malinterpreta el indicador, la decisión de utilizar el modelo puede tomarse sin plena conciencia de los riesgos. Las consecuencias pueden ser catastróficas.

3. Usar algoritmos de clasificación

La mayoría de los algoritmos de clasificación pueden utilizarse para la regresión, con algunas adaptaciones.

3.1 Principio general

Los algoritmos de clasificación pueden predecir la clase (variable objetivo) a partir de variables explicativas. El número de clases se define de antemano.

En el caso de la regresión, existe un número infinito de valores posibles. Por tanto, los algoritmos de clasificación no pueden predecirlos todos.

Sin embargo, es posible determinar un número definido de valores potenciales. El algoritmo asociará a cada dato el valor de la variable objetivo potencial más próxima.

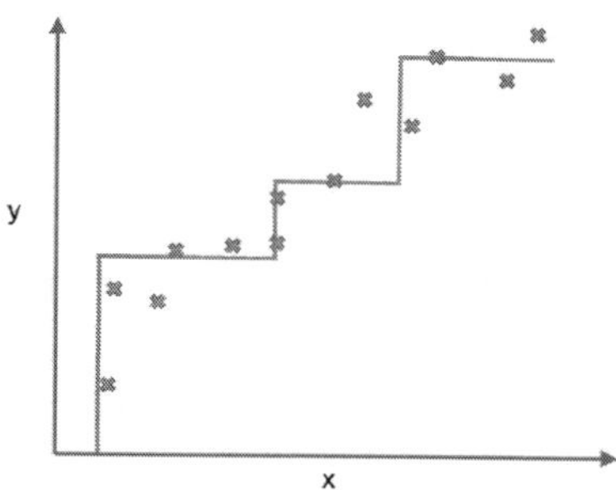

En el diagrama anterior, la predicción tiene forma de escalera. Cada meseta tiene una clase asociada.

Por supuesto, esto suele ser menos realista que un algoritmo de regresión específico, pero los algoritmos de clasificación son sencillos de aplicar, eficientes, no están sujetos a un sobreajuste y, en general, son fáciles de entender.

Sin embargo, existe una complejidad adicional en el caso de la regresión: el algoritmo también tendrá que determinar las diferentes etapas, además de clasificarlas (aunque esto generalmente implicará el muestreo de la amplitud deseada).

Observación

Dado que los algoritmos de clasificación se tratan en el capítulo Algoritmos de clasificación, su funcionamiento y parámetros principales no se revisarán en este capítulo.

3.2 Árboles de decisión y algoritmos derivados

3.2.1 Árboles de decisión

Los **árboles de decisión** pueden utilizarse para la regresión. En lugar de asociar una clase a cada hoja, se utiliza el valor medio de la variable objetivo para los elementos de esa hoja. Esto produce funciones «escalonadas».

Por lo tanto, el árbol se construirá de forma que limite la medición de una métrica de error, que puede elegirse (generalmente, se trata del error al cuadrado).

En Scikit-learn, la clase que se debe utilizar es `DecisionTreeRegressor`.

```
from sklearn.tree import DecisionTreeRegressor

regressor = DecisionTreeRegressor(max_depth=5, random_state=42,
criterion='squared_error')
regressor.fit(train_X, train_y)
pred_y = regressor.predict(test_X)
print(sklearn.metrics.explained_variance_score(test_y, pred_y))
```

A continuación, es posible identificar las características más importantes del mismo modo que para la clasificación.

```
regressor.feature_importances_

> array([0.09536135, 0.        , 0.00264675, 0.        , 0.03052634,
       0.61468233, 0.00158261, 0.01004725, 0.        , 0.        ,
       0.01073655, 0.00133507, 0.23308175])
```

En el caso del dataset de Boston, la variable con mayor impacto sobre el precio de un piso en una zona es la sexta: `'RM'`, el número medio de habitaciones por piso. La siguiente variable es la última de la lista (`'LSTAT'`), es decir, el porcentaje de personas de clase trabajadora.

Del mismo modo, se puede crear el árbol para visualizarlo. Aquí está el código y luego el árbol obtenido con una profundidad máxima de 3 para hacer la visualización legible.

```
from sklearn.tree import export_graphviz
from IPython.display import Image

feature_names = ['CRIM', 'ZN', 'INDUS', 'CHAS', 'NOX', 'RM', 'AGE',
'DIS', 'RAD', 'TAX', 'PTRATIO', 'B', 'LSTAT']
export_graphviz(regressor, out_file='tree_boston.dot',
feature_names=feature_names, rounded=True, filled=True)
!dot -Tpng tree_boston.dot -o tree_boston.png -Gdpi=600
Image(filename = 'tree_boston.png')
```

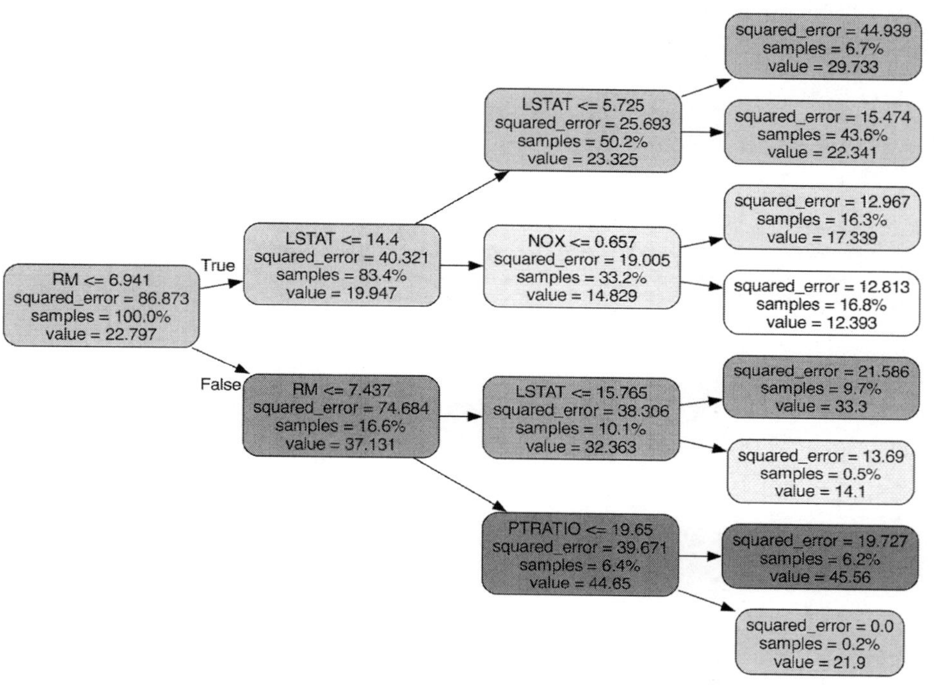

Observación

Para mayor claridad, el gráfico se ha girado (parámetro `rotate` en `True`).

En cada etapa, se muestra el error cuadrático, que desciende de más de 80 inicialmente a valores entre 0 y 45 según la hoja.

Los colores corresponden al valor previsto: cuanto más claro es el recuadro, menor es la predicción. A la inversa, el color más oscuro corresponde al valor predicho más alto (en este caso, 45,56).

3.2.2 Random Forest

Al igual que se puede utilizar un árbol de decisión para un problema de regresión, también es posible utilizar un **random forest** (bosque aleatorio).

Se utiliza del mismo modo que la clasificación, por lo que también es posible obtener los atributos que más influyen en la decisión.

```
from sklearn.ensemble import RandomForestRegressor

regressor = RandomForestRegressor(n_estimators=20, max_depth=4,
random_state=42, criterion='squared_error')
regressor.fit(train_X, train_y)
pred_y = regressor.predict(test_X)
print(sklearn.metrics.mean_squared_error(test_y, pred_y))

> 10.336771058560412

regressor.feature_importances_

> array([3.60710390e-02, 9.14889812e-04, 8.33503379e-03,
4.82758878e-03, 1.30688112e-02, 5.12260017e-01, 3.22264254e-03,
3.08840153e-02, 9.57142157e-05, 1.19381872e-02, 1.87895898e-02,
6.59843939e-03, 3.52994032e-01])
```

3.2.3 XGBoost

El algoritmo **XGBoost** no se encuentra en la biblioteca Scikit-learn, pero también se basa en árboles de decisión.

Se utiliza en regresión de forma similar a la clasificación, salvo que utiliza la clase `XGBRegressor` en lugar de `XGBClassifier`.

```
import xgboost

xgboost = xgboost.XGBRegressor(max_depth=5, subsample=0.7,
sampling_method='uniform', seed=42, n_estimators=20)
xgboost.fit(train_X, train_y)
pred_y = xgboost.predict(test_X)
print(sklearn.metrics.mean_squared_error(test_y, pred_y))

> 10.59830908059424

xgboost.feature_importances_
```

```
> array([0.02906367, 0.00675394, 0.01828919, 0.01848564,
0.08464885,
       0.31305784, 0.01454039, 0.03152963, 0.02486725,
0.03771038,
       0.03016509, 0.02626149, 0.36462662], dtype=float32)
```

3.3 K-plus Nearest Neighbors (KNN)

El algoritmo K-*plus Nearest Neighbors* (KNN; K vecinos más cercanos) en clasificación consiste en observar los K puntos más próximos a los datos que se quieren predecir y tomar la clase mayoritaria.

En el caso de la regresión, es la media de los valores de la variable objetivo lo que se devolverá. Por lo tanto, este algoritmo funciona casi sin adaptación para la regresión. La clase que se va a utilizar es `KNeighborsRegressor`.

El número de vecinos K es determinante, pero aún lo es más la forma de calcular la media: si la media no está ponderada (`weights='uniform'`), la función obtenida será escalonada. En cambio, si la media se pondera por distancia (`weights='distance'`), esta se convierte en no lineal.

```
from sklearn.neighbors import KNeighborsRegressor

regressor = KNeighborsRegressor(n_neighbors=3,
weights='distance')
regressor.fit(train_X, train_y)
pred_y = regressor.predict(test_X)
print(sklearn.metrics.mean_squared_error(test_y, pred_y))

> 20.061245624001867
```

Observe que la curva obtenida mediante la ponderación por distancia pasa por todos los puntos de entrenamiento, lo que significa que los errores en el conjunto de entrenamiento son siempre cero y que, por lo tanto, ya no es necesario poner atención a estos indicadores.

```
pred_y_train = regressor.predict(train_X)
print(sklearn.metrics.mean_squared_error(train_y, pred_y_train))

> 0.0
```

3.4 Support Vector Machine (SVM)

El objetivo de una **Support Vector Machine** (Máquina de soporte vectorial o SVM) es separar el espacio mediante hiperplanos para clasificar los datos. Al igual que con los demás algoritmos, cada clase puede verse como un valor potencial de la variable objetivo.

Existen tres implementaciones utilizables:

- `SVR`: algoritmo de uso general.
- `LinearSVR`: versión optimizada para kernels lineales.
- `NuSVR`: variante de SVR.

Los atributos son los mismos que para las SVM utilizadas en clasificación. Utilizando el dataset de Boston, he aquí un ejemplo de aplicación, teniendo en cuenta que, al igual que con la clasificación, la normalización de los datos previos puede ayudar a mejorar los resultados:

```
from sklearn.svm import SVR

regressor = SVR(kernel='linear', C=0.05)
regressor.fit(train_X, train_y)
pred_y = regressor.predict(test_X)
print(sklearn.metrics.mean_squared_error(test_y, pred_y))

> 27.197912228445325
```

4. Regresión lineal y variantes

4.1 Regresión lineal

La regresión lineal es el algoritmo fundador de la regresión. Consiste en determinar una línea recta en función de los distintos atributos.

En el caso particular de que solo haya un atributo, se trata de encontrar la línea recta con ecuación y=ax+b, donde a a se le denomina **pendiente** y a b **ordenada al origen** (punto donde la recta interseca al eje de las ordenadas o y).

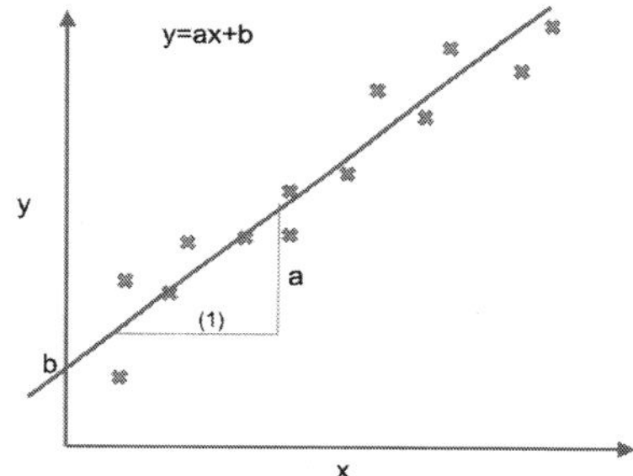

Como hay un número infinito de rectas, la recta devuelta es la que tiene el menor error cuadrático posible. La regresión lineal se denomina, por tanto, *mínimos cuadrados ordinarios*.

El número de entradas suele ser elevado (entre 10 y más de 1.000, según el problema). Así, la ecuación de la recta es: $y = a_0 + \sum_{i=1}^{n} a_i x_i$.

La pendiente se sustituye por un conjunto de factores (ai) y la ordenada al origen por el primero de estos factores (a_0).

Este algoritmo presenta una serie de ventajas: es sencillo y rápido de calcular, pero sobre todo es fácil de interpretar. Cada coeficiente indica la influencia de la variable en el resultado y, sobre todo, su significado, según sea positivo o negativo.

4.2 Aplicar en Scikit-learn

En Scikit-learn, la clase correspondiente a esta regresión lineal es `LinearRegression`. A continuación, se pueden solicitar los diferentes factores usando `coef_` e `intercept_`.

La aplicación en el dataset de Boston es la siguiente:

```
from sklearn.linear_model import LinearRegression
from sklearn import metrics

regressor = LinearRegression()
regressor.fit(train_X, train_y)
pred_y = regressor.predict(test_X)
print(metrics.mean_squared_error(test_y, pred_y))

> 28.02570186948499

regressor.coef_

> array([ 2.31663318e-02,  1.66826494e-03,  2.56646848e-02,
3.16764647e+00, -1.54366811e+01,  4.90731544e+00,
-5.88145304e-03, -1.15437553e+00, 1.29222513e-01,
-8.90055909e-04, -9.09406332e-01,  1.26558793e-02,
-5.00701788e-01])

regressor.intercept_

> 22.723249676973637
```

La regresión lineal no es el algoritmo más potente, por lo que el resultado dista mucho de ser muy eficiente (aunque sea comparable a otros algoritmos).

La ordenada al origen de 22,7 indica el valor «predefinido» antes de aplicar los distintos parámetros. Como el precio varía entre 0 y 50.000 $, se trata de un precio medio. A continuación, los coeficientes muestran si cada parámetro influye positiva o negativamente en el precio.

A modo de recordatorio, el orden de los parámetros es el siguiente:

```
['CRIM', 'ZN', 'INDUS', 'CHAS', 'NOX', 'RM', 'AGE', 'DIS', 'RAD',
'TAX', 'PTRATIO', 'B', 'LSTAT', 'MEDV']
```

Los parámetros que influyen positivamente en el precio son:

- `CRIM`: el índice de criminalidad de la ciudad
- `ZN`: la proporción de zona residencial
- `INDUS`: proporción de zonas industriales
- `CHAS`: la presencia del río Charles (que es afluente de otro)
- `RM`: número medio de habitaciones por vivienda
- `RAD`: accesibilidad a las autopistas
- `B`: un cálculo inversamente proporcional a la tasa de afroamericanos

Por el contrario, los siguientes parámetros tienen un impacto negativo:

- `NOX`: concentración de contaminante (monóxido de nitrógeno)
- `AGE`: proporción de pisos anteriores a 1940
- `DIS`: distancia ponderada a los cinco principales centros de empleo de Boston
- `TAX`: el valor del impuesto sobre bienes inmuebles
- `PTRATIO`: la relación entre profesores y alumnos
- `LSTAT`: el porcentaje de personas de clase trabajadora

Sin embargo, algunos de estos parámetros son prácticamente cero, lo que indica que el parámetro tiene poca o ninguna influencia.

No es posible comparar directamente los coeficientes para ver qué variable influye más, a menos que se normalicen los atributos antes de aplicar la regresión lineal.

Por lo tanto, se recomienda encarecidamente la aplicación de un canal (pipeline) de normalización:

```
from sklearn.pipeline import Pipeline
from sklearn.preprocessing import StandardScaler

regressor = LinearRegression()
pipeline = Pipeline([
    ('stand', StandardScaler()),
    ('ols', regressor)])
pipeline.fit(train_X, train_y)
```

```
pred_y = pipeline.predict(test_X)
print(metrics.mean_squared_error(test_y, pred_y))

> 28.025701869484866

regressor.coef_

> array([ 0.05993926,  0.03857664,  0.17672906,  0.81765477,
-1.81471633, 3.4771921 , -0.16444692, -2.35982641,  0.19013866,
-0.14771979, -2.02428477,  1.15741987, -3.5557716 ])
```

Tras esta normalización, las variables más importantes son:

- `['RM', 'B']` para las variables positivas: número medio de habitaciones y un indicador de no presencia de población afroamericana.
- `['NOX', 'DIS', 'PTRATIO', 'LSTAT']` para las variables negativas: contaminación, distancia de las zonas de empleo, ratio profesor/alumnos y presencia de clases trabajadoras.

Las demás variables desempeñan un papel menos importante.

4.3 El problema de la colinealidad

La regresión lineal «convencional» presenta una serie de inconvenientes. No gestiona bien la colinealidad (fuerte correlación entre dos o más atributos).

Por ejemplo, en el dataset de Boston, hay un atributo `DIS` que indica la distancia a los centros de empleo. No se conoce la unidad, pero podría ser en millas.

Sería posible crear un campo `DIS-KM` que representara esta misma distancia en kilómetros. Se obtiene fácilmente a través de:

```
train_X['DIS-KM'] = 1.609 * train_X['DIS']
test_X['DIS-KM'] = 1.609 * test_X['DIS']
```

Los dos atributos son entonces completamente colineales porque existe una correlación de 1 entre ambos. Cada vez que el factor del atributo DIS aumenta en 1, es posible tener una función que devuelva el mismo resultado disminuyendo el factor DIS-KM en 1,609 (equivalencia de millas a kilómetros).

Así que hay un número infinito de rectas con ecuaciones equivalentes. Algunas podrían tener factores muy grandes y otras más pequeños.

La regresión lineal no permite elegir el mejor conjunto de factores; los factores más pequeños son más eficaces y sencillos de utilizar.

Además, el impacto de cada factor ya no puede compararse y, además, sus signos ya no son significativos: de hecho, es posible tener un `DIS` positivo y un `DIS-KM` negativo o lo contrario, para un mismo impacto final (por ejemplo `{1; -1,609}` y `{-1; 1,609}` se anulan mutuamente, aunque haya un cambio de signo).

Por lo tanto, la lectura de los coeficientes de regresión ya no es posible.

4.4 Ridge Regression

La regresión Cresta (*Ridge Regression*) pretende añadir una restricción a los factores de la llamada regresión de regularización, con el fin de mantenerlos lo más pequeños posible.

Así se evitan algunos de los inconvenientes de la regresión lineal:

- Las colinealidades son menos problemáticas, porque al mantener los coeficientes lo más bajos posible, ya no hay compensación entre coeficientes.
- Así, los factores conservan su significado, lo que permite analizar tanto el signo como el valor relativo de los distintos coeficientes.
- Las variables con muy poca influencia tendrán coeficientes pequeños, lo que facilita la lectura de la importancia relativa.

La regularización aplicada es una penalización equivalente a la suma de los cuadrados de los coeficientes multiplicada por un parámetro alfa. Este último es crucial: si es demasiado bajo, no hay regularización real; si es demasiado alto, impedirá cualquier aprendizaje.

En el caso extremo donde alfa sea 0, la regresión *Ridge* se convierte en una regresión lineal clásica (*Ordinary Least Square*; Mínimos cuadrados ordinarios).

Su uso en Scikit-learn es sencillo, y solo consiste en especificar el valor del parámetro `alpha`. La clase se llama simplemente Ridge. Al igual que con la regresión lineal, es posible averiguar el valor de la ordenada al origen (`intercept_`) o la lista de coeficientes (`coef_`).

```
from sklearn.linear_model import Ridge
from sklearn import metrics

regressor = Ridge(alpha=1)
regressor.fit(train_X, train_y)
pred_y = regressor.predict(test_X)
print(metrics.mean_squared_error(test_y, pred_y))
> 28.10468386843545

regressor.intercept_

> 18.038820023835108

regressor.coef_

> [-2.45107265e-02  4.87745441e-03 -3.37352827e-03
2.93159018e+00
 -8.38733871e+00  4.91678296e+00 -1.07776244e-02 -1.05604633e+00
  1.18638794e-01 -1.63975588e-03 -8.28984514e-01  1.29281592e-02
 -5.14609143e-01]
```

Aquí, la aplicación de la clase Ridge ha reducido el valor de los coeficientes.

Sin embargo, elegir el mejor parámetro alfa puede ser complicado. Se puede utilizar una clase específica `RidgeCV` (*Ridge Cross Validation*; Validación Cruzada Cresta) para indicar varios valores posibles para este parámetro, como en el caso de una búsqueda por medio de una rejilla de hiperparámetros.

Entonces es posible encontrar, además de la ordenada al origen o los coeficientes, el mejor parámetro alfa obtenido (`alfa_`):

```
from sklearn.linear_model import RidgeCV

regressor = RidgeCV(alphas=np.logspace(-6, 6, 13))
regressor.fit(train_X, train_y)
pred_y = regressor.predict(test_X)
print(metrics.mean_squared_error(test_y, pred_y))

> 28.02289405059946
```

```
regressor.alpha_

> 0.1

regressor.coef_

> array([ 1.48575238e-02,  2.20240647e-03,  2.07524933e-02,
3.13460942e+00, -1.42415201e+01,  4.91187899e+00, -6.73983202e-03,
-1.13768110e+00, 1.27306590e-01, -1.01580218e-03,
-8.95584246e-01,  1.27031796e-02, -5.02811125e-01])

regressor.intercept_

> 21.90512213897137
```

4.5 Lasso Regression

Aunque la regresión Ridge permite limitar los coeficientes, es raro que algunos de ellos sean 0. Esto significa que todos los parámetros influyen en el resultado final.

Muy a menudo ciertos parámetros tienen en realidad poca o ninguna influencia. Peor aún, la pequeña influencia detectada puede ser simplemente una coincidencia en los datos (asociada al ruido).

Por tanto, limitar el número de variables influyentes puede mejorar la generalización de la regresión.

La regresión Lasso (*Lasso Regression*) se basa en el principio de la regresión Ridge, con el peso de los coeficientes limitado por un parámetro alfa. Sin embargo, esta vez la regularización es diferente: se tiene en cuenta la suma de los valores absolutos de los coeficientes (denominada norma l1), en lugar de la suma cuadrática (denominada norma l2).

Observación

El nombre Lasso no tiene nada que ver con los westerns, sino que significa Operador de Selección y Contracción Mínima Absoluta (Least Absolute Shrinkage and Selection Operator).

De este modo, muchos coeficientes pueden ser cero y no solo de un valor pequeño.

En Scikit-learn, se debe utilizar la clase `Lasso` con un parámetro `alfa`.

```
from sklearn.linear_model import Lasso
from sklearn import metrics

regressor = Lasso(alpha=1)
regressor.fit(train_X, train_y)
pred_y = regressor.predict(test_X)
print(metrics.mean_squared_error(test_y, pred_y))

> 27.460120307027886

regressor.intercept_

> 29.58110308017803

regressor.coef_

> array([ 0. ,  0.00801932, -0. ,  0. , -0. , 1.98588129,
0.02067636, -0.35470835,  0. , -0.00321087, -0.70701326,
0.01118174, -0.74239054])
```

Esta vez, y sobre el mismo dataset que las regresiones anteriores, el valor del RMSE es inferior (27 frente a 28), lo que indica una mejor generalización. Además, cinco coeficientes son cero, lo que indica una influencia nula de los parámetros correspondientes.

```
[names[i] for i in np.where(regressor.coef_ == 0)[0]]

> ['CRIM', 'INDUS', 'CHAS', 'NOX', 'RAD']
```

Las variables sin impacto aquí son, pues, el índice de criminalidad, las zonas industriales, la presencia del afluente del río, la contaminación y la distancia a las autopistas. Sin embargo, la presencia del afluente del río era un atributo clave en las regresiones anteriores: puede ser colineal con otras variables, en cuyo caso el lasso solo seleccionará el conjunto mínimo de variables colineales.

Como el parámetro `alpha` es central, existe una clase que puede utilizarse para buscar el mejor parámetro. A continuación, es necesario especificar el número de valores `n_alphas` que se va a probar, y es posible obtener la ordenada al origen, los coeficientes y el mejor valor de `alpha`.

```
from sklearn.linear_model import LassoCV

regressor = LassoCV(n_alphas=500)
regressor.fit(train_X, train_y)
pred_y = regressor.predict(test_X)
print(metrics.mean_squared_error(test_y, pred_y))

> 27.30981030405593

regressor.intercept_

> 24.690946489781467

regressor.coef_

> array([ 0. ,  0.00799244, -0. ,  0. , -0. , 2.8876251,
0.00997177, -0.52452129,  0. , -0.00338438, -0.72666141,
0.01196077, -0.68494933])

regressor.alpha_

> 0.7112607795804332
```

5. Regresión polinómica

5.1 Principio

En muchos casos, la función utilizada para obtener la variable objetivo a partir de las variables explicativas no es lineal.

Todas las regresiones vistas anteriormente (mínimos cuadrados ordinarios, Ridge y Lasso) solo pueden resolver problemas lineales.

Existen otras formas de regresión, que no son lineales. La principal es la **regresión polinómica**, que permite hallar una función utilizando las dos variables explicativas y estas en un orden superior (x^2, x^3, x^4...). El grado de la función es la potencia más alta.

También se pueden mezclar variables, por ejemplo, creando nuevas como multiplicaciones de las anteriores, como x_1x_2. Esta nueva variable es, por tanto, también de 2do orden.

Dadas dos variables x_1 y x_2, la ecuación de grado 2 que buscamos es: $y = a_0 + a_1x_1 + a_2x_2 + a_3x_1^2 + a_4x_1x_2 + a_5x_2^2$.

Si cada variable o multiplicación de variables se sustituye con una nueva variable z, la ecuación se convierte en: $y = a_0 + a_1z_1 + a_2z_2 + a_3z_3 + a_4z_4 + a_5z_5$.

Si las distintas características están precalculadas, la regresión polinómica es por tanto una regresión lineal en este nuevo espacio, y los algoritmos vistos anteriormente son perfectamente adecuados.

5.2 Regresión polinómica y Scikit-learn

No hay algoritmos de aprendizaje dedicados a la regresión polinómica en la biblioteca, solo los de regresión lineal (OLS, Ridge y Lasso, por ejemplo).

No obstante, Scikit ofrece un preprocesador para calcular todas las variables de grado superior. De este modo, una vez realizado el cálculo, se pueden utilizar directamente los demás algoritmos.

El preprocesador es `PolynomialFeatures`. Su parámetro principal es `degree`, que indica el grado máximo para los cálculos. Otros dos parámetros son importantes:

- `interaction_only` (predefinido a `False`): este parámetro indica si se deben calcular todos los nuevos atributos o solo los resultantes de la multiplicación de distintas variables (como x1x2).
- `include_bias` (predefinido a `True`): este parámetro indica si se debe incluir un parámetro con valor 1 (el sesgo; *bias*). Este parámetro proporciona un valor de intercepción sin exigirlo a los algoritmos utilizados posteriormente.

El código consta de dos etapas: utilizar el preprocesador para crear las nuevas variables (en los conjuntos de entrenamiento y prueba) y, a continuación, aplicar un algoritmo de regresión lineal (en este caso `Lasso`).

```
from sklearn.preprocessing import PolynomialFeatures
from sklearn.linear_model import Lasso
from sklearn import metrics

# Préprocesseur
poly = PolynomialFeatures(degree=2, include_bias=False)
train_X = poly.fit_transform(train_X)
test_X = poly.transform(test_X)

# Algorithme Lasso
regressor = Lasso(max_iter=15000)
regressor.fit(train_X, train_y)
pred_y = regressor.predict(test_X)
print(metrics.mean_squared_error(test_y, pred_y))

> 14.413339690744131
```

Observación

El número de características se ha incrementado de 13 a 104, lo que significa más pasos para Lasso. Por ello, el número máximo de iteraciones (`max_iter`) tuvo que aumentarse a 15.000 (Scikit-learn muestra una advertencia si el número de iteraciones es insuficiente).

El RMSE se redujo a la mitad, lo que supone una ganancia considerable. Además, no todos los 104 atributos se utilizan en la función lineal descubierta, ya que solo 48 factores no son nulos, es decir, menos de la mitad.

No se debe descuidar la comprobación de una regresión polinómica cuando los resultados de las regresiones lineales parecen débiles.

6. Caso especial de la predección

6.1 Predección y series temporales

El problema de **predecir** (*Forecast*)consiste en pronosticar la variable objetivo no a partir de variables explicativas, sino a partir de valores anteriores del objetivo.

En el caso del dataset de Boston, un problema de predicción podría consistir en pronosticar el precio medio de los pisos basándose en el historial de estos precios en lugar de en las características del inmueble.

Por lo general, no existe un dataset como tal, sino una serie de valores conocida como **serie temporal**.

Las series temporales suelen estar formadas por solo dos campos:

- Fecha (opcional, se puede tratar de índices)
- El valor en esa fecha

Por tanto, la variable objetivo es también la variable explicativa.

Una serie temporal puede considerarse como la descomposición de la serie en cuatro elementos:

- La tendencia general, que puede ser estable, ascendente o descendente, lineal o no lineal.
- Las estacionalidades, que son variaciones que se repiten con una frecuencia determinada, por ejemplo, un aumento de las ventas de adornos navideños cada año en noviembre/diciembre. Aunque el nombre sugiere estaciones, la frecuencia puede ser mucho más corta, por ejemplo, un cambio que depende de la hora del día.
- Los ciclos, que son variaciones que se repiten con regularidad, pero sin una frecuencia definida. Por eso suele ser difícil predecir la próxima subida o bajada, como ocurre con la bolsa o, en menor medida, con el clima.
- El ruido, que es una variación imprevisible que suele estar presente en los errores. Si el ruido es demasiado alto, no será posible hacer predicciones sobre las series temporales.

El siguiente gráfico muestra una serie temporal a lo largo de 100 pasos de tiempo, con valores comprendidos entre -10 y 60:

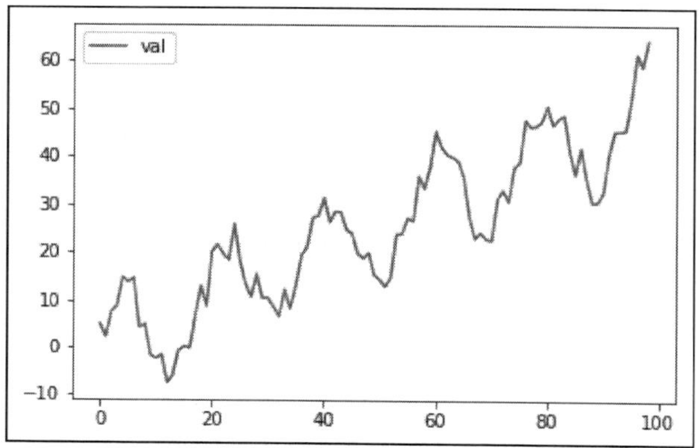

La tendencia general de esta curva es un crecimiento lineal con la ecuación y = x/2:

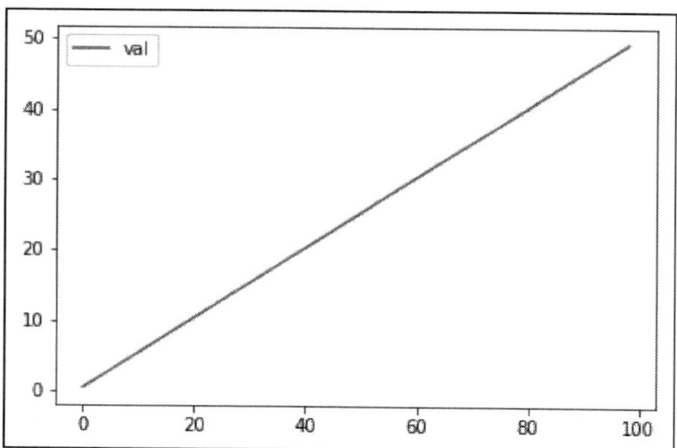

A esta tendencia general se añade una estacionalidad del periodo de algo menos de 20, con una amplitud de 20 (entre -10 y +10). La ecuación exacta de la curva es 10 * sen(x/3).

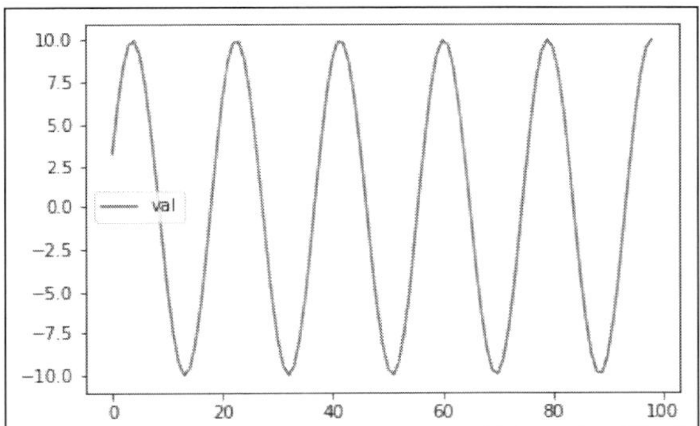

Además, existe un componente de ruido imprevisible, que sería el resto de la predicción. Por tanto, un modelo con una buena generalización tendrá un error igual a este (globalmente entre -4 y +4):

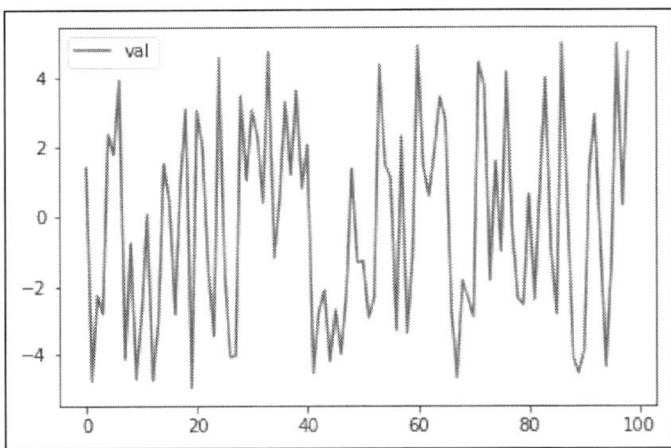

Observación

La curva anterior se ha obtenido utilizando el siguiente código:

```
import math

trend = pd.DataFrame([x/2 for x in range(1, 100)],
columns=['val'])
```

```
season = pd.DataFrame([10*math.sin(x/3) for x in range(1, 100)],
columns=['val'])
random.seed(42)
noise = pd.DataFrame([random.random()*10-5 for x in range(1,
100)], columns=['val'])
total = pd.DataFrame(trend['val'] + season['val'] + noise['val'])
```

6.2 Preparar datos

La preparación de las fechas, cuando están presentes, consiste generalmente en extraer elementos de las mismas: día, mes, año, pero también día de la semana, número de semana, estación del año, si el día es festivo o no, si cae en fin de semana o no...

Los campos que deben extraerse dependen principalmente de su impacto en la variable objetivo.

Observación

Una variable «estación» tendría sentido para predecir las ventas de tablas de surf, pero no tanto para las ventas de platos. Así que todo es cuestión de contexto, y a veces resulta útil realizar varias pruebas antes de descubrir la información más importante.

La preparación de la variable única (objetivo y explicativa) es diferente. En muchos casos, los datos se transformarán en «horizontes», es decir, partes de los datos que contienen un número finito de valores históricos y la variable objetivo (que es el valor siguiente).

Consideremos la serie de valores históricos [0, 1, 2, 3, 4, 5, 6]. Utilizando un horizonte temporal de 2 se obtendría el siguiente dataset, que contiene dos variables históricas y la variable objetivo (próximo valor):

X_1	X_2	Y
0	1	2
1	2	3
2	3	4
3	4	5
4	5	6

Las columnas X_1 y X_2 representan los dos últimos valores conocidos (el horizonte) y la columna Y es la variable objetivo (el valor futuro). Si la fecha se ha preparado con antelación, los valores extraídos para la variable objetivo se añadirán como nuevos atributos.

El tamaño del horizonte debe elegirse de forma que permita realizar una predicción: según los casos, puede ser mayor o menor, por ejemplo, abarcando los últimos 30 días. Además, en el caso de procesos muy estacionales, puede ser útil no incluir en el horizonte los últimos valores adyacentes, sino valores en un paso de tiempo regular (como las ventas del mismo día del año anterior). Como mínimo, es necesario cubrir toda la temporalidad de la mayor estacionalidad al menos una vez para poder aprender de ella y es aconsejable obtener datos al menos en dos veces.

La última preparación se refiere a la variable objetivo (Y): en algunos casos, más que predecir el valor real, lo que hay que determinar es el delta con la variable precedente.

La serie temporal [1, 5, 7, 3, 8, 4, 9], con un horizonte de 2 y utilizando delta, podría dar:

X_1	X_2	Y	ΔY
1	5	7	+2
5	7	3	-4
7	3	8	+5
3	8	4	-4
8	4	9	+5

Por lo tanto, merece la pena probar diferentes algoritmos, intentando predecir el valor real o solo el delta. Por lo general, uno será más sencillo que el otro.

Una vez preparado el dataset, es posible utilizar algoritmos de regresión más tradicionales.

6.3 Aplicar en Scikit-learn

Scikit-learn no dispone de algoritmos específicos para series temporales, pero los modelos lineales también se pueden utilizar con algunas adaptaciones.

La serie utilizada aquí se creará artificialmente a partir de una tendencia lineal y ruido en el intervalo [-2,5; 2,5], con 100 valores.

```
import pandas as pd
import random

random.seed(42)
data = pd.DataFrame([x + 5* random.random()- 5/2 for x in
range(1, 100)], columns=['val'])
```

Su trazo es el siguiente:

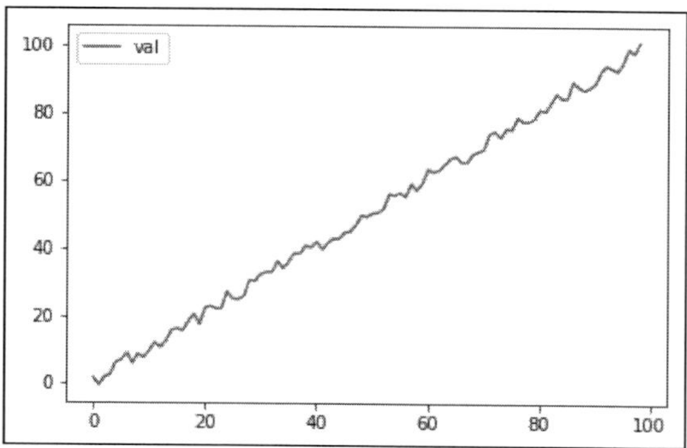

No existen funciones en Scikit-learn para crear horizontes directamente. Sin embargo, es muy fácil desplazar todos los datos utilizando la función `shift`.

La función `create_horizon`, cuyo código está disponible para su uso, se emplea para crear estos horizontes, especificando los datos que se van a utilizar y el tamaño del horizonte.

```
def create_horizon(data, size):
    for i in range(1, size+1):
        data['minus'+str(i)] = data['val'].shift(i)
    data.dropna(inplace=True)
    return data

data = create_horizon(data, 3)
```

Observación

Debido al desfase, es necesario eliminar las primeras filas del dataset porque los datos anteriores no existen. El número de líneas eliminadas corresponde al tamaño del horizonte. Por tanto, es importante elegir el tamaño del horizonte de modo que se tengan suficientes puntos para hacer una predicción, pero no demasiados para no eliminar muchos datos.

La cabecera del `DataFrame` es la siguiente:

	val	minus1	minus2	minus3
3	2.616054	1.875147	-0.374946	1.697134
4	6.182356	2.616054	1.875147	-0.374946
5	6.883497	6.182356	2.616054	1.875147
6	8.960898	6.883497	6.182356	2.616054
7	5.934694	8.960898	6.883497	6.182356

A continuación, se pueden crear datasets de train y test:

```
y = data['val']
X = data.drop('val', axis=1)

train_y = y[:80]
test_y = y[80:]
train_X = X[:80]
test_X = X[80:]
```

Una vez preparados los datos, es posible ejecutar una regresión más tradicional, utilizando los algoritmos vistos anteriormente en este capítulo. Aquí se utiliza un Lasso, con validación cruzada para encontrar el valor `alfa` correcto:

```
from sklearn.linear_model import LassoCV
from sklearn import metrics

regressor = LassoCV(n_alphas=200)
regressor.fit(train_X, train_y)
pred_y = regressor.predict(test_X)
print(metrics.mean_squared_error(test_y, pred_y))

> 3.947638186839044
```

Los distintos resultados del aprendizaje quedan disponibles:

```
regressor.intercept_

> 2.117511819151254

regressor.coef_

> array([0.40443332, 0.2642424 , 0.32725904])

regressor.alpha_

> 0.5387025194983053
```

A continuación, es posible desarrollar el resultado obtenido, mediante algunos redondeos por razones de legibilidad y de la inclusión de valores teóricos únicamente, es decir, sin ruido. Así, el campo `minus1` corresponde a (x - 1), `minus2` a (x - 2) y `minus3` a (x - 3).

La ecuación de regresión puede escribirse como:

```
y = 2.12 + 0.40 * minus1 + 0.26 * minus2 + 0.33 * minus3
y = 2.12 + 0.40 (x - 1) + 0.26 (x - 2) + 0.33 (x - 3)
y = 2.12 + 0.40 x - 0.40 + 0.26 x - 0.52 + 0.33 x - 0.99
y = (0.40 + 0.26 + 0.33) x + (2.12 - 0.40 - 0.52 - 0.99)
y = 0.99 x + 0.21
```

Así, el resultado se aproxima a y=x, que sería la mejor generalización.

El siguiente gráfico muestra las predicciones de la serie:

- La línea de puntos muestra la curva teórica x = y
- Los marcadores «+», los valores reales y con ruido
- Los marcadores «x», los valores previstos

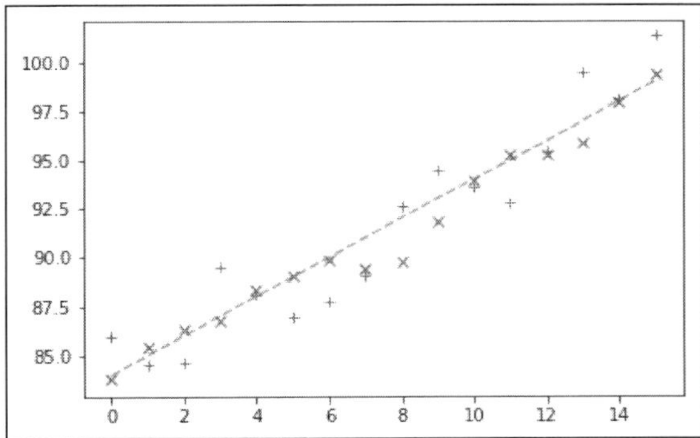

En general, las predicciones se acercan más a la curva teórica que los valores reales, lo que significa que la regresión ha generalizado bien.

Es interesante probar la predicción de valores reales y la predicción de deltas, porque dependiendo del problema, una puede ser más sencilla que la otra en términos de regresión.

Calcular el delta una vez creados los horizontes es sencillo:

```
data['dif'] = data['val'] - data['minus1']
```

La creación de los conjuntos de datos de aprendizaje y de prueba sigue el mismo principio. Sin embargo, esta vez se eliminarán dos columnas de las variables explicativas:

```
y = data['dif']
X = data.drop(['dif', 'val'], axis=1)

train_y = y[:80]
test_y = y[80:]
train_X = X[:80]
test_X = X[80:]
```

Al igual que con el uso de horizontes, se utiliza una regresión mediante el algoritmo Lasso con validación cruzada para la elección de alfa:

```
from sklearn.linear_model import LassoCV
from sklearn import metrics

regressor = LassoCV(n_alphas=200, max_iter=50000)
regressor.fit(train_X, train_y)
pred_y = regressor.predict(test_X)
print(metrics.mean_squared_error(test_y, pred_y))

> 3.8863961308046067
```

Los factores de la línea de regresión son los siguientes:

```
regressor.intercept_

> 2.0656191546880747

regressor.coef_

> array([-0.58689223,  0.25730544,  0.32654653])
```

La ecuación se puede simplificarse analizándola:

```
y = 2,07 - 0,59 * (x - 1) + 0,26 * (x - 2) + 0,33 * (x - 3)
y = (-0,59 + 0,26 + 0,33) x + (2,07 + 0,59 - 0,52 - 0,99)
y = 0 x + 1,15
y = 1,15
```

En este caso, la ecuación teórica es y=1, por lo que la regresión se aproxima bastante a ella. Los resultados también son ligeramente mejores que en el caso de la predicción del valor real.

6.4 Usar modelos específicos

6.4.1 Limitar el enfoque de la regresión lineal

El enfoque presentado con Scikit-learn funciona bien para series temporales con una tendencia fuerte (lineal) y poca estacionalidad.

Es el caso del ejemplo anterior, que combina una tendencia lineal con ruido. Los resultados parecen buenos, con un RMSE inferior a 4.

```
from sklearn.linear_model import LassoCV
from sklearn import metrics
y = data['val']
X = data.drop(['val', 'dif'], axis=1)

train_y = y[:80]
test_y = y[80:]
train_X = X[:80]
test_X = X[80:]

regressor = LassoCV(n_alphas=200)
regressor.fit(train_X, train_y)
pred_y = regressor.predict(test_X)
print(metrics.mean_squared_error(test_y, pred_y))

> 3.9476381868390553
```

Sin embargo, es interesante comparar los resultados con una predicción naive. Utilizando el último valor conocido como valor predicho, el RMSE sería de casi 6, lo que confirma los buenos resultados:

```
print(metrics.mean_squared_error(test_y, test_X['minus1']))

> 5.705173039858824
```

La primera serie temporal presentada era la suma de una tendencia lineal, estacionalidad y ruido. Su predicción puede hacerse de la forma clásica:

```
from sklearn.linear_model import LassoCV
from sklearn import metrics

regressor = LassoCV(n_alphas=200)
regressor.fit(train_X, train_y)
pred_y = regressor.predict(test_X)
```

```
print(metrics.mean_squared_error(test_y, pred_y))

> 28.989896851213285
```

Aunque la curva varía en el mismo intervalo de valores, los resultados aquí son mucho peores, con un RMSE de casi 29.

También en este caso es necesaria una comparación con la predicción del último valor conocido:

```
(metrics.mean_squared_error(test_y, test_X['minus1'])

> 26.76382452685415
```

Esta vez, la regresión lineal utilizando los tres últimos valores da peores resultados que una predicción naive del último valor conocido: la regresión no funciona.

Con un horizonte de 18 (próximo a la frecuencia de la estacionalidad), el resultado es mucho mejor:

```
from sklearn.linear_model import LassoCV
from sklearn import metrics

regressor = LassoCV(n_alphas=200)
regressor.fit(train_X, train_y)
pred_y = regressor.predict(test_X)
print(metrics.mean_squared_error(test_y, pred_y))

> 13.539531415059189

regressor.intercept_

> 3.6327489978047254

regressor.coef_

> array([ 0.32414419,  0.10399876,  0.06847038,  0.20323839, -0.       ,
      -0.        ,  0.08746358, -0.15565466, -0.00234656,  0.   ,
      -
0.15263632,  0.        ,  0.        ,  0.        ,  0.33292237,
        0.02463579,  0.0525523 ,  0.14241244])
```

Los coeficientes indican que los valores más importantes son los más antiguos y los más recientes, es decir, los más próximos en términos de estacionalidad.

Sin embargo, los resultados siguen sin ser excepcionales, con errores relativos que oscilan entre -6 y +7, es decir, entre el 10 y el 15% del resultado esperado.

Observación

Atención: con un horizonte de 18, las 18 primeras líneas ya no pueden utilizarse. Por lo que, la división entre pruebas y aprendizaje es diferente para garantizar una prueba representativa.

Por ello, se han desarrollado modelos especiales para series temporales con variaciones estacionales.

6.4.2 Algoritmos dedicados a las series temporales

Aunque Scikit-learn no dispone de ningún algoritmo dedicado a las series temporales, la biblioteca statsmodels sí cuenta con varios. Su documentación está disponible en: https://www.statsmodels.org/stable/index.html

Esta biblioteca se utilizará para ilustrar los distintos algoritmos, aunque se trata de una biblioteca estadística y no de una biblioteca de Machine Learning.

Autoregresión (AR)

La autorregresión corresponde a los algoritmos clásicos de regresión aplicados a las series temporales. Estos algoritmos se presentaron anteriormente, con la creación de un horizonte y, a continuación, la creación de un modelo lineal.

La biblioteca statsmodels también puede utilizarse para la autoregresión mediante la clase `AutoReg`. El horizonte se denomina `lags` en los parámetros y debe especificarse el tipo de tendencia (`trend`): constante (`'c'`) o dependiente del tiempo (`'t'`). En este caso, la tendencia dependerá del índice (tiempo).

El código es el siguiente:

```
import statsmodels.api as sm

model = AutoReg(train_y, lags=18, trend='t')
model_fit = model.fit()
pred = model_fit.predict(0, 98)
```

También en este caso, el tamaño del horizonte es crucial. He aquí las predicciones obtenidas en los últimos 20 pasos temporales con un horizonte de tamaño 3 (a la izquierda) o de tamaño 18 (a la derecha):

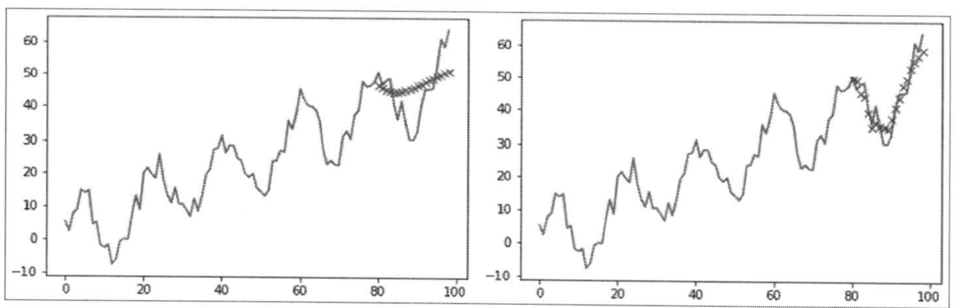

Observación

Como referencia, en la predicción de 20 pasos temporales a partir del último, el RMSE desciende de más de 69,93 a 11,44, es decir, una división entre más de 6.

Media móvil (MA)

La autorregresión se utiliza para determinar un valor futuro a partir de valores anteriores. La media móvil (MA; *Moving Average*) se utiliza para predecir un valor futuro a partir de una combinación lineal de la media de la serie y los n valores anteriores de un proceso estocástico.

Hay que especificar un parámetro: el orden del modelo, que corresponde a n, el número de valores del proceso estocástico que hay que tener en cuenta.

Integración (I)

Los modelos de series temporales solo funcionan con series estacionarias, es decir, aquellas cuya distribución matemática (media, desviación típica) no cambia con el tiempo.

Si no es así, hay que diferenciarlo, es decir, calcular y predecir la variación, no el valor bruto.

El orden de diferenciación es el criterio clave: 0 significa que no hay diferenciación, 1 significa una diferencia de valores, 2 significa que hay que calcular una aceleración (para series exponenciales, por ejemplo).

Modelo ARIMA

El modelo ARIMA (*AutoRegressive Integrated Moving Average*; Modelo autorregresivo integrado de media móvil) incorpora los tres conceptos anteriores: AR, I y MA.

Este modelo requiere tres parámetros:

- `p`: tamaño del horizonte de autoregresión
- `d`: orden para la integración (generalmente entre 0 y 2)
- `q`: orden para la media móvil

En la biblioteca statsmodels, la clase ARIMA requiere, por tanto, un atributo `order` que corresponde a la tripleta (`p, d, q`).

En el problema anterior, el código es el siguiente:

```
from statsmodels.tsa.arima.model import ARIMA

model = ARIMA(train_y, order=(18, 1, 4))
model_fit = model.fit()
pred = model_fit.predict(80, 98)
```

El RMSE bajó a 8,81, lo que indica otro paso adelante en la predicción. Los resultados se volvieron muy interesantes:

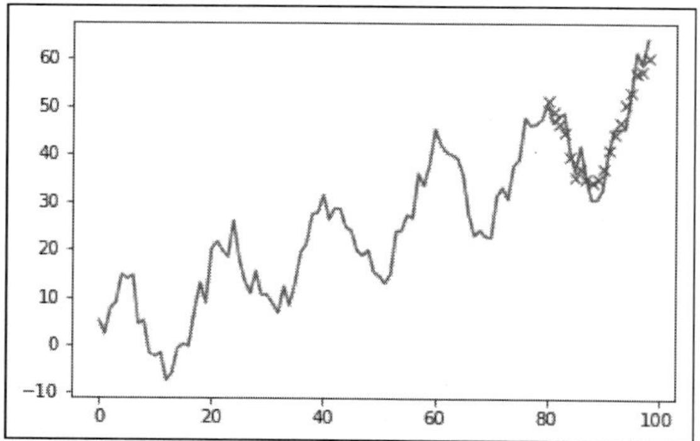

A continuación, se pueden hacer predicciones para un objetivo más lejano. La curva proporcionada se aproxima mucho a la curva teórica (sin ruido):

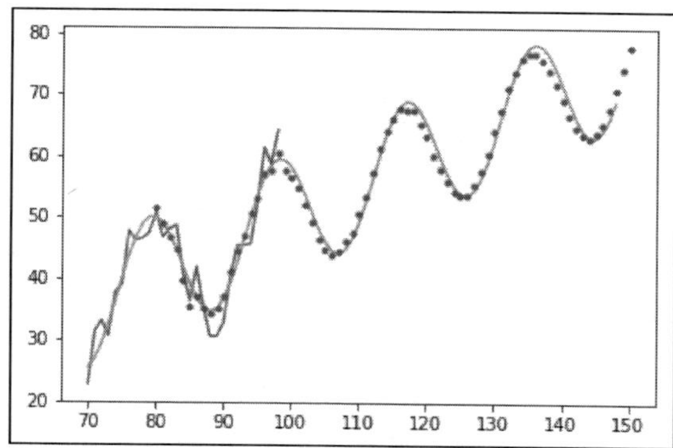

Observación

La curva teórica se muestra como una línea continua, las predicciones como círculos y la curva ruidosa se detiene en el tiempo t=100.

Variantes de ARIMA

Existen muchas variantes del modelo ARIMA, aunque este sigue siendo el modelo central para predecir series temporales.

Las principales son:

- **SARIMA**: adición de un componente estacional a ARIMA. Se requiere entonces una nueva tupla de cuatro elementos: (P, D, Q, s), teniendo P, D y Q el mismo significado que para ARIMA pero aplicado solo a la estacionalidad. Así, el algoritmo toma como parámetros tanto la tripleta (p, d, q) como la nueva tupla (P, D, Q, s).
- **SARIMAX**: es el modelo SARIMA con la adición de variables exógenas (es decir, otras variables explicativas). Combina la potencia de los modelos de tipo SARIMA con la regresión tradicional utilizando otras variables útiles (día de la semana, precio de otro producto, variación de un tipo de cambio, etc.).
- Y todas las combinaciones posibles entre S (estacionalidad), AR (autoregresión), I (integración), MA (media móvil) y X (variables exógenas): ARMA, ARMAX, SARMAX, SARMA, etc. Lo único que hay que hacer es poner a 0 los parámetros de las funciones no útiles. Por ejemplo, si d es 0, entonces no hay integración (no hay «I» en el nombre).

Capítulo 9
Algoritmos de aprendizaje no supervisado

1. Tareas de aprendizaje no supervisado

El aprendizaje no supervisado permite analizar un gran volumen de datos sin un conocimiento a priori de lo que se necesita.

Abarca cuatro tareas principales:

- **Clustering** (Agrupar): el objetivo es agrupar los datos en conjuntos denominados clústeres, para estudiarlos o comprenderlos mejor.
- **Reducir las dimensiones**: el objetivo es pasar de un dataset que contiene múltiples atributos a otro que solo contenga los más importantes para explicar el fenómeno estudiado.
- **Sistemas de recomendación**: el objetivo es recomendar productos o servicios a los clientes basándose en datos históricos.
- **Asociaciones**: el objetivo es vincular eventos para crear reglas del tipo «si A y B, entonces C en el x% de los casos».

Cada una de estas tareas se tratará por separado en este capítulo, siguiendo el mismo procedimiento: explicación de la propia tarea con ejemplos, las diferentes métricas de evaluación, los principales algoritmos y el código Scikit-learn correspondiente cuando la librería proporciona algoritmos.

La documentación completa de Scikit-learn para el aprendizaje no supervisado se encuentra en:
https://scikit-learn.org/stable/unsupervised_learning.html

2. Clustering

2.1 Definición

Clustering (o agrupar) consiste en crear clústeres. Cada clúster es un dataset agrupados en función de sus similitudes.

A diferencia de una clasificación, las clases no se conocen de antemano. Corresponde al algoritmo determinarlas matemáticamente.

A continuación, es necesario realizar un análisis manual para asociar etiquetas a cada clase.

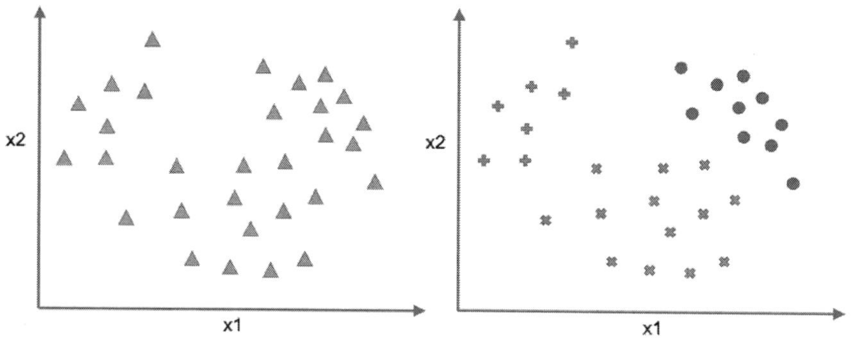

En el diagrama anterior, los datos originales (a la izquierda) están representados por los triángulos. La agrupación en tres clases (a la derecha) podría dar las siguientes categorías: cruces (x), redondas (o) y positivas (+).

Dentro de cada clase, hay coherencia: los puntos de la misma clase están próximos entre sí. Por el contrario, las clases son diferentes.

En este caso, un análisis de las clases permitiría definirlas como tales:

- Clase cruzada (x): valor x2 bajo
- Clase plus (+): valor x2 alto y valor x1 bajo
- Clase redonda (o): valores x2 y x1 grandes

2.2 Ejemplos de casos prácticos

El uso principal es analizar las bases de datos de clientes, segmentándolas en «perfiles tipo». Cada perfil tipo podría entonces recibir ofertas dedicadas en función de sus centros de interés.

La agrupación también se utiliza en otras aplicaciones, como:

- Segmentar productos para clasificarlos automáticamente en un sitio de venta en línea o para encontrar productos similares.
- Clasificar usos, que permite diferenciar entre comportamientos típicos o usos potencialmente fraudulentos.
- Seleccionar anuncios orientados, agrupándolos por similitud y ofreciendo anuncios pertenecientes a los mismos grupos que los ya vistos y/o en los que se ha hecho clic.
- Detectar anomalías, creando clústeres de imágenes o casos similares y marcando como anómalo cualquier dato que se aleje de los clústeres existentes.
- Crear sugerencias de contactos entre personas, por ejemplo, en redes sociales, basadas en similitudes entre las características de las personas (como sexo, profesión, edad, etc.).

El clustering también puede aplicarse antes del aprendizaje supervisado, con el fin de obtener una mejor comprensión de los datos, por ejemplo, durante la fase de Data Understanding.

Existen dos clases principales de algoritmos de agrupación: los basados en la distancia y los basados en la densidad.

2.3 Algoritmos basados en la distancia

2.3.1 Principio del algoritmo K-Medias

El algoritmo clásico basado en la distancia es **K-Medias** (*K-Means*). En él, el usuario elige el número de conglomerados y el algoritmo es el siguiente:

```
1. Elegir aleatoriamente los centroides (centros de los conglomerados)
2. Asociar cada punto el centroide más próximo
3. Calcular el baricentro de cada conglomerado así creado
4. Desplazar el centroide al nivel del baricentro
5. Repetir desde el paso 2 hasta lograr la estabilización
```

Tomando de nuevo el caso anterior, se eligen tres centroides al azar de la figura de la izquierda y cada punto del dataset se vincula al clúster más cercano. En la figura de la derecha, los centroides se desplazan para hacerlos corresponder al baricentro de los puntos vinculados anteriormente. El proceso continúa hasta que se consigue la estabilización:

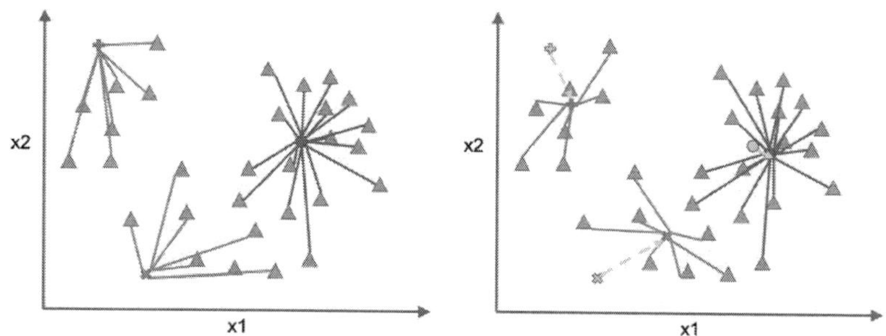

Observación

La estabilización se declara generalmente cuando los desplazamientos de los centroides son inferiores a un límite pasado como parámetro al algoritmo.

Sin embargo, este algoritmo tiene sus defectos:

- El número de conglomerados debe ser especificado por el usuario. En algunos casos, es difícil estimarlo, por lo que es necesario realizar pruebas con distintos valores.
- Los resultados dependen a menudo de la posición inicial de los centroides. Por ello, suelen ser necesarios varios inicios con semillas aleatorias. Una comparación de los resultados de salida revelará los conglomerados más comunes o los que dan los mejores resultados.

En ambos casos, es necesario poder comparar varios resultados para decidir qué modelo seleccionar.

Existe una medida para ello: la inercia. Para cada punto del dataset, se calcula la distancia al cuadrado al centroide más cercano, y la inercia es entonces la suma de estas distancias.

Cuanto menor sea la inercia, más cerca estarán los puntos del dataset de su centroide, lo que significa un mejor resultado. Comparar varios modelos significa buscar el que tenga la inercia más baja, siendo el óptimo teórico 0 (cero).

Observación

Una inercia de 0 corresponde a una distancia nula entre los puntos del dataset y los centroides, lo que en la práctica solo se obtiene con un número de centroides igual al número de puntos del dataset (cada punto se convierte entonces en su propio centroide). Evidentemente, se trata de un mal modelo, por lo que, si el óptimo teórico es 0, en la práctica no se buscará.

2.3.2 Implementar usando Scikit-learn

Scikit-learn solo acepta parámetros numéricos sin valores faltantes. Este es también el caso de la agrupación.

Además, como el algoritmo K-Means se basa en el cálculo de distancias, es importante normalizar los distintos campos antes del entrenamiento.

Aquí se aplicará el algoritmo al dataset Titanic. Por lo tanto, es necesario preparar los datos de antemano. Como se trata de aprendizaje no supervisado, ya no hay separación entre X (variables explicativas) e y (variable objetivo).

```
# Cargar datos
titanic_df = pd.read_csv("titanic_train.csv")

# Crear nuevas columnas
titanic_df['FamilyNb'] = titanic_df['SibSp'] +
titanic_df['Parch']
titanic_df['Alone'] = (titanic_df['FamilyNb'] == 0)

# Cuantificar Sex + Embarked
sex_df = pd.get_dummies(titanic_df['Sex'], prefix='sex',
drop_first=True)
embarked_df = pd.get_dummies(titanic_df['Embarked'],
prefix='embarked', dummy_na=False)
titanic_df = pd.concat([titanic_df, embarked_df, sex_df], axis=1)

# Suprimir columnas no usadas
titanic_df.drop(['PassengerId', 'Name', 'Ticket', 'Cabin', 'Fare',
'SibSp', 'Parch', 'Sex', 'Embarked'], axis=1, inplace=True)

# Imputar dato faltantes
titanic_df['Age'].fillna(titanic_df['Age'].mean(), inplace=True)

# Normalizar
titanic_df['Age'] = (titanic_df['Age'] - titanic_df['Age'].min())
/ (titanic_df['Age'].max() - titanic_df['Age'].min())

# Cambiar tipos
titanic_df['Alone'] = titanic_df['Alone'].astype('int')
```

Una vez preparados los datos, la clase que se va a utilizar será `KMeans`. Los parámetros por especificar son el número de clústeres (`n_clusters`) y la semilla aleatoria, que tiene un gran impacto. Los parámetros `init` y `n_init` se utilizan para elegir la mejor estrategia de arranque (y el número de clústeres iniciales):

```
from sklearn.cluster import KMeans

clusterAlgo = KMeans(n_clusters=3, init='k-means++', n_init='auto',
random_state=42)
clusterAlgo.fit(titanic_df)
```

A continuación, es posible obtener las coordenadas de los centroides y la medida de inercia:

```
clusterAlgo.cluster_centers_

array([[ 3.69565217e-01, 2.70289855e+00, 2.58270830e-01, 3.87681159e+00,
      4.44089210e-16, 1.52173913e-01, 7.24637681e-02, 7.75362319e-01,
      4.63768116e-01],
      [2.08791209e-01, 2.83736264e+00, 3.59610824e-01, 1.25274725e-01,
      8.74725275e-01, 1.16483516e-01, 1.38461538e-01, 7.45054945e-01,
      7.97802198e-01],
      [6.57718121e-01, 1.31879195e+00, 4.31385617e-01, 7.18120805e-01,
      4.66442953e-01, 3.15436242e-01, 1.34228188e-02, 6.64429530e-01,
      5.03355705e-01


clusterAlgo.inertia_

> 1867.4776685160286
```

Sin embargo, los centros de cada clúster no indican completamente a qué corresponden. Por tanto, es posible asociar cada dato a su conglomerado y, a continuación, analizar estos conglomerados para detectar las tendencias de cada uno.

```
titanic_df['label'] = clusterAlgo.labels_
pd.options.display.max_rows = None
titanic_df[['Survived', 'FamilyNb', 'Alone', 'sex_male',
'label']].groupby('label').describe().transpose()
```

El resultado es el siguiente (inicio de la tabla):

	label	0	1	2
Survived	count	537.000000	60.000000	294.000000
	mean	0.303538	0.133333	0.581633
	std	0.460214	0.342803	0.494132
	min	0.000000	0.000000	0.000000
	25%	0.000000	0.000000	0.000000
	50%	0.000000	0.000000	1.000000
	75%	1.000000	0.000000	1.000000
	max	1.000000	1.000000	1.000000
FamilyNb	count	537.000000	60.000000	294.000000
	mean	0.000000	5.766667	1.564626
	std	0.000000	1.788539	0.696829
	min	0.000000	4.000000	1.000000
	25%	0.000000	5.000000	1.000000
	50%	0.000000	5.000000	1.000000
	75%	0.000000	6.000000	2.000000
	max	0.000000	10.000000	4.000000
Alone	count	537.000000	60.000000	294.000000
	mean	1.000000	0.000000	0.000000
	std	0.000000	0.000000	0.000000
	min	1.000000	0.000000	0.000000
	25%	1.000000	0.000000	0.000000
	50%	1.000000	0.000000	0.000000
	75%	1.000000	0.000000	0.000000
	max	1.000000	0.000000	0.000000
sex_male	count	537.000000	60.000000	294.000000
	mean	0.765363	0.483333	0.465986
	std	0.424167	0.503939	0.499692
	min	0.000000	0.000000	0.000000
	25%	1.000000	0.000000	0.000000
	50%	1.000000	0.000000	0.000000
	75%	1.000000	1.000000	1.000000
	max	1.000000	1.000000	1.000000

La etiqueta '0' corresponde a los jóvenes que viajaban con sus familias, que sobrevivieron en torno al 40% de los casos. La etiqueta '1' corresponde a hombres solteros (que sobrevivieron muy pocos) y la etiqueta '2' a personas con más recursos (1^{era} clase) y maduras, la mayoría de las cuales sobrevivieron (un 66%).

Observación

Obviamente, este análisis debe centrarse entonces en todos los campos con mayor profundidad de lo que aquí se hace.

2.3.3 Variantes del algoritmo K-Means

Existen muchas variantes del algoritmo K-Means. La principal es la versión «mini-batch».

Calcular las distancias de cada punto a cada centroide en cada paso temporal puede llevar mucho tiempo. La variante «**mini-batch**» del algoritmo K-Means propone remediar esta deficiencia utilizando, en cada iteración, solo una parte seleccionada aleatoriamente del dataset. Los centroides se modifican entonces en función de los datos ya vistos y de los nuevos.

La convergencia requiere más iteraciones, pero es más rápida, ya que el número de cálculos se reduce drásticamente. Además, aunque los resultados son ligeramente más pobres, en la mayoría de los casos esto no altera significativamente los clústeres obtenidos.

Con Scikit-learn, la clase que se ha de utilizar es `MiniBatchKMeans`. El parámetro adicional es el número de puntos a seleccionar por mini lote (`batch_size`):

```
from sklearn.cluster import MiniBatchKMeans

clusterAlgo = MiniBatchKMeans(n_clusters=3, batch_size=50,
n_init='auto', random_state=42)
clusterAlgo.fit(titanic_df)
```

A continuación, la inercia, los centroides y el análisis se realizan de la misma forma que para el algoritmo clásico K-Means.

Observación

Con los parámetros elegidos, el tiempo de ejecución de `MiniBatchKMeans` se ha dividido entre más de 10 en comparación con el tiempo de ejecución de KMeans. Incluso se reduce la inercia.

2.4 Algoritmos basados en la densidad

2.4.1 Principio general

Los algoritmos basados en la distancia presentan dos deficiencias principales:

- Es necesario especificar el número de clústeres, o, a veces es difícil saber de antemano cuál es su número ideal.
- Se supone que la forma de los conglomerados es convexa (parecen «patatas»), por lo que los conglomerados alargados no se detectan debido a que la distancia entre los límites es demasiado grande.

Para contrarrestar estas deficiencias, se han creado otros tipos de algoritmos. Por lo general, estos algoritmos se basan en la densidad.

El algoritmo DBSCAN construye la vecindad de cada punto. Si para una distancia determinada (generalmente denominada eps por épsilon) hay al menos n vecinos, se considera que este punto pertenece al núcleo de un clúster.

Todos los puntos de la misma vecindad están también en el mismo clúster. Si no tienen el número necesario de vecinos, se considera que están en la frontera del clúster.

Los puntos que no están en ningún conglomerado se consideran ruido.

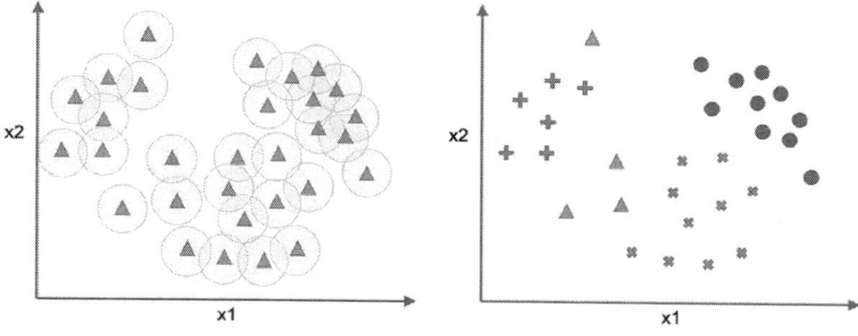

En el ejemplo de la imagen superior de la izquierda, todos los puntos están rodeados por sus vecinos. Si la vecindad está en contacto con al menos otros dos puntos, entonces forman parte del mismo conglomerado. El resultado se muestra en la imagen de la derecha. Hay tres conglomerados (+, x y o) y se han omitido cuatro puntos porque no tienen suficientes vecinos dentro de la distancia indicada.

2.4.2 Implementar DBSCAN en Scikit-learn

La clase que se utiliza es DBSCAN. Requiere dos parámetros fundamentales para el aprendizaje:

- `eps`: el tamaño de la vecindad
- `min_samples`: número de puntos de la vecindad necesarios para considerar que se trata del núcleo de un conglomerado.

Estos dos parámetros influyen mucho en el número de conglomerados calculados.

```
from sklearn.cluster import DBSCAN

clusterAlgo = DBSCAN(eps=1, min_samples=15)
clusterAlgo.fit(titanic_df)
```

Una vez finalizado el proceso de aprendizaje, es posible obtener la etiqueta de cada punto mediante:

```
clusterAlgo.labels_
```

Cada conglomerado es asociado a un número que empieza por 0.
Los valores -1 indican los puntos considerados como ruido.

Observación

En este caso, se crearon 7 clústeres. Se requiere entonces un análisis para comprender a qué corresponden. Además, muchos puntos quedan fuera de cualquier conglomerado, por lo que la distancia puede ser demasiado pequeña.

2.4.3 Variante de DBSCAN: OPTICS

DBSCAN puede dar resultados muy diferentes en función de los valores de `eps`: demasiado pequeños, y cada punto queda aislado de los demás; demasiado grandes, y todos los datos acaban en el mismo clúster.

OPTICS es una variante que calculará todas las distancias y las clasificará, eligiendo después el mejor valor `eps`. En datasets muy grandes, los tiempos de cálculo también son mucho más cortos.

Por lo tanto, el único parámetro de importancia que queda es el número mínimo de puntos por conglomerado (`min_samples`).

```
from sklearn.cluster import OPTICS

clusterAlgo = OPTICS(min_samples=20)
clusterAlgo.fit(titanic_df)
```

El análisis es idéntico al de los demás algoritmos.

3. Reducir dimensiones

3.1 Definición

La tarea de **reducir dimensiones** es especial. Suele ser solo una etapa de un proceso más complejo.

Los datasets suelen tener un gran número de características (columnas). Estudiar datos con tanta información no es fácil, sobre todo porque las representaciones gráficas se limitan a 3 dimensiones.

Es más, para algunos algoritmos de Machine Learning, tener demasiadas dimensiones puede ralentizar el proceso de obtención de un buen modelo (o incluso imposibilitar el entrenamiento si no se dispone de suficiente memoria).

La tarea de reducción consiste, por tanto, en tomar un dataset que contenga múltiples columnas y extraer los ejes principales limitando el número de características que se van a estudiar.

3.2 Ejemplos de casos prácticos

Los dos casos prácticos principales están relacionados con la comprensión/visualización de datos, o con preparar los datos antes de usar otro algoritmo de Machine Learning.

En el caso de la comprensión y/o visualización de datos, he aquí los principales usos:

- Visualizar datos complejos, por ejemplo, para tener una indicación de qué gráficos son los más significativos y que expliquen los datos al máximo posible.
- Descubrir tendencias que no son visibles en los ejes iniciales, cambiando los puntos de referencia permitiendo aparecer límites de tipo lineales.
- Estimar el ruido en los datos, calculando la parte explicada por unas cuantas características.

En el segundo caso, el de preparar los datos, he aquí algunos usos:

- Limitar las dimensiones a las principales, para tener menos características que tener en cuenta posteriormente en el proceso, lo que también puede simplificar la preparación (solo se preparan las columnas útiles).
- Eliminar la redundancia en las características. La mayoría de los algoritmos dan resultados muy pobres si hay redundancias, colinealidades o correlaciones entre los distintos campos.
- Reducir la huella de memoria y, por tanto, el tiempo de cálculo de determinados algoritmos, limitando la cantidad de datos presentes en los datasets sin perder ejemplos.
- Evitar o limitar el sobreajuste, eliminando el ruido previo.

Reducir las dimensiones de los datos disponibles tiene, pues, muchos usos posibles, sea cual sea el campo o el tipo de proyecto.

3.3 Detectar los ejes principales

Un primer método para reducir las dimensiones consiste en elegir las más importantes.

No existe un algoritmo específico para este enfoque en el aprendizaje no supervisado. Sin embargo, los árboles de decisión y los random forest (bosques aleatorios) son algoritmos perfectamente adecuados.

Basta con crear un primer algoritmo bastante sencillo con todas las características y analizar la importancia relativa de cada una de ellas. Las más importantes pueden guardarse para utilizarlas en un segundo algoritmo, cuyo objetivo es crear un modelo.

En el dataset de Boston, por ejemplo, se utiliza un árbol de decisión bastante sencillo para obtener las características más importantes para predecir los precios de los pisos:

```
from sklearn.tree import DecisionTreeRegressor
from sklearn import metrics

regressor = DecisionTreeRegressor(max_depth=5, random_state=42,
criterion='mse')
regressor.fit(train_X, train_y)
pred_y = regressor.predict(test_X)

regressor.feature_importances_

> array([0.09536135, 0., 0.00264675, 0. , 0.03052634, 0.61468233,
0.00158261, 0.01004725, 0., 0., 0.01073655, 0.00133507,
0.23308175])
```

A modo de recordatorio, las características son las siguientes:

```
CRIM, ZN, INDUS, CHAS, NOX, RM, AGE, DIS, RAD, TAX, PTRATIO, B,
LSTAT
```

Las características `'ZN'`, `'CHAS'`, `'RAD'` y `'TAX'` tienen una importancia de 0. Si el número de características fuera demasiado grande, podrían eliminarse a efectos de modelización.

3.4 Crear nuevos ejes

Un enfoque más interesante y, sobre todo, más potente consiste en realizar un cambio de marco de referencia, es decir, crear nuevas dimensiones a partir de las antiguas. El nuevo marco de referencia puede entonces tener menos dimensiones con muy poca pérdida de información, a diferencia de la misma reducción por simple selección de características.

3.4.1 Principal Component Analysis (PCA)

El algoritmo de Análisis de Componentes Principales (PCA; *Principal Component Analysis*) consiste en encontrar el eje del espacio multidimensional que mejor explica la variabilidad de los datos y, a continuación, construir progresivamente un nuevo marco de referencia, con cada eje ortogonal a los anteriores.

El algoritmo se detiene cuando se alcanza el número deseado de ejes. Entonces es posible averiguar las coordenadas de estos nuevos ejes y/o transformar los datos en el nuevo marco de referencia.

La clase que se ha de utilizar es `PCA` y el argumento principal es el número de dimensiones `n_components`. Si no se especifica, será el número inicial de dimensiones.

Observación

En realidad, si hay menos ejemplos que características, se utilizará el número de ejemplos para n_components.

El método `fit` se utiliza para crear los ejes y `transform` para hacer el cambio del marco de referencia.

En el dataset de Boston, el ACP se utiliza del siguiente modo:

```
from sklearn.decomposition import PCA

reducAlgo = PCA(n_components=3, random_state=42)
reducAlgo.fit(boston_df)
```

Las coordenadas de los nuevos ejes pueden solicitarse a través de `components_`:

```
reducAlgo.components_

> array([[ 1.19590474e-02, -4.36665270e-02,  2.83744889e-02,
        -5.59586177e-05,  4.50286345e-04, -1.17256053e-03,
         8.37463613e-02, -6.30054291e-03, -4.07448437e-04,
         9.50703346e-01,  5.60896510e-03, -2.91616114e-01,
         2.29882703e-02, -2.55631787e-02],
       [-2.68394151e-03,  1.12710551e-03, -4.95491867e-03,
        -1.03019000e-04,  1.72446668e-06,  3.61948092e-04,
        -5.73094984e-03,  3.87751025e-04, -2.57985252e-04,
        -2.92878465e-01, -2.52262969e-03, -9.56053453e-01,
         5.79017684e-03, -8.82505565e-03],
       [-6.70554825e-03,  6.32417452e-01, -8.84197568e-02,
        -9.36684408e-04, -1.80194842e-03,  5.02438619e-03,
        -7.52749041e-01,  3.68343751e-02, -4.96863881e-03,
         9.51130090e-02, -1.16225861e-02, -2.46038588e-02,
        -9.47714829e-02,  7.33119980e-02]])
```

Para juzgar la calidad del cambio de referencia, es interesante fijarse en la varianza explicada, es decir, la cantidad de datos iniciales que se conservan gracias al cambio de referencia.

Observación

Si el número de dimensiones es igual al número inicial de dimensiones, no hay pérdida de datos y la varianza explicada es, por tanto, del 100%.

La varianza se obtiene usando `explained_variance_`:

```
reducAlgo.explained_variance_

> array([30825.32346157,  6250.11740501,   821.8724105 ])
```

Sin embargo, la varianza en sí es difícil de leer. El porcentaje de varianza explicada es más fácil de entender (usando `explained_variance_ratio_`):

```
reducAlgo.explained_variance_ratio_

> array([0.8053274 , 0.16328753, 0.02147184])
```

Basta con calcular la suma de las varianzas para conocer el total retenido:

```
sum(reducAlgo.explained_variance_ratio_)

> 0.9900867668895625
```

Aquí, al reducir el dataset de Boston (que inicialmente tiene 14 dimensiones) a solo 3 dimensiones, se conserva algo más del 99% de la información.

Por lo tanto, la reducción en términos del tamaño, la huella de memoria y el tiempo de cálculo de los algoritmos de Machine Learning aplicados a posteriori es muy significativa, sin que prácticamente no se pierda información.

Para datasets muy grandes, una variante llamada `IncrementalPCA` permite cargar en memoria solo una parte de los datos cada vez. Sin embargo, los resultados pueden ser ligeramente peores que con el algoritmo PCA.

```
from sklearn.decomposition import IncrementalPCA

reducAlgo = IncrementalPCA(n_components=3)
reducAlgo.fit(boston_df)

sum(reducAlgo.explained_variance_ratio_)

> 0.989990136695653
```

En el dataset de Boston, una reducción a tres componentes tiene una varianza explicada menor (98,99%), pero la diferencia es ínfima (una milésima de punto porcentual).

Sin embargo, el algoritmo PCA presenta varias deficiencias:

- Los ejes son ortogonales, lo que no es ideal para todos los datasets.
- La variable objetivo (o la variable que se va a explicar) no se tiene en cuenta, por lo que es posible que el cambio de referencia complique después la tarea de los algoritmos de Machine Learning.

3.4.2 Linear Discriminant Analysis (LDA)

A diferencia del algoritmo PCA, el Análisis Discriminante Lineal (LDA; *Linear Discriminant Analysis*) utiliza el resultado esperado y transforma los datos para que el problema sea linealmente separable.

De este modo, el nuevo punto de referencia simplificará el éxito de los algoritmos de clasificación aplicados posteriormente.

Aunque el algoritmo LDA resuelve un problema de aprendizaje no supervisado, como utiliza la variable objetivo, puede considerarse un algoritmo supervisado.

Por tanto, el algoritmo se utilizará en dos etapas: `fit` para calcular el cambio de marco de referencia y `transform` para aplicarlo. A diferencia del PCA, será necesario especificar no solo los datos (X), sino también la variable objetivo (y).

También se debe especificar el número de dimensiones que se crearán (`n_components`):

```
from sklearn.discriminant_analysis import
LinearDiscriminantAnalysis

# Cargando
names=['CRIM', 'ZN', 'INDUS', 'CHAS', 'NOX', 'RM', 'AGE', 'DIS',
'RAD', 'TAX', 'PTRATIO', 'B', 'LSTAT', 'MEDV']
boston_df = pd.read_fwf("boston.txt", skiprows=22, header=None,
names=names)
y = boston_df['MEDV'].astype(int)
X = boston_df.drop(labels='MEDV', axis=1)

lda = LinearDiscriminantAnalysis(n_components=3)
lda.fit(X, y)

lda.explained_variance_ratio_

> array([0.67486674, 0.12789097, 0.04164866])

sum(lda.explained_variance_ratio_)

> 0.844406372922109
```

Como el LDA trata de hacer el problema linealmente separable, la cantidad de variables explicadas suele ser inferior a la del PCA, pero la transformación usualmente es más fiable para el Aprendizaje Automático posterior. Aquí, manteniendo 3 dimensiones como antes, la varianza explicada cae del 99% al 84%.

La diferencia entre PCA y LDA puede verse claramente con un gráfico de dispersión de los datos en las dos primeras dimensiones:

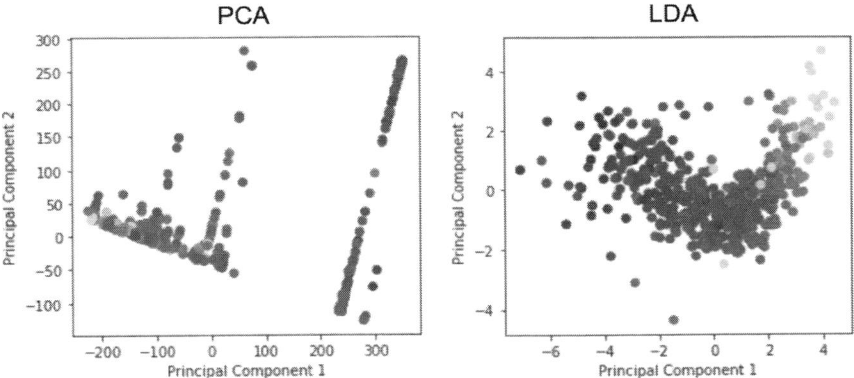

Con el ACP, los datos están en ejes ortogonales y todos los precios (representados por un gradiente) están mezclados. Con LDA, los datos ya no son ortogonales, creando una forma redondeada desde los precios más altos a la izquierda hasta los más bajos a la derecha.

Está claro que el aprendizaje será más fácil en el segundo caso.

Observación

Mientras que el PCA es un algoritmo de uso más extendido en ciertos países, en los países anglófonos se promueve generalmente el uso del algoritmo LDA. Sin embargo, no tienen exactamente la misma aplicación: el PCA se utilizará más para la visualización y el LDA para la preparación de datos.

4. Sistema de recomendación

4.1 Definición

Un Sistema de Recomendación (*Recommender System*) es un algoritmo que aconseja contenidos basándose en datos históricos

Los sistemas de recomendación están presentes en todas las plataformas de ocio:

- Música (Deezer, Spotify...)
- Vídeos (YouTube...)
- Películas y series (Disney +, Netflix, Amazon Prime Videos...)
- Productos (Amazon, Cdiscount...)
- Contactos o feeds (LinkedIn, Facebook, Instagram, etc.)
- Formación (LinkedIn Learning, etc.)
- Y así sucesivamente.

No hay algoritmos directamente implementados en Scikit-learn. Aunque existen librerías dedicadas, en la mayoría de los casos es necesario reconstruir los algoritmos en Python (utilizando recuentos y estadísticas). Por lo tanto, el código queda fuera del alcance de este libro.

Sea cual sea el algoritmo elegido, hay dos casos más complejos que se tratarán por separado, salvo que se indique lo contrario:

- Nuevos usuarios: como aún no han consumido nada, es difícil saber qué ofrecerles para empezar. En Netflix, por ejemplo, al crear un perfil, los usuarios tienen que elegir las series que les gustan para empezar a hacer sugerencias.
- Nuevos contenidos: como nadie los ha consumido aún, es difícil saber a quién pueden gustar. En la mayoría de los casos, se propondrá aleatoriamente a los usuarios hasta que encuentre su «público».

4.2 Principales enfoques

4.2.1 Modelos basados en la popularidad (Popularity-based Filtering)

Los modelos más sencillos, e históricamente los primeros, se basan en la popularidad (*Popularity-based*).

El principio es, por tanto, ofrecer al usuario lo más popular del catálogo. Si hay una gran cantidad de contenidos, cuando el visitante se registre deberá indicar sus principales áreas de interés, y se le ofrecerá la más popular de estas categorías.

De momento, dista mucho de ser el mejor enfoque, pero es el más sencillo (solo hay que contar) y permite poner en marcha un sitio cuando se cuenta con poco historial.

Observación

También proporciona una base para comparar la eficacia de otros algoritmos.

Además, cuando un nuevo usuario se conecta, siempre es posible ofrecerle contenidos.

Sin embargo, como nadie consume un nuevo artículo, nunca es propuesto por el algoritmo. Por ello, a menudo es necesario añadir cierto grado de aleatoriedad para sugerirlo hasta que se popularice (o no).

4.2.2 Modelos basados en el contenido (Content-based Filtering))

Los modelos basados en el contenido (*content-based*) utilizan metadatos vinculados a los productos consumidos: título, descripción, categoría, pero también potencialmente ritmo, artista, productor, etc.

Para cada usuario, se da prioridad a las opciones más próximas a las ya consumidas.

En la práctica, se trata de calcular un indicador de la distancia entre los productos disponibles y los consumidos, y ordenar los vectores obtenidos para destacar las distancias más cortas.

Así, los nuevos contenidos se ofrecerán directamente a los usuarios. Sin embargo, si un nuevo usuario no ha consumido nada, no es posible ofrecerle nada. Este problema puede resolverse mediante determinados sistemas que permiten a los usuarios elegir los productos que les parecen interesantes cuando se registran.

El enfoque basado en la popularidad carece de personalización. Por el contrario, el enfoque basado en el contenido se limita a proponer contenidos prácticamente idénticos a los anteriores (carentes de diversidad) y exige además rellenar los metadatos, lo que puede resultar complicado o incluso imposible según el sitio.

Observación

En una plataforma de comercio electrónico, el enfoque basado en el contenido no funciona muy bien: los metadatos no siempre están bien rellenos, sobre todo si se trata de un mercado mayorista, y cuando un cliente compra, por ejemplo, un frigorífico, la probabilidad de que se interese por otro frigorífico es muy baja. Entonces habría que ofrecerle no productos similares, sino complementarios (como una bandeja para cubitos de hielo, un termómetro para la nevera, etc.).

4.2.3 Modelos basados en otros usuarios (Collaborative Filtering)

Han surgido nuevos enfoques: filtrar datos basándose en las experiencias de otros usuarios; el filtrado colaborativo (*collaborative filtering*).

Con este enfoque, se utiliza el historial de otros usuarios. El principio es que un usuario A que tiene gustos similares a los de un usuario B en productos que ambos conocen, probablemente también tendrá los mismos gustos en productos que aún no ha visto.

En la práctica, esto significa calcular la distancia no entre objetos, como en los enfoques basados en el contenido, sino entre usuarios.

Para los productos no consumidos por el usuario, se promediarán las opiniones de los usuarios más cercanos. Si el resultado es positivo, se recomendará el producto.

Sin embargo, un usuario nuevo aún no tiene opiniones, por lo que no se puede calcular su distancia con respecto a otros. Habrá que preguntarles previamente por sus opciones o intereses, u ofrecerles contenidos mediante otro algoritmo.

El nuevo elemento también es difícil de integrar: como nadie lo ha visto todavía, no hay reseñas, por lo que no es posible promediar las reseñas para él. Se necesitan métodos aleatorios para proponerlo a los usuarios hasta que encuentre su público y se proponga automáticamente.

Observación

Otro inconveniente se refiere al cálculo de la distancia entre dos usuarios: si el catálogo es muy grande, la mayoría de los votos son inexistentes (la persona no ha podido decir si le gusta o no). Por tanto, los vectores que hay que comparar están en su mayoría dispersos.

4.2.4 Métodos híbridos

Ninguno de los enfoques anteriores es completamente satisfactorio. Los mejores enfoques actuales son, de hecho, enfoques híbridos, que generalmente combinan el enfoque basado en el usuario con otro enfoque (basado en la popularidad o en el contenido).

Algunos sitios también ofrecen varias zonas de recomendación con diferentes algoritmos, para aumentar las posibilidades de consumo o compra.

5. Association

5.1 Definición

La **tarea de asociar** encuentra vínculos entre productos que pueden comprarse juntos, como las pastas y la salsa de tomate, generalmente en la forma pasta = > salsa de tomate (lo que indica que una compra de una pasta suele llevar a una compra de una salsa).

Una vez descubiertos estos vínculos, es posible actuar para aprovecharlos.

Por ejemplo, en una tienda, si existe un vínculo de compra entre dos productos A y B, es posible:

- Ejecutar una promoción si el cliente compra A y B.
- Colocar A y B muy cerca físicamente para que el cliente compre ambos.
- Separar lo más posible A y B si la compra es verdaderamente acumulativa siempre, de modo que el cliente recorra el mayor número posible de estanterías.
- Enviar una promoción de B a los compradores de A.
- Y así sucesivamente.

El principal uso de los algoritmos de asociación es determinar qué productos se encuentran en la misma cesta de la compra (asociar compras).

Sin embargo, hay otros usos para esta tarea: en lugar de productos, puede buscar vínculos entre sucesos, por ejemplo, para comprender qué incidentes conducen a menudo a un accidente. También se utiliza en bioinformática para procesos complejos, detección de fraudes y minería web.

5.2 Evaluar algoritmos

La tarea de asociar produce reglas de la forma A = > B. Para evaluar la calidad de estas reglas se utilizan tres indicadores: soporte, índice de confianza y el «*lift*» (mejora de la confianza).

Observación

De hecho, cada parte, A y B, pueden contener varios elementos. Si se trata de A, significa que hay que sumar cada elemento para obtener la conclusión B. Si es B la que contiene varios elementos, significa que la regla tiene varias conclusiones.

He aquí un ejemplo de un conjunto de recibos de caja:

```
1. Piña - Plátano
2. Piña - Zanahoria - Fresa
3. Piña - Plátano   - Fresa
4. Piña - Zanahoria - Fresa     - Rebozuelos
5. Piña - Plátano   - Rebozuelos
6. Piña - Plátano   - Zanahoria - Fresa
```

También hay cuatro reglas:

```
A. Albaricoque = > Fresa
B. Zanahoria   = > Fresa
C. Fresa       = > Zanahoria
D. Plátano     = > Piña
```

5.2.1 Soporte

El primer indicador es el **soporte**. Indica hasta qué punto el lado izquierdo de la regla se encuentra en el dataset.

Un alto nivel de soporte indica que la norma afecta a un gran número de clientes en general y, por tanto, es más interesante.

En el ejemplo, la regla A tiene un soporte 0 porque ninguno de los recibos de caja contiene albaricoques. Por el contrario, las reglas B, C y D tienen valores de soporte del 50%, 67% y 67% respectivamente.

El soporte mínimo dependerá del problema. Cuanto mayor sea la cantidad de productos disponibles, más reducido será el soporte mínimo.

Observación

Matemáticamente, el soporte es la probabilidad de A (o P(A)) en la regla A= > B.

5.2.2 Índice de confianza

El **índice de confianza** se utiliza para estimar la probabilidad de que la parte A de la regla conduzca a la parte B.

Así, para la regla B, el 100% de los casos en los que se encuentran zanahorias también contienen fresas. Por el contrario, para la regla C, solo el 75% de las cestas con fresas contienen también zanahorias. La regla D también tiene un índice de confianza del 100%.

Observación

En el caso de la regla A, como ninguna de las cestas contiene albaricoques, es imposible calcular el índice de confianza Albaricoque = > Fresa.

El índice de confianza debe ser suficiente. En concreto, debe ser superior al de un sorteo aleatorio. En segundo lugar, existe un equilibrio entre falsos positivos y falsos negativos.

Por ejemplo, en la predicción de catástrofes, aunque la regla suceso A = > catástrofe tenga un índice de confianza bajo, hay que prestarle mucha atención: la catástrofe podría ser mucho más grave que una falsa alarma.

Observación

Matemáticamente, el índice de confianza es la probabilidad condicional de que B conozca a A (o P(B | A)). Por lo tanto, las reglas A = > B y B = > A suelen tener índices de confianza diferentes.

5.2.3 Lift

El último indicador es el **lift** (Mejora de la confianza). Indica cuánta información proporciona una norma.

La regla D (Plátano = > Piña) no proporciona ninguna información porque la piña está presente en todos los recibos de caja. Sin embargo, el soporte es del 67% y el índice de confianza del 100%.

Los plátanos están presentes en 4/6 casos, las piñas en 6/6 casos y ambos en 4/6 de los casos.

El lift estima la diferencia entre la existencia de una correlación y el hecho de que los dos sucesos sean aleatorios. Si el lift es 1, significa que los dos sucesos no están correlacionados. Cuanto mayor sea el lift, más información proporcionará la regla.

Observación

El lift también puede ser inferior a 1 si la regla es errónea en la mayoría de los casos.

Su fórmula es:

```
P(A ∩ B) / (P(A) * P(B))
```

En la regla D, el lift es, por tanto, 4/6 / (4/6*6/6) = 1. La regla no proporciona ninguna información.

En general, solo se conservan las reglas con un lift igual o superior a 2.

5.3 Algoritmo «APriori»

El número de reglas potenciales varía exponencialmente con el número de productos. Por lo tanto, suele ser imposible probarlas todas.

El algoritmo APriori aplica la heurística para elegir las reglas que deben probarse.

5.3.1 Paso 1: Realizar recuento de los grupos

Para que una regla A = > B sea interesante, debe alcanzar al menos el conjunto de soporte mínimo para el par (AB). Por lo tanto, el algoritmo empieza contando.

También en este caso, como no todos los conjuntos pueden crearse y contarse, el algoritmo los construirá gradualmente.

Cada producto se cuenta individualmente. Por ejemplo, en el caso de los recibos de caja, los recuentos dan:

```
Piña       : 6/6
Plátano    : 4/6
Zanahoria  : 3/6
Fresa      : 4/6
Rebozuelo  : 2/6
```

Si el soporte mínimo es 3/6, ninguna regla que contenga rebozuelos podrá alcanzar este umbral, ya que solo están presentes en dos recibos. En consecuencia, estos se eliminan.

Para el resto de productos, el algoritmo realiza entonces todos los recuentos de dos productos:

```
Piña      - Plátano:   4/6
Piña      - Zanahoria: 3/6
Piña      - Fresa:     4/6
Plátano   - Zanahoria: 1/6
Plátano   - Fresa:     2/6
Zanahoria - Fresa:     3/6
```

Plátano - Zanahoria y Plátano - Fresa también pueden eliminarse, ya que no alcanzan el soporte mínimo.

A partir de los conjuntos restantes, se crean y se cuentan conjuntos de tamaño 3. En este caso, solo hay un:

```
Piña - Zanahoria - Fresa: 3/6
```

El algoritmo continúa hasta que no es posible realizar más construcciones. En este caso, no es posible crear grupos frecuentes de cuatro elementos.

Observación

Gracias a la construcción progresiva de los grupos, solo se prueban los más prometedores. Por ejemplo, con cinco productos, había diez posibles grupos de tres elementos, pero solo uno requería recuento.

5.3.2 Paso 2: Crear y probar reglas

Una vez realizados todos los recuentos, solo se comprobarán las reglas resultantes de los mismos.

Por ejemplo, el subgrupo {Piña, Plátano} puede utilizarse para crear dos reglas:

```
Piña    = > Plátano
Plátano = > Piña
```

Del mismo modo, la combinación frecuente de tres elementos puede dar lugar a seis reglas:

```
Piña       = > Zanahoria + Fresa
Zanahoria  = > Piña + Fresa
Fresa      = > Piña + Zanahoria

Zanahoria + Fresa  = > Piña
Piña + Fresa       = > Zanahoria
Piña + Zanahoria   = > Fresa
```

Para cada regla, tenemos que calcular el lift y el índice de confianza.

A continuación, solo se presentarán al usuario las reglas con un lift superior a 1 y un buen índice de confianza.

Capítulo 10
Evaluación y despliegue

1. Fase de evaluación

1.1 Principio general

Si el Data Scientist tiene que evaluar él mismo los resultados de sus modelos durante la fase de modelización, a continuación, debe llevarse a cabo una evaluación empresarial para validar los modelos.

En última instancia, es el cliente, que conoce el negocio, quien podrá decidir si la calidad del modelo responde a sus necesidades.

De hecho, un modelo muy bueno con un 99% de accuracy es potencialmente excelente para la localización de averías, pero claramente insuficiente para detectar peatones en un coche autónomo (que potencialmente podría atropellar al 1% de las personas con las que se cruce).

El objetivo de esta **fase de evaluación** es valorar si el modelo es suficiente para la aplicación y si todo el proceso es correcto. De la aceptación o no del modelo dependerá la siguiente fase del proyecto.

1.2 Evaluación empresarial de los resultados

El modelo propuesto y sus resultados deben compararse con las necesidades empresariales expresadas durante la fase de Business Understanding y con los criterios de éxito determinados.

Sin embargo, los resultados puros no bastan. También hay que comprobar que el modelo responda en todas las situaciones reales, mediante un dataset específico o aplicándolo a datos reales de un periodo determinado.

Observación

El estudio de los sesgos también es muy importante: una aplicación de calificación de CV, incluso con muy buenos resultados, no podría mantenerse si el modelo infravalora permanentemente a una categoría de personas (discriminación).

Además, durante el proceso (en particular, en la fase de Data Understanding) pueden haber surgido tendencias, así como problemas potenciales en los datos que no se conocían previamente. Estos problemas deben señalarse para garantizar que no tengan repercusiones antes de la puesta en marcha del sistema.

También se pueden haberse utilizado suposiciones sobre los datos, que deben validarse desde el punto de vista empresarial (por ejemplo, límites para determinadas variables).

Por último, sobre todo si el modelo es de «riesgo» (es decir, tendrá un impacto en la vida de los seres humanos), es importante aplicar la IA eXplicable (XAI). Esto permite comprender mejor el funcionamiento interno del modelo, ya sea para evitar discriminaciones o para determinar los casos límite en los que el modelo ya no es tan eficaz. En el caso de un coche autónomo, por ejemplo, esto permitiría detectar que el reconocimiento de peatones no funciona correctamente en condiciones de nieve.

Observación

La IA Xplainable (Explainable AI) es un tema en sí mismo que queda fuera del alcance de este libro. Además, Scikit-Learn ofrece solo unos pocos algoritmos XAI y a menudo es necesario utilizar bibliotecas dedicadas.

Esta etapa termina con la validación o no del modelo y la elaboración de un documento de acompañamiento que justifique la elección en relación con las necesidades empresariales iniciales.

1.3 Revisar el proceso

Una vez seleccionado y validado el modelo, es necesario realizar una revisión completa del proceso. Así se garantiza la calidad del modelo construido, se comprueba que no se ha omitido ningún paso importante y se valida que todas las decisiones tomadas se han justificado adecuadamente.

Hay que evitar activamente la **Data Leakage** (fuga de datos): se trata de utilizar en la creación del modelo datos que no estarán disponibles en producción. Este error puede ser fatal para el resto del proyecto. Puede tratarse de columnas que no están disponibles, lo que es fácil de detectar, pero también de información más compleja: la presencia en un nombre de archivo de un indicador de clase, o de una característica muy correlacionada (por ejemplo, todos los defectos proceden de la máquina 5 y no de las máquinas 1 a 4), etc.

En consecuencia, todos los documentos se revisan en general, y cualquier error u omisión se debe devolver para su corrección.

Hasta que la revisión no valide todas las etapas anteriores, no podrá tener lugar el lanzamiento de la producción.

1.4 Próximos pasos

Una vez seleccionado el modelo y validado todo el proceso, es hora de decidir los siguientes pasos.

Hay tres opciones principales:

- Finalizar el proyecto y pasar a la fase de despliegue.
- Decidir rehacer un bucle completo del proceso, bien para corregir los defectos detectados durante la revisión, bien para mejorar los resultados insuficientes del modelo.
- Detener el proyecto, de forma definitiva o no.

Observación

Por ejemplo, se puede decidirse detener el proyecto si se han probado todos los algoritmos existentes, utilizando todos los datos disponibles, y los resultados no son suficientes. El proyecto puede reanudarse, bien porque se disponga de nuevos datos de producción (nuevas grabaciones o sensores adicionales), bien porque se hayan desarrollado nuevos algoritmos más eficaces. Sobre todo, en ámbitos como la PNL (Procesamiento del Lenguaje Natural) o el LLM (Large Language Model), lo que hoy no es posible puede serlo dentro de unos meses. La IA generativa ha experimentado una enorme aceleración desde finales de 2022.

Los resultados no son el único criterio de decisión. También hay que tener en cuenta el presupuesto y los recursos (humanos o materiales) disponibles.

Como en el resto del proceso, la decisión debe justificarse y documentarse.

2. Fase de despliegue

La fase de **desplegiegue** (o implemenar) es la última fase de la metodología CRISP-DM. Además, a diferencia de las otras fases, solo tiene lugar cuando el proyecto se considera listo para la producción.

Sin embargo, no se trata de una fase técnica. De hecho, la fase de despliegue sirve para planificar el proyecto posterior aportando especificaciones. Consta de cuatro etapas:

- Planificar el despliegue.
- Planificar la supervisión y el mantenimiento.
- Elaborar el informe final.
- Finalizar la documentación.

2.1 Planificar el despliegue

El despliegue (implantación o puesta en marcha) es un proyecto en sí mismo. Implica planificar las principales etapas y, sobre todo, decidir qué modelo desplegar.

De hecho, rara vez se pone en producción el modelo obtenido en la fase de modelización. Por lo general, el algoritmo y los parámetros elegidos se utilizan para entrenar una decena de modelos (con diferentes semillas aleatorias) y luego se evalúa cada uno de ellos.

Por lo tanto, es necesario disponer de una documentación completa del procedimiento utilizado para crear estos modelos.

Además del modelo, es necesario planificar cómo se utilizará; por ejemplo, qué datos se le enviarán y en qué formato, cuál será el límite de decisión, el formato de los resultados y cómo estos se utilizarán en la aplicación o sistema siguiente.

Se puede suministrar un diagrama de arquitectura que contenga el modelo (o al menos un borrador), vinculándolo a los distintos flujos de entrada y salida, y teniendo en cuenta las normas de gestión (quién puede acceder a qué datos o a qué bloque).

2.2 Supervisión y mantenimiento

Poner un modelo en producción no significa el final del proyecto. El modelo deberá permanecer activo durante un lapso que de varios años.

La supervisión y el mantenimiento deben planificarse desde que se crea el modelo.

Por tanto, es necesario:

- Realizar un **seguimiento** (*monitoring*) para detectar cualquier problema antes de que el modelo pueda provocar riesgos importantes debido a un mal funcionamiento.
- Aplicar un plan de **mantenimiento** (*maintenance*) para corregir lo antes posible cualquier problema detectado durante la supervisión.

Hay tres tipos de indicadores que se deben controlar:

- Las relativas al proceso técnico, como el número de llamadas al modelo, el tiempo de respuesta, la disponibilidad del modelo, etc., que garantizan que el modelo responda en un plazo aceptable para el proceso.
- Las relativas a los datos de entrada, con el fin de detectar posibles variaciones a lo largo del tiempo (en particular, el respeto de los límites de las distintas características o el seguimiento de las distribuciones), que podrían llevar al modelo a cometer errores porque nunca aprendió con esos valores.
- Los relativos a los resultados del modelo, para detectar si empieza a divergir. Estos indicadores pueden ser el número de resultados por clase (clasificación) o la media de las regresiones, para garantizar la estabilidad del proceso a lo largo del tiempo.

En función del modelo y, sobre todo, de su criticidad, será posible añadir más o menos indicadores y planificar procesos de alerta, o incluso paradas del sistema (y un modo degradado si es necesario).

En cuanto al mantenimiento, hay que definir qué equipo participará, cómo, con qué herramientas, y recordar para formarlo adecuadamente de antemano.

2.3 Informe final y documentación

El proyecto de creación de modelos no puede considerarse terminado hasta que no se haya completado toda la documentación. Esto será especialmente importante para el despliegue, la supervisión y el mantenimiento.

Además, el informe contendrá información sobre el proceso en sí: si se han cumplido o no los plazos y presupuestos, las posibles áreas de mejora, las variaciones respecto al plan inicial y su justificación, etc.

Observación

La mejora continua de los equipos es un principio fundamental en los métodos ágiles, pero también en el método CRISP-DM, que comparte su aspecto empírico e iterativo.

En general, el informe final también irá acompañado de una presentación para el equipo que se haga cargo y/o para el cliente.

3. Despliegue y MLOps

3.1 Comentarios sobre DevOps

En un proyecto informático típico suele haber dos tipos de profesiones:

- «Devs» (desarrolladores): son las personas que implementan un sistema creando código.
- «Ops» (Operaciones informáticas): son las personas que ponen el código de los desarrolladores en producción y luego lo mantienen.

Hasta la década de 2000, estas profesiones estaban muy diferenciadas y había muchas fricciones entre ellas, sobre todo cuando surgían problemas durante la implantación.

La integración continua (CI, *Continuous Integration*) es el método utilizado para integrar nuevas partes de código en el código general...

La entrega continua (CD; *Continuous Delivery*) es el enfoque utilizado para poner el código rápidamente en producción, utilizando canalizaciones automatizadas (incluyendo el empaquetado del código, la instalación de dependencias, las pruebas y el cambio de un entorno a otro)...

Aunque los enfoques de CI/CD en su conjunto se remontan a varias décadas atrás, su mejora ha permitido la aparición de las DevOps modernas: las profesiones de Dev y Ops se han acercado, hasta el punto en que ahora forman parte de los mismos equipos.

Las herramientas CI/CD y la filosofía DevOps permiten ahora a los equipos crear código, luego prepararlo para la producción (incluidas las pruebas en varios entornos) y, por último, el despliegue.

Esto significa que cada cambio o corrección puede estar a disposición de los usuarios en cuestión de minutos, y muchas empresas tienen ahora ciclos de comercialización muy cortos.

3.2 Aparición de MLOps

En los proyectos de Machine Learning, se utiliza la metodología CRISP-DM para crear un modelo. Después, gracias a las lecciones aprendidas del método, el modelo elegido puede entrenarse y ponerse en producción.

Sin embargo, este proceso de despliegue no es el final del proyecto. Durante la vida del modelo, sin duda habrá que hacer ajustes o volver a entrenarlo.

La mayoría de los pasos de la metodología CRISP-DM se llevan a cabo utilizando notebooks Jupyter. Si bien estos son muy prácticos para un enfoque empírico e iterativo, no son adecuados para el despliegue. Peor aún, a menudo es difícil volver a ellos más tarde para crear nuevos modelos: las versiones de las bibliotecas pueden haber cambiado, los datos son difíciles de recuperar, es difícil probar nuevos modelos para compararlos, etc.

Los «Devs» se han encontrado con problemas similares, que se han resuelto gracias al enfoque DevOps.

Del mismo modo, un enfoque MLOps (operaciones de Machine Learning) consiste en mezclar las partes de creación y despliegue de modelos para automatizar su reentrenamiento y el despliegue de modelos, al tiempo que se garantiza la calidad de los mismos.

Este enfoque surgió en 2015 y está progresando rápidamente, tanto en términos de herramientas como de buenas prácticas. Complementa a CRISP-DM.

Observación

Atención: el hecho de que MLOps permita cubrir el ciclo de vida de los modelos desde su creación hasta su despliegue no significa que una sola persona deba tener todas las competencias. Sin embargo, los equipos deberán cubrir todas las etapas.

3.3 Tareas cubiertas por MLOps

Las plataformas, metodologías y bibliotecas MLOps pueden cubrir una amplia gama de tareas:

- Gestionar la preparación de datos para automatizarla mediante canales (pipelines), incluidas las fases de etiquetado si es necesario.
- Almacenar y acceder a volúmenes de datos potencialmente enormes (Big Data).
- Construir modelos, con o sin optimización de hiperparámetros.
- Evaluar la calidad de estos modelos.
- Desplegar los modelos en producción, gestionando versiones sucesivas de la forma más automática posible, pero conservando el control humano.
- Explicar los resultados de los modelos, ya sea utilizando modelos de «caja blanca» (como árboles de decisión), ya sea utilizando IA eXplicable (XAI; *eXplanable AI*) para comprender los resultados a posteriori.
- Registrar los comentarios sobre el funcionamiento del modelo (comentarios de los usuarios o de otros sistemas).
- Supervisar el funcionamiento del modelo (indicadores técnicos, de modelo o de datos de entrada).
- Visualizar los indicadores en tiempo real.
- Enviar alertas cuando se produzcan averías o se superen los umbrales de alerta.

Observación

Sin embargo, no todas estas funciones están presentes en todas las herramientas disponibles.

3.4 Criterios de selección

Hay que tener en cuenta una serie de criterios a la hora de elegir una plataforma o herramienta de MLOps, sobre todo porque el panorama de las herramientas está cambiando muy rápidamente.

Madurez de la herramienta

El campo es aún bastante nuevo y aparecen muchas herramientas nuevas con regularidad. Sin embargo, existe el riesgo de que estas herramientas desaparezcan con la misma rapidez.

Por tanto, es necesario comprobar la madurez de la herramienta y la capacidad de sus creadores para mantenerla a lo largo del tiempo. De hecho, se pretende que la plataforma permanezca en producción tanto tiempo como el modelo; es importante que se actualice y se mejore con el tiempo.

La documentación también tendrá que estar disponible, y a menudo estar combinada con una comunidad activa que pueda ayudar a resolver los diversos problemas que puedan surgir durante su uso.

Exhaustividad de la oferta

El principio básico de MLOps es automatizar muchas de las tareas de despliegue, supervisión y mantenimiento de modelos.

En consecuencia, la solución elegida debe cubrir el mayor número posible de etapas, ya que, de lo contrario, los Ingenieros y/o Científicos de Datos se verán obligados a seguir realizando «a mano» algunas etapas potencialmente cruciales.

En particular, es importante comprobar si el sistema elegido permite:

- preparar los datos antes de la inferencia,
- preparar los datos antes del aprendizaje,
- iniciar el aprendizaje y obtener métricas a partir de él,
- desplegar modelos en producción o, mejor aún, en varios entornos (desarrollo, pruebas, calidad, integración, etc., en función de los hábitos del cliente),

– supervisar el modelo una vez desplegado.

Trabajo colaborativo

El MLOps requiere la colaboración de varias especialidades. Por eso es importante garantizar que las herramientas elegidas puedan ser utilizadas por todos los implicados.

Como resultado, cada vez más herramientas contarán con interfaces apropiadas, como gráficos sobre datos o modelos para los Científicos de Datos, código para los pipelines para los Ingenieros de Datos, cuadros de mando para la supervisión (o alertas que pueden redirigirse a sistemas comunes de gestión de tickets ya en uso), etc.

Además de estas interfaces, la herramienta debe permitir el seguimiento y la trazabilidad de los cambios, por ejemplo, mediante un gestor de versiones integrado. Así, varios miembros del equipo pueden trabajar en paralelo en distintas partes y poner en común sus cambios gracias a esta herramienta.

Observación

También pueden trabajar en paralelo sobre partes idénticas, pero ninguna herramienta hará milagros: al igual que con git, luego se tendrán que gestionar los conflictos que puedan surgir de modificaciones no compatibles en la misma zona de código.

En instalaciones propias o en la nube

Dependiendo del cliente y de la aplicación, algunos modelos deberán implantarse in situ (es decir, en los propios servidores del cliente en su propia infraestructura; *on-premise*) o en la nube (*cloud*; pública o privada).

Esta elección se hará muy raramente en el momento del despliegue y, por tanto, se conocerá antes de que el sistema entre en producción. Es importante asegurarse de que la solución elegida corresponde a la arquitectura correcta.

Cada vez son más las herramientas que permiten su uso en ambos tipos de infraestructura, a veces incluso con arquitecturas especiales para un entorno híbrido (parte en la nube, parte en la infraestructura del cliente).

Gestionar datos

La gestión de datos es un criterio central en Machine Learning y, por tanto, en MLOps.

En primer lugar, las fuentes de datos pueden ser muchas y variadas. Por eso es importante comprobar que la solución prevista dispone de los conectores necesarios para recuperar todos los datos ascendentes: bases de datos SQL o NoSQL, archivos de varios tipos (JSON, CSV, avro, parquet, etc.), *data lake* (repositorio de almacenamiento) y *data warehouse* (depósito o almacén de datos), etc.

A continuación, habrá que enriquecer, modificar y transformar estos datos, pero la seguridad debe seguir estando garantizada. La confidencialidad, en particular, suele ser un criterio clave para los clientes. Por lo general, esto significa que los datos deben estar encriptados, al menos cuando se almacenen, e incluso cuando se transfieran. Por tanto, la herramienta debe permitir la encriptación y gestión de claves.

Por último, los datasets de entrenamiento deben considerarse del mismo modo que los demás activos del proyecto, por lo que deben ser versionados para averiguar qué dataset (o qué versión del dataset) se utilizó para entrenar un modelo determinado.

Interfaz de la herramienta y facilidad de uso

Existen criterios subjetivos, como la facilidad de uso.

Esto suele ir ligado a una interfaz gráfica más o menos atractiva para los miembros del equipo. Como es probable que algunas personas dediquen mucho tiempo a la herramienta, siempre serán más eficientes con una interfaz que les guste que con otra que les parezca anticuada o poco práctica.

Así, es esencial escuchar a los equipos antes de tomar una decisión.

Conocer las herramientas y desarrollar competencias

Es posible que algunos ya estén familiarizados con una o varias herramientas. Mantener una herramienta conocida por una parte del equipo permite utilizarla inmediatamente. Por lo tanto, será necesario evaluar la pertinencia de una herramienta ajena, teniendo en cuenta tanto sus ventajas sobre la herramienta conocida como su curva de aprendizaje para alcanzar un nivel de dominio suficiente para llevar a cabo los proyectos.

Si aún no se conoce ninguna herramienta, lo importante será la dificultad de familiarizarse con ella: si la herramienta es demasiado compleja de utilizar, se corre el riesgo de que los miembros del equipo la abandonen antes de dominarla.

Precio de una solución MLOps

Un último criterio, que suele ser el primero mencionado por los clientes, es el precio. En general, estas herramientas tendrán licencias anuales o costes por uso (por ejemplo, por modelo en producción cada mes). Por lo tanto, el coste total de las licencias puede parecer significativo, especialmente en entornos en los que MLOps todavía no se utiliza de forma generalizada y en los que los Científicos e Ingenieros de Datos todavía están acostumbrados a realizar muchas operaciones manualmente.

Sin embargo, hay que sopesar el precio con la ausencia de herramientas o la gratuidad de las herramientas manuales. En primer lugar, es importante tener en cuenta el tiempo ahorrado por los equipos en cada despliegue, a lo largo de la duración del proyecto. El ahorro de un día al mes del coste de un especialista como un Data Engineer, ya puede cubrir parte de los costes de la licencia.

También (y sobre todo) hay que sopesar todas las ventajas de MLOps. En aplicaciones de misión crítica, es inconcebible gestionar diferentes modelos «a mano» y desplegarlos mediante scripts (secuencia de comandos o guion) cuyos creadores pueden irse en cualquier momento a trabajar a otras empresas, poniendo en peligro todo el proyecto a largo plazo.

Por último, hay entornos que están muy normalizados y tienen que cumplir normativas o leyes. En estos entornos con restricciones, una solución MLOps puede ayudar a justificar las buenas prácticas y/o validar los criterios exigidos. En ese caso, la elección ya no es una opción: hay que dotarse de una solución de este tipo para que el modelo o modelos desarrollados puedan utilizarse con datos reales.

AI Act

La AI Act es la normativa europea sobre Inteligencia Artificial. Se votó en junio de 2023, y el texto se trabajó con los Estados miembros hasta llegar a un acuerdo en diciembre de 2023. El texto definitivo se presentó tras su validación en marzo de 2024. Se espera que entre en vigor en 2025 o 2026.

Los proyectos de Inteligencia Artificial se clasificarán en función del riesgo que supongan para los derechos fundamentales europeos. Se prohibirá que una serie de aplicaciones se desarrollen o vendan en suelo europeo.

La siguiente categoría se refiere a las aplicaciones de alto riesgo, bien porque el modelo se utiliza en un sistema de seguridad, bien porque afecta directamente a la vida de los ciudadanos: educación, empleo, salud, etc. En estos casos, el modelo debe ser aprobado, y esta aprobación requiere una documentación específica.

Con CRISP-DM, la documentación técnica suele estar ya hecha, por lo que hay poca documentación adicional que redactar. Sin embargo, una de las solicitudes se refiere a un sistema de gestión de la calidad; la herramienta MLOps elegida es uno de los principales componentes básicos.

Por tanto, la herramienta debe corresponder lo más posible a lo que exige la normativa en el caso de las aplicaciones de alto riesgo, para facilitar la conformidad del producto fabricado.

Las demás categorías de modelos de bajo riesgo no requieren necesariamente una documentación específica, pero es una buena práctica crear la documentación necesaria para todos los modelos, ya que la lista de aplicaciones de alto riesgo puede cambiar con el tiempo.

Observación

En realidad, la IA Act es más compleja que este breve resumen, con casos especiales para modelos de investigación o fundaciones, pero eso queda fuera del alcance de este libro. En caso de duda, no se debe vacilar en preguntar sobre los aspectos legales, ya que las consecuencias pueden ser graves si se incumple la normativa.

Conclusión

1. Machine Learning, una habilidad clave

Entender bien el Machine Learning es una de las competencias clave que se buscan en TI. Cada vez hay más demanda de profesiones relacionadas con los datos * (Data Analyst, Data Scientist, Data Engineer, Data Architect). El mercado está reñido, con muchos puestos sin cubrir por falta de candidatos.

Para paliar esta falta de competencias, se han creado numerosos cursos de formación, dirigidos bien a personas que ya se desenvuelven con soltura en matemáticas o informática (másteres especializados en Data Science y Data Engineer), bien a personas que se reciclan sin formación previa en la materia (generalmente para puestos de Data Analyst).

El número de departamentos orientados a los datos en las empresas va en aumento, con la aparición de CDO (Responsables de datos o *Chief Data Officers*), datalabs y otras iniciativas destinadas a aprovechar mejor los datos disponibles.

Observación

Hay incluso más proyectos desde la llegada de la IA generativa a finales de 2022. Sin embargo, aunque sigue siendo bastante fácil encontrar un Data Scientist, otros puestos de trabajo siguen siendo muy escasos, y con equipos que requieren varias competencias, la falta de un perfil adecuado puede ser un obstáculo, aunque las tecnologías y las herramientas estén ahí.

Sin embargo, muchos proyectos de Machine Learning nunca superan la fase de prueba de conceptos (PoC; *Proof of Concept*) y, por tanto, se quedan en la fase de experimentación.

Hay varias razones para esta discrepancia:

- A veces, las solicitudes preliminares son vagas y no se reflexiona realmente sobre el valor añadido de un proyecto. Peor aún, algunos proyectos se deciden sin ningún contacto con la base de usuarios, que por tanto no les ven sentido.
- Los Data Scientists que realizan los experimentos a veces tienen dificultades para explicar su trabajo y sus resultados a los departamentos empresariales que no están familiarizados con el vocabulario del Machine Learning.
- Los modelos creados son a veces imposibles de utilizar en condiciones reales porque requieren demasiados recursos de hardware o tardan demasiado en responder para su uso en tiempo real.
- Cuando el modelo es utilizable, a veces no se utiliza por falta de competencias para integrarlo en un proceso más completo, como la creación de una API para llamar al modelo y las distintas medidas de seguridad necesarias (cifrado, autenticación, gestión de derechos, etc.).

Por lo tanto, es importante que cada proyecto de Machine Learning forme parte de un proyecto más amplio, pensado de antemano con las unidades de negocio.

2. Llevar un proyecto hasta el final

El método CRISP-DM está ahí para ayudarle a poner en marcha este tipo de proyectos y convertirlos en un éxito más allá de la fase PoC.

Por tanto, cada fase tiene un papel específico que desempeñar en la eliminación de barreras:

- **Business Undertanding**: esta fase permite comprender y definir mejor las necesidades del negocio y establecer un vocabulario común entre los «clientes» del sistema y los Científicos de Datos, sentando así las bases de una colaboración.

- **Data Understanding**: en esta fase, muy orientada a la estadística, el estudio de los datos permitirá anticipar posibles problemas debidos a su calidad. Gracias a este análisis, surgirá una comprensión más detallada de las necesidades, tras sesiones de preguntas y respuestas con las unidades del negocio.
- **Data Preparation**: el objetivo de esta fase es rastrear y justificar todas las modificaciones realizadas en los datos. Gracias a la revisión posterior de este proceso, es posible evitar tener un modelo inutilizable por falta de datos en producción y validar que el modelo sea representativo de casos de uso reales.
- **Modeling**: esta fase está puramente dedicada a la Ciencia de Datos, y permite al Científico de Datos basarse en la comprensión de los requisitos de las fases anteriores para crear un modelo que cumpla las restricciones del cliente, no solo en términos de resultados, sino también de complejidad y cómo explicarlos.
- **Evaluation**: la evaluación comercial de los resultados mantiene a los futuros usuarios en el bucle de creación. Así, cada modelo puede ser evaluado y cada métrica discutida para asegurarse de que el modelo creado es suficientemente bueno (en términos de resultados brutos) y adaptado a las condiciones, tanto en términos de los datos utilizados como de las distribuciones de los parámetros. Esta fase también permite tomar una decisión sobre la siguiente etapa del proyecto, entre volver a Entender el Negocio (*Business Understanding*) para una nueva iteración o salir del proceso.
- **Deployment**: el objetivo de esta fase es salvar la distancia entre la creación de un modelo en un notebook y su despliegue o implantación en producción en un entorno informático limitado. En esta fase, todo está pensado para que el proyecto de despliegue se desarrolle lo mejor posible. Pensando en el despliegue desde el momento en que se crea el modelo, utilizando por ejemplo MLOps (*Machine Learning Operations*), se reduce enormemente la probabilidad de que un modelo se quede en la fase de PoC.

Un marco metodológico debe considerarse siempre como una ayuda, no como una limitación, y el objetivo de CRISP (*Cross-Industry Standard Process*) es ayudar a convertir los distintos proyectos en éxitos, intentando minimizar el riesgo de que un proyecto de Machine Learning se quede en la fase de PoC.

3. Más allá de la metodología

El uso de una metodología evita muchos de los escollos que se encuentran los Científicos de Datos cuando se dedican a su actividad principal: crear modelos.

Este libro adopta un triple enfoque:

- El primero es metodológico: utiliza CRISP y sus distintas fases como guía.
- Teórico, con una presentación de los principales algoritmos y sus ventajas y limitaciones.
- Aplicación práctica de los distintos algoritmos en Scikit-learn.

Comprender los conceptos que subyacen a cada algoritmo es crucial para saber si se adapta o no al caso de uso que nos encontramos y cómo preparar los datos para maximizar los resultados.

Por desgracia, demasiados Data Scientists noveles utilizan varios algoritmos al azar hasta que obtienen resultados que no están tan mal, sin saber realmente por qué o cómo. Además de consumir mucho tiempo, este enfoque no garantiza buenos resultados.

Una vez elegido el algoritmo o algoritmos que se van a probar, la parte práctica del libro explica cómo llevar a cabo las fases de comprensión, preparación y modelización, utilizando principalmente la biblioteca Scikit-learn.

4. Experimentar y la experiencia

Un libro no basta para aprender. Es importante experimentar, validar lo aprendido y ponerlo a prueba.

Por ello, el código se ofrece para su descarga desde el sitio web del editor. Ejecutarlo una vez es sin duda útil, pero no tanto como modificarlo o utilizarlo como inspiración para resolver otros problemas.

El sitio Kaggle es un muy buen punto de partida para encontrar conjuntos de datos e intentar desafiar a los mejores Data Scientists presentes en dicho sitio. Sin embargo, hay que tener cuidado: aunque este sitio es una excelente forma de aprender, no hay que perseguir los resultados hasta el tercer decimal, o se corre el riesgo de perder de vista las limitaciones del negocio.

De hecho, hay que tener cuidado con el «síndrome Kaggle», que consiste en mejorar los modelos sin tener en cuenta el negocio. Los modelos obtenidos con este enfoque son a menudo inutilizables y ponen en peligro el éxito del proyecto, aunque los resultados de la PoC parezcan excelentes a primera vista.

Además de experimentar con nuevos temas y/o nuevos algoritmos, es importante aprovechar al máximo las distintas experiencias para progresar rápidamente:

- La experiencia personal, documentando lo que se aprende a medida que el proyecto avanza.
- La experiencia de los demás miembros del equipo, con un intercambio regular de información sobre los distintos proyectos realizados por cada uno de ellos. Aprovechar la experiencia de los compañeros a menudo puede acelerar el desarrollo las propias competencias, sobre todo si algunos de ellos ya tienen experiencia o son veteranos.
- Las experiencias de otras personas, ya sea a través de grupos de intercambio (como afterworks), conferencias, podcasts, etc. Estas experiencias suelen compartirse en menor medida por motivos de confidencialidad (tanto con respecto a los datos como a los algoritmos), pero permiten mantenerse al día de lo que es posible.

5. Más información

El Machine Learning es un campo en rápida evolución. Por eso es importante no solo familiarizarse con los algoritmos básicos que aquí se presentan, sino también con las variantes y los nuevos desarrollos.

Además, el Deep Learning, una rama del Machine Learning, no se trata en este libro, ni tampoco la IA generativa (que es una de las posibles aplicaciones del Deep Learning).

Hay muy buenos cursos disponibles, tanto en escuelas como en línea. En las escuelas, los cursos van desde una conversión de 6 meses a Analista de Datos hasta un diploma equivalente a un master universitario (M2 o bac+5) de Data Scientist o Data Engineer.

En el caso de los cursos en línea, es importante validar tanto las competencias del formador como la pedagogía del curso. Algunos están avalados por universidades de renombre, lo que les confiere mayor peso.

Una serie de cursos online muy conocida es la que imparte Andrew Ng (que ha contribuido enormemente a los avances en Inteligencia Artificial en los últimos años) en la plataforma Coursera. Entre sus cursos destacan uno sobre Machine Learning y otro de Deep Learning.

Observación

Atención: estos cursos están muy orientados a la teoría, aunque hay muchos ejercicios prácticos, por lo que el nivel matemático es bastante alto, con muchas ecuaciones en las diapositivas.

Sea como fuere, es imposible dominar todo lo relacionado con el Machine Learning, ¡así que es un campo infinito de aprendizaje para cualquiera que tenga curiosidad!

D

E

F

G

I

J

K

L

N

P

R

S

T

U

V

Para poder acceder durante un año
a la versión online de este libro,
envíenos su justificante de compra a

librodigital@ediciones-eni.com

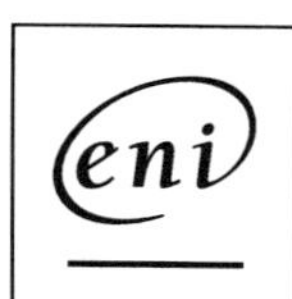